돌이켜서
물소리를
듣다

1판 1쇄 발행 2015년 11월 1일

지은이 박덕희
펴낸이 주영삼
교정·교열 주성균·천지은·안용현
책임편집·디자인 양태종
표제 글씨·본문그림 이승연

펴낸곳 동남풍
출판신고 제1991-000001호(1991.5.18.)
주소 익산시 익산대로501
전화 (063) 854-0784
팩스 (063) 852-0784
홈페이지 www.wonbook.co.kr

값 13,000원
ISBN 978-89-6288-029-8

돌이 서서 물소리를 듣다

박덕희

邊山九曲路
石立聽水聲
無無亦無無
非非亦非非

차례

3부
의두요목

여는 글

원남교당에 부임하여 선법회禪法會 설교를 담당하게 되었다. 이왕 하는 것이라면 대산 김대거 종사의 「교단 100주년 대적공실」 법문을 연마하는 것이 좋을 듯 했다. 원불교 100년을 앞두고 의두·성리 공부로 적공하여 자신성업봉찬自身聖業奉贊을 이루는 것이 가장 큰 불사佛事라고 생각했기 때문이다.

매달 한 조목씩 차례대로 교도님들과 함께 의두 연마를 하고 설교를 통해 법문의 의미를 공유했다. 개인적으로는 설교를 해야 한다는 의무감도 있었지만, 예전엔 얻지 못했던 의두·성리 연마의 재미와 기쁨은 말할 수 없이 컸다. 보고 듣고 생각하는 모든 것이 의두라는 장치를 통해 깊이 익어가는 숙성의 맛을 느낄 수 있었다.

「대적공실」 법문 이전에 원불교대학원대학교 교훈에 대해 먼저 설교했다. 이는 대학원에 대한 나의 애정의 표시였고, 앞으로 의두·성리를 연마하는 공부인에게 기초가 될 정신이라 판단했기 때문이다. 「대적공실」 법문 연마가 끝나고 공부는 자연스럽게 원불교 『정전』 〈의두요목〉으로 이어졌다. 「대적공실」 법문과 중복된 부분을 빼고 〈의두요목〉을 다 마치고 나니 29편의 의두·성리 설교안이 남게 되었다. 2년 반 동안 원남교당 교도님들과 함께 공부하는 행복한 시간을 보냈음에 깊은 감사를 드린다.

많은 고민을 했다. 덜 익은 공부를 대중에게 내놓는다는 것이 부끄럽기도 했지만 스승님들과 대중으로부터 감정鑑定 받고 지도 받는 것이 더 중요하다고 생각했다. 지금에 만족하지 않고 큰 그릇으로 키우기 위해서 절차탁마切磋琢磨의 아픔은 감사히 받아들이기로 했다.

그동안 설교를 통해 많은 말들을 쏟아냈다. 어쩌면 이 말들은 쥐어짜낸 말들일 수 있다. 툭 틔어 우러나오는 한 소리라고 하기엔 매우 부족하다. 하지만 수많은 말들과 글 속에서 내가 건져 올릴 수 있는 것은 분명했다.

누군가 나에게 "그럼, 네가 공부한 것을 한마디로 말하면 무엇이냐?"라고 묻는다면, 나는 "진공묘유眞空妙有"라고 자신 있게 대답할 것이다. 백 번 천 번 생각해도 원불교 의두·성리 공부의 핵심은 진공묘유임이 틀림없다.

진공묘유야말로 진리의 모습이며, 성리 공부의 표준이다. 과거의 공부가 한 마음을 밝히는 진공에 중점이 있었다면 새 시대의 성리 공부는 진공과 묘유를 아울러야 한다. 결국, 한 마음을 밝히고 그 마음을 실제 경계 속에서 활용하는 공부야말로 성리 공부의 완성일 것이다.

성리 공부는 복잡하지 않고 단순해야 한다. 어렵지 않고 쉬워야 한다. 그 시작은 한 마음을 찾는 것에서 시작한다. 찾기도 하고 놓기도 하다 보면 청정자성, 맑고 깨끗한 우리의 본래 마음과 만나게 된다.

나는 '공적영지空寂靈知의 광명光明'이라는 단어를 특별히 좋아한다. 텅 비어 고요한 가운데 신령스럽게 아는 지혜의 광명, 이것이 바로 나의 참 모습, 진리의 모습을 가장 적절하게 표현하고 있다고 생각하기 때문이다. 이 자리는 일념미생전, 천상천하 유아독존, 만법귀일의 자리이다. 모든 공부의 시작은 이 마음, 이 자리에서 출발한다.

"일원一圓은 언어도단言語道斷의 입정처入定處"라고 했다.

책장을 처음 열 때, 그리고 책장을 덮을 때 말과 글이 아닌 '공적영지의 광명'과 호흡하길 기원해 본다.

입정入定에 든다.

꽃 한 송이가 피어난다.

원불교 100년을 마무리하는 즈음에

덕희 교무 합장

교단 100주년 대적공실

· 세존이 도솔천을 떠나지 아니하시고 이미 왕궁가에 내리시며 모태 중에서 중생제도하기를 마치셨다 하니 그것이 무슨 뜻인가

· 세존이 열반에 드실 때에 내가 녹야원으로부터 발제하에 이르기까지 이 중간에 일찍이 한 법도 설한 바가 없노라 하셨다 하니 그것이 무슨 뜻인가

· 古佛未生前 凝然一相圓 釋迦猶未會 迦葉豈能傳

  고불미생전 응연일상원 석가유미회 가섭기능전

· 邊山九曲路 石立聽水聲 無無亦無無 非非亦非非

  변산구곡로 석립청수성 무무역무무 비비역비비

· 有爲爲無爲 無相相固全 忘我眞我現 爲公反自成

  유위위무위 무상상고전 망아진아현 위공반자성

· 大地虛空心所現 十方諸佛手中珠

  대지허공심소현 시방제불수중주

頭頭物物皆無碍 法界毛端自在遊

두두물물개무애 법계모단자재유

· 이 의두성리로 교단백주년을 앞두고 대정진·대적공하자.
· 양계의 인증과 더불어 음계의 인증이 막 쏟아져야 한다.

- 대산 김대거 종사 -

의두요목

疑頭要目

1. 세존世尊이 도솔천을 떠나지 아니하시고 이미 왕궁 가에 내리시며, 모태 중에서 중생 제도하기를 마치셨다 하니 그것이 무슨 뜻인가.

2. 세존이 탄생하사 천상 천하에 유아 독존唯我獨尊이라 하셨다 하니 그것이 무슨 뜻인가.

3. 세존이 영산 회상에서 꽃을 들어 대중에게 보이시니 대중이 다 묵연하되 오직 가섭 존자迦葉尊者만이 얼굴에 미소를 띠거늘, 세존이 이르시되 내게 있는 정법 안장正法眼藏을 마하 가섭에게 부치노라 하셨다 하니 그것이 무슨 뜻인가.

4. 세존이 열반涅槃에 드실 때에 내가 녹야원鹿野苑으로부터 발제하跋提河에 이르기까지 이 중간에 일찍이 한 법도 설한 바가 없노라 하셨다 하니 그것이 무슨 뜻인가.

5. 만법이 하나에 돌아갔다 하니 하나 그것은 어디로 돌아갈 것인가.

6. 만법으로 더불어 짝하지 않은 것이 그 무엇인가.

7. 만법을 통하여다가 한 마음을 밝히라 하였으니 그것이 무슨 뜻인가.

8. 옛 부처님이 나시기 전에 응연凝然히 한 상이 둥글었다 하였으니 그것이 무슨 뜻인가.

9. 부모에게 몸을 받기 전 몸은 그 어떠한 몸인가.

10. 사람이 깊이 잠들어 꿈도 없는 때에는 그 아는 영지가 어느 곳에 있는가.

11. 일체가 다 마음의 짓는 바라 하였으니 그것이
    무슨 뜻인가.

12. 마음이 곧 부처라 하였으니 그것이 무슨 뜻인
    가.

13. 중생의 윤회되는 것과 모든 부처님의 해탈하는
    것은 그 원인이 어디 있는가.

14. 잘 수행하는 사람은 자성을 떠나지 않는다 하니
    어떠한 것이 자성을 떠나지 않는 공부인가.

15. 마음과 성품과 이치와 기운의 동일한 점은 어떠
    하며 구분된 내역은 또한 어떠한가.

16. 우주 만물이 비롯이 있고 끝이 있는가 비롯이
    없고 끝이 없는가.

17. 만물의 인과 보복되는 것이 현생 일은 서로 알
    고 실행되려니와 후생 일은 숙명宿命이 이미 매
    하여서 피차가 서로 알지 못하거니 어떻게 보복
    이 되는가.

18. 천지는 앎이 없으되 안다 하니 그것이 무슨 뜻
    인가.

19. 열반을 얻은 사람은 그 영지가 이미 법신에 합
    하였는데, 어찌하여 다시 개령個靈으로 나누어
    지며, 전신前身 후신後身의 표준이 있게 되는가.

20. 나에게 한 권의 경전이 있으니 지묵으로 된 것
    이 아니라, 한 글자도 없으나 항상 광명을 나툰
    다 하였으니 그것이 무슨 뜻인가.

1부

세 가 지 교 훈

정법정신 正法正信

반갑습니다.

어느 선배 교무님이, 서울교구로 새로 부임한 교무님들은 서울 멀미를 한다고 그러데요. 저는 다행히 서울멀미, 교당멀미 같은 건 하지 않고 잘 적응해 나가는 것 같습니다. 제가 마치 원남교당에 살았던 사람처럼 제 딴에는 큰 무리 없이 기쁘게 잘 적응하고 있습니다. 이 모두가 교도님들께서 따뜻하게 환영해 주시고 밝은 미소, 좋은 기운을 보내주신 덕분이라 생각합니다. 이 자리를 빌려 감사 말씀 드립니다.

오늘 저의 설교제목은 '정법정신正法正信'입니다. 교도님들! 제가 원불교대학원대학교에서 근무하다 온 거, 다들 아시죠. 학교에는 교훈이라는 것이 있는데, 저희 대학원의 교훈이 뭐냐 하면 "정법정신 정진적공 제생의세"였습니다. 학교를 개교하면서 당시 좌산 종법사께서 직접 내려주신 교훈입니다.

원불교 3대 종법사이셨던 대산 종사께서는 「법위등급」 중 특신급의 핵심을 '정법정신'이라 해설해 주셨습니다. 이 자리에 함께하신 교도님들의 법위가 대부분 특신급 이상이실 텐데요. 제가 교도님들의 공부정도를 낮게 잡아서가 아니라 원불교 신앙인, 공부인이라면 '정법정신'이 가장 기본이 되고 중요하기 때문에 이 주제를 선택하게 되었습니다.

왜 대학원 교훈의 첫 번째가 '정법정신'일까? 또, 대산 종사께서는 "대각여래위가 높은 자리이나 정신正信, 바른 믿음이 서질 때에 이미 허공법계에서는 성성식成聖式이 이루어지고, 이 법에 죽자 하고 꽉 정하는 것이 특신인 동시에 여래如來의 바탕이 된다."고 하셨습니다.

성인이 되고, 여래의 바탕이 된다. '정법정신'이 그만큼 중요하다는 것이겠죠. 불교에서도 초발심이 곧 정각을 이룬다는 '초발심시初發心是 변정각便正覺'이란 말이 있습니다.

정법정신에서 정正이 갖는 의미

정법, 바른 법. 정신, 바른 믿음이죠. 그런데 이 정법정신은 정법과 정신이 서로 떨어져 있는 것이 아니고, 정법을 정신한다는 것이 올바른 해석이 될 것입니다. 정법을 바르게 믿는다. 정법은 목적, 대상이고, 정신은 그 방법이 되겠죠. 그렇다면 여기에서 주어는 무엇일까요? 예. 바로 내가, 우리가 되겠죠. 연결해 보면, "우리 원불교인은 정법을 바르게 믿는다."가 되죠.

오늘 설교주제인 정법정신에서 우리가 중요하게 여겨야 할 것은, "무엇이 정법이고, 어떻게 하는 것이 정신인가?" 라는 것입니다. 정법정신을 말함에 있어 먼저 살펴볼 것이 있습니다. 그것은 한문의 바를 정자에 대한 의미입니다.

누구나 다 아시죠. 정은 '바를 정正' 이라고 하죠. 사필귀정事必歸正 이라는 말도 있고, 숫자를 셀 때도 바를 정자로 표시합니다. 조선시대 벼슬아치들의 품계도 정1품, 정2품 등 정으로 표시했습니다. 우리 교리 중 사대강령에도 정각정행正覺正行이 있죠. 우리 교도님들 법명에도 '정'자가 많습니다. 대표적으로 법산 오정법 님이 계시네요. 정은 '바르다, 바로잡다, 갖추어지다'의 뜻을 갖고 명사로 쓸 때는 옳은 길, 올바른 일을 말합니다. 글자의 자형을 보면, 한 일에 그칠 지의 부수를 가지고 있습니다. 바를 정자는 "하나ㅡ밖에 없는 길에서, 잠시 멈추어서止 살핀다."는 뜻이 있는데, 이것이 '바르다'를 뜻하는 글자가 되었다고 합니다.

자, 멈추어 살핀다. 내가 가고 있는 이 길이, 내가 하는 공부가, 내가 하는 일이, 내가 믿는 원불교의 법이 나의 신앙이 올바른지. 오늘 멈추어 살피는 그런 시간이었으면 합니다.

후천개벽시대의 정법의 요청

먼저 정법의 시대적 의미를 알아보겠습니다. 불교에서는 정법, 상법, 말법이라 하여 부처님이 입멸한 후 불법의 흥망성쇠를 이 세 시기로 구분합니다. 정법시대는 부처님의 말씀하신 바를 충실하게 따르고 서로 가르치며 닦아서 모두가 도를 증득하는 시기입니다. 상법시대는 가르침과 수행자는 있어도 깨달음을 이루는 자가 없는 시기입니다. 마지막으로 말법시대는 교법은 있으나 수행과 증과가 없는 시대를 말하는데, 바른 법을 배우고 닦기보다는 기복과 사술을 좋아하고, 무지와 사견으로 쓸데없는 이론을 주장하고 세상이 혼란스러운 시기라고 말합니다. 보통 각 시기를 1000년씩 해서 3천년 후에는 새로운 미륵부처님이 오신다는 미륵하생신앙이 불교에는 자리하고 있습니다.

원불교의 2대 종법사이신 정산 종사는 원불교의 개교, 소태산 대종사께서 새 시대의 새 부처님으로 오신 이유를 새로운 정법시대의 요청으로 설명하십니다. 『정산종사법어』 기연편 15장을 보면, "영산회상이 지난 지 이미 삼천년이 되옵고 동서 각지에 성자의 자취가 끊어진 지 또한 오래 되었다. 참된 교화가 행하지 못하고 바른 법이 서지 못한 위기에 당하였다. 이때에 대종사께서 희미한 불일을 도로 밝히시고 쉬려는 법륜을 다시 굴려 주셨다"라고 말씀하고 계십니다.

이렇게 보면 소태산 대종사께서 이 땅에 오시어 원불교를 개교하신 이유는, 새로운 정법회상을 건설하기 위함이라는 것이 되죠. 그렇다면 왜 정법을 요청하게 되었는가?

정산 종사는 다시 말씀하십니다. "물질의 문명이 극도로 발달되는 반면에 정신의 세력이 날로 쇠퇴하여, 세상은 형식의 가면으로 변환하고 사람은 욕심의 구렁에 빠지게 되어, 천하의 형세가 크게 어지럽고 창생의 도탄이 날로 심하여졌다. 그러한 위기에 당하여 대종사께옵서 구원 겁래에 세우신 큰 서원으로 이 세상에 탄생하시게 되었다."

이것이 소태산 대종사께서 새 시대의 새 부처님으로 이 땅에 오신 이유이고, 원불교라는 종교를 새 시대의 새 종교로 내놓게 된 이유라는 것입니다.

그렇다면 정법이란 무엇인가?

논리적으로 보면 간단합니다. 소태산 대종사께서 정법회상을 만들기 위해 오셨기 때문에 대종사님께서 내놓으신 법은 당연히 정법이 될 수밖에 없습니다. 그러면 소태산 대종사께서 내놓으신 법이 무엇인가? 법신불 일원상을 종지로 교리의 강령인 인생의 요도 사은사요와 공부의 요도 삼학팔조가 대종사께서 내놓으신 정법의 핵심이 되겠죠. 교도님들! 동의하십니까?

우리 원불교인들은 교법에 대한 자부심으로 이런 표현들을 씁니다. '일원대도'라는 말과 '대도정법'. 소태산 대종사께서 내놓으신 일원교법이야말로 대도이기 때문에 일원대도라 하고, 그런 대도를 바탕으로 사은사요 삼학팔조 라는 바른 법이 만들어졌기 때문에 대도정법이 되는 것이죠. 한 걸음 더 나아가 그러한 가르침을 믿고 따르는 우리들의 모임을 일원대도 정법회상이라고 말할 수 있습니다.

우리 교도님들! 소태산 대종사님의 가르침이 어디에 담겨있습니까? 네, 바로 『정전』입니다. 정전에서 정은 바를 정자입니다. 왜 정전正典이라고 하셨을까? 정산 종사께서는 정전을 근원이 되는 경전, 으뜸이 되는 경전이라는 의미로 원경元經이라 하셨죠. 자신을 바루고 세상을 바루는 법, 다시 말해 정법을 담았기 때문에 정전이 아닐까요?

여기에서 우리는 물음을 제기하지 않을 수 없습니다. 그 물음은 '도대체 정법의 기준은 무엇인가?' 입니다. 다시 말해 '정법이 갖추어야 할 요건은 무엇인가?' 이 물음에 답해야 한다는 겁니다.

그 어느 종교도 자기의 종교가 정법이 아니라고 말하는 종교는 없습니다. 자기 종교가 가장 좋은 종교, 세상을 구원할 종교라고 말합니다. 만약 '내 종교가 제일이고, 내 종교의 가르침만이 정법이다.' 라는 우월적 오만에 빠진다면 오히려 그 종교는 정법이 될 수 없을 것입니다. 우리가 진짜 조심하고 명심해야 할 것은 정법에 대한 바른 믿음과 확신, 그리고 바른 실행을 통해 우리가 믿는 법이 정법임을 증명하는 것입니다. 입으로만 정법임을 말해서는 안된다는 것입니다.

저는 이렇게 생각합니다. 기독교, 이슬람교, 불교, 어느 법이 정법이냐? 제불제성諸佛諸聖의 심인心印의 자리에서 보면 정법 아님이 없죠. 문제는 뭐냐? 그 종교에 성자정신이 제대로 살아 있느냐? 부처님, 예수님, 마호메트 등 성자들의 근본 가르침이 그대로 살아 있느냐 하는 거죠. 형식과 장엄이 아니라, 생생이 살아 꿈틀거리는 법의 등불, 진리의 횃불이 중요한 거죠. 이러한 기준은 우리 원불교도 마찬가지입니다. 소태산 대종사께서도 『대종경』 요훈품 41장에서 "도가의 명맥命脈은 시설이나 재물에 있지 아니하고, 법의 혜명慧命을 받아 전하는 데에 있다."라고 하셨습니다.

최근에 저는 영화 '레미제라블'을 봤습니다. 주위에서 좋다고 하도 추천을 해서 꼭 보고 싶었습니다. 레미제라블은 '가난한 사람들, 비참한 사람들'이라는 뜻입니다. 뮤지컬 영화로서 매우 아름답고 감동적이었습니다.
주인공인 장발장은 빵 한 조각을 훔친 죄로 평생 범죄자가 되어 쫓겨 다닙니다. 영화의 줄거리는 인생을 저주하며 힘들게 살아가던 장발장의 영혼이 하나님의 깨끗한 사랑으로 구제되는 과정을 그린 영화입니다.
제가 그 영화에서 가장 인상적이고 감동을 받은 장면은, 주인공인 장발장이 수도원 의자에 앉아 그의 마지막, 죽음을 맞이하는 장면입니다. 저는 그 장면이야말로 용서요, 사랑이요, 치유요, 구원이라 보았습니다. 천국으로의 초대였습니다.
2000년의 역사를 가진 기독교. 위대한 종교입니다. 깨달음과 자비를 실천하는 불교는 어떻습니까? 2500년의 거룩한 역사를 가진 위대한 종교입니다. 이러한 위대한 종교들이 있음에도 불구하고 왜 원불교가 이 땅에 나오지 않으면 안 될 필연적 이유가 무엇일까? 이 세상에서 요구하는 정법의 모습은 과연 어떠한 모습일까?

소태산 대종사님의 법문을 중심으로 정법의 기준은 무엇인가 살펴보겠습니다.
한 제자가 여쭙습니다. "어떠한 것을 큰 도라 이르나이까." 소태산 대종사께서는

> "천하 사람이 다 행할 수 있는 것은 천하의 큰 도요, 적은 수만 행할 수 있는 것은 작은 도라 이르나니, 그러므로 우리의 일원 종지와 사은 사요 삼학 팔조는 온 천하 사람이 다 알아야 하고 다 실행할 수 있으므로 천하의 큰 도가 되나니라."
>
> 〈대종경, 교의품 2장〉

소태산 대종사께서는 또 말씀하십니다. "과거의 종교는 시대와 지역을 따라 어느 한 분야를 담당했고 교화를 했다. 그런데 앞으로는 그 일부만 가지고는 널리 세상을 구원하지 못한다."
한 학인이 정산 종사께 묻습니다. "돌아오는 세상에는 어떠한 법이 제일 주장이 되겠습니까?"

"제일 원만하고 바르고 사실된 법이 주장이 된다. 과거 시대에는 모든 교법이 각각 편협한 지역에서 일어나 그 시대의 인심에 맞추어 성립되었기 때문에 비록 한면에 치우치는 법이라도 능히 인심을 지도할 수 있었다. 그러나 앞으로는 세상의 교통이 더욱 열리고 시대의 사상이 서로 교환되므로, 사면을 다 통하는 원만한 법과 과불급이 없는 바른 법이 아니면 대중의 마음을 두루 지도하기가 어려울 것이다. 과거 시대에는 인심이 대개 미개하므로 모든 교법이 방편과 장엄을 많이 이용해 왔으나, 앞으로는 인심이 차차 밝아지므로 사리를 바로 해석하고 사실로 활용하는 법이 아니면 또한 대중의 마음을 지도하기가 어려운 까닭이다."

〈정산종사법어, 도운편 7장〉

후천개벽세상의 종교는 인간의 정신이 주체가 되어 물질을 선용해야 하고, 신앙과 수행이 겸전해야 하고, 영과 육이 쌍전해야 하고, 이와 사를 병행해야 합니다. 다시 말해 새로운 시대에는 원만한 종교, 사실적인 종교여야 한다는 것입니다.

저는 여기에 원불교 정법의 기준이 있다고 봅니다. 열린 종교, 원만한 종교, 조화의 종교, 생활 종교, 실천의 종교. 이것이 원불교 교법의 위대성이라고 저는 생각합니다.

왜 원불교의 대도정법이 세상에 드러나지 않는가?

그런데, 원불교의 교법이 대도정법임에도 불구하고 우리 원불교 교화는 왜 더딘가? 저는 더딜 수밖에 없다고 봅니다. 일체중생을 태울 반야용선般若龍船, 큰 배는 바로 움직일 수 없습니다. 준비가 많이 필요합니다. 저는 인지가 밝아지고 세상이 더 열릴수록 세상이 원불교의 정법을 찾게 될 것이라고 확신합니다. 원불교 교화는 방편에 의해서가 아니라 정공법으로 좀 더디더라도 넓은 길을 올바르게 가는 것이 맞다고 생각합니다.

제가 원광대학교 원불교학과를 다닐 때, 원불교 교리해석학의 대가이신 석산 한종만 교수님이 계셨습니다. 그분께서 항상 그런 말씀을 하셨어요. "원불교 교법은 시간이 걸릴 수밖에 없다. 아직 인지가 어두워서, '처처불상, 사사불공. 무시선 무처선' 이런 최상승법을 알아보는 사람들이 적을 수밖에 없다. 그러나 세상이 밝아짐에 따라서 우리 교법이 크게 드러나게 될 것이다." 라고 말씀하셨습니다.

그런 점에서 여기 앉아 계신 우리 교도님들은 남 먼저 이 법을 알아보신 참으로 눈 밝은 분들이십니다. 소태산 대종사께서 원기 100년 안에 이 회상에 들어온 사람들은 소태산 대종사님 수첩에 적어 논 숙겁의 인연들이라 하셨는데, 우리가 바로 그런 사람들입니다.

세상이 우리 법을 요구하고 있고, 세상이 원불교에 많은 관심을 갖고 있습니다. "미래의 종교는 원불교다. 원불교야말로 참 종교"라고 세상에서 인정하고 있습니다. 이제 우리의 할 일은 정법을 올바르게 믿고 올바르게 실행하는 일입니다. 참다운 실력을 갖추는 것입니다.

정신, 바른 믿음이란 무엇인가?

정법은 세상에 드러날 수밖에 없습니다. 그런데 정법은 정신, 바른 믿음을 필요로 합니다. 반대로 바른 믿음에는 바른 법, 정법이 전제되어야 합니다. 그렇다면 어떻게 하는 것이 바른 믿음인가? 간단하게 말씀드리면 정법을 믿는 것이고, 진리적으로 믿는 것이 바른 믿음입니다. 정산 종사께서는 『정산종사법어』법훈편 14장에서 "모르고 믿으면 미신"이라고 하셨습니다.

소태산 대종사께서는 일원상의 신앙에서 어떻게 말씀하셨습니까? 일원상의 진리를 믿으며, 믿으며, 믿으며……. 진리 그대로 믿으라고 하셨습니다. 진리 그대로 믿는 것이 바른 믿음, 정신正信입니다.

세상을 보면 바른 믿음이 아니라 맹신, 광신, 미신, 기복 등으로 잘못된 종교 신앙을 하는 경우를 봅니다. 종교로 인해 지혜와 복된 생활, 행복한 생활을 하는 게 아니라, 오히려 잘못된 종교 신앙으로 개인이 타락하고, 고통에 빠지게 되고, 세상을 혼란스럽게 만드는 경우를 볼 수 있습니다.

그 다음에 우리가 생각해봐야 할 것은, 그 믿음이 중간에 변하지 않고 끝까지 가느냐, 입니다. 대산 종사께서는 특신급을 "이 공부 이 사업에 재미를 붙이고 반신반의가 없는 경지"라고 말씀하십니다. 반절만 믿고 반절은 의심하는 것이 아니라 제대로, 온전히 믿는 것이 정법정신이라 하셨죠. 그리고 특신은 "정법정신正法正信으로 마음의 표준이 서져서 일생뿐 아니라 영생을 진리와 스승과 법과 회상에 몸과 마음을 귀의한 경지이다."라고 말씀해 주셨습니다.

나는 정신正信하고 있는가?

저는 오늘 '정법정신'에 대한 설교를 마무리하면서 네 가지 반성을 통해서 저의 믿음을 반조해 보고자 합니다. 교도님들도 함께 반조하시면 좋겠습니다.

첫째, 나는 소태산 대종사께서 내주신 일원교법이야말로 새로운 시대에 세상을 구원할 대도요, 대법임을 확신하고 있는가?

둘째, 나는 일원종지를 바탕으로 한 인생의 요도 사은사요와 공부의 요도 삼학팔조가 가장 원만한 교법으로 지혜를 밝히고 복을 가져올 사실적 도덕임을 확신하고 있는가?

셋째, 나는 나의 믿음이 환경과 시일을 따라 물러나거나 끊어지지 않고 어떠한 어려운 경계를 당할지라도 한결 같은 믿음으로 영생을 일관할 수 있는가?

넷째, 나는 나의 믿음을 다른 사람에게도 능히 전할 수 있는 자신감 있는 실력을 갖고 있으며, 세상을 향해 외칠 수 있는가?

우리 원남교당 교도님들! 맞이하는 일주일도 기쁨과 은혜 충만한 생활, 지혜와 복이 넘치는 생활되시고, 항상 정법정신하는 생활되시길 기원하면서 오늘 저의 설교를 마치겠습니다.

감사합니다.

98. 1. 27.

정진적공 精進積功

반갑습니다.

오늘은 정월대보름입니다. 오곡밥 드셨나요? 오늘 점심공양 때 나물 몇 가지 정도는 나올지 모르겠습니다. 둥근 보름달 보며 소원 비시고 올 한 해 아무런 질병 없이 소망하시는 모든 일이 꼭 성취되시길 기원합니다.

오늘 저의 설교제목은 '정진적공'입니다. 지난 1월 설교 제목은 '정법정신'이었습니다. 기억하시나요? 지난 번이 정법정신, 이번 설교 제목이 정진적공이니, 다음 설교 제목은 당연히 제생의세가 됩니다. 제가 지난 번에 말씀드린 바와 같이 정법정신, 정진적공, 제생의세는 제가 대학원에 있을 당시의 교훈입니다.

대학원의 교훈은 저에게는 매우 중요한 가치 기준이었습니다. 12

년간 그러한 가치관을 가지고 살았고, 그러한 표준으로 학생들을 교육했습니다. 이러한 가치관은 대학원에서뿐만 아니라 교무로서 제 평생의 가치관으로 자리할 것입니다. 우리 교도님들에게도 '정법정신 정진적공 제생의세' 이 세 가지는 원불교 공부와 사업을 하는 데 매우 중요한 가치 기준이 되리라 생각합니다.

오늘 저의 설교는 정진적공의 의미 해석, 법문을 통해 본 정진적공의 중요성, 우리는 왜 정진적공해야 하는가, 정진적공은 어떻게 하는가, 정진적공을 위한 우리들의 다짐 순으로 말씀드릴까 합니다.

정진과 적공의 의미

국어사전을 보면 정진은 "정성을 다해 노력해 나아감", 적공은 "어떤 일에 많은 힘을 들이며 애를 씀"이라고 나와 있습니다. 정진에서 '정'자는 쌀 미米에 푸를 청青자가 합해진 글자로 정미할 정精자가 되는데, '정미'는 벼를 찧어 쌀로 만드는 것을 말하죠. 그래서 '정'자는 자세하다, 면밀하다는 뜻을 갖고 있습니다. 적공에서의 '적'은 쌓을 적으로 쓰입니다. 적은 볏단을 쌓아놓은 모양을 하고 있습니다.

이렇게 보면, 정진이 세밀하게 면밀하게 하는 것이라면, 적공은 끊임없이 공을 쌓는 것을 말합니다. 굳이 구분을 해보면, 정진이 한 때 온전히 열과 성을 다해 수행하는 것이라면, 적공은 오랜 시간을 두고 끊임없이 수행함을 의미합니다. 정진과 적공의 의미가 비슷하지만 정진을 통한 적공이 이루어진다고 볼 수 있는 것이지요.

우리는 정진하면 '용맹정진'이라는 단어를 떠올릴 수 있습니다. 용맹정진이란 주로 불교에서 쓰이는데, 용맹정진은 1주일 동안 식사도 하지 않고 잠도 자지 않고 한 생각만을 하면서 수행하는 것을 뜻합니다. 용맹정진이라는 말 속에 매우 결연한 의지, 오직 정진만 있을 뿐이라는 단단한 각오가 있지요. 이에 비해 적공이라는 말은 끊임없는 공을 쌓는다는 의미로, 용맹함보다는 '정성스러움'을 엿볼 수 있는 표현인 것 같습니다.
제가 오늘 말씀드리는 '정진적공'이 정진 또는 적공만이 아니라 '정진적공'을 함께 쓰는 이유가 있다고 봅니다. 특히 원불교에서는 정진이라는 말보다 적공이라는 말을 더 많이 쓰고 있고, 많은 의미를 부여하고 있습니다.

정진적공에 대한 스승님의 간곡한 말씀
정진적공에 관해서도 가장 먼저 떠오르는 분은 3대 종법사이셨던 대산 종사이십니다. 대산 종사 법문을 보면 정진으로 시작해서 적공으로 끝났다고 볼 수도 있습니다.
원불교 인터넷 사이트에 법문을 검색할 수 있는 서비스가 제공되고 있는데, 적공이라는 키워드를 치면 대부분이 대산 종사의 법문과 관련이 있습니다. 대표적으로 중앙중도훈련원의 원훈을 써주시고, "훈련원이라는 말보다 적공실이라고 하는 것이 좋겠다고 하십니다. 훈련원과 교당이 다 적공실이 되어야 한다."고 말씀하십니다. 그래서 중도훈련원 입구에 "대적공도량"이라는 대산 종사의 친필 휘호가 큰 자연석에 새겨져 있는 것을 볼 수 있습니다.

생활 속에서 정진적공해야

'정진적공' 하면 우리는 지레 겁부터 먹을 수 있습니다. '나 같은 사람이 무슨 정진적공이야.' 라고 말할 수도 있습니다. 적공은 아무나 하나? 최소한 스님이나, 교무님들 같은 성직자, 전문수행자들의 전유물로 여기기 쉽습니다.

재가교도로, 일반교도로서 우리는 왜 정진적공을 해야 하는가? 용맹정진하는 것이 정진적공일까?

우리는 석가모니 부처님의 고행 과정을 잘 알고 있죠. 대표적으로 보리수 밑에서 항마를 통해 깨달음을 얻는 과정은 아무나 할 수 없는 수행의 과정이지요. 소태산 대종사님은 어떻습니까? 7세부터 하늘에 기도 올리고, 스승 찾아 헤매시고, 깊은 선정에 드시고, 보통 사람으로는 흉내 낼 수 없는 고행의 과정을 거치십니다. 가정을 돌보지 않고, 자신의 몸도 돌보지 않은 채 오직 도 이룰 궁리만으로 20여 년의 구도과정을 보내시지요.

우리가 어떻게 석가모니 부처님과 같이, 소태산 대종사님과 같이 정진적공할 수 있겠는가? 제가 우리 교도님들께 말씀드리고 싶은 것은 그렇게 해서는 절대 안 된다는 것입니다. 가정을 돌보지 않고, 건강을 챙기지 않고, 생활을 저버리고서가 아니라 가정에서,

몸 건강을 챙기면서, 생업에 종사하면서 충분히 정진적공할 수 있다는 것이지요.

소태산 대종사께서는 당신께서 걸으셨던 고행 난행의 과정이 옳지 않았음을 말씀하십니다.

> "나는 당시에 길을 몰랐는지라 어찌할 수 없었지마는, 그대들은 다행히 나의 경력을 힘입어서 난행 고행을 겪지 아니하고도 바로 대승 수행의 원만한 법을 알게 되었으니 이것이 그대들의 큰 복이니라."
>
> 〈대종경, 수행품장 47장〉

"그대들의 큰 복이니라." 그렇습니다. 우리들에게 원불교의 정법을 만난 것이 큰 복이고, 소태산 대종사님을 스승님으로 모신 것이 큰 복입니다.

소태산 대종사께서는 위대한 선언을 하시죠. "나의 법은 인도상 요법을 주체 삼았다." 인도상 요법을 주체 삼았다는 것은 인간생활을 떠나서는 안 된다는 말씀이죠. 다시 말하면 불법시생활 생활시불법, 무시선 무처선이 원불교인의 공부요 수행이라는 것입니다.

이 말씀에 근거해 볼 때, 원불교에서 말하는 정진적공은 생활 속에서 하는 훈련이고, 가정이 바로 훈련원이 되는 것이죠. 산속에 들어가 정진적공 하는 것이 아니라 가정에서, 직장에서, 오며 가며, 모든 장소, 모든 순간이 정진적공의 장소요, 시간이 된다는 말씀이죠.

교도님들! 훈련원이 어디 있습니까? 교도님들 가정이 바로 훈련원인 것입니다. 소태산 대종사께서는 상시훈련법에서 분명히 밝히고 계시죠. 상시응용주의사항, 교당내왕시주의사항을 통해 생활 속에서 삼학을 수행하도록 밝혀주셨죠. 평상시 생활 속에서 온전한 생각으로 취사하고, 미리 연마하고, 경전과 법규를 연습하고, 좌선, 염불, 의두연마를 하라고 하시죠. 그리고 교당에 와서는 문답, 감정, 해오를 얻고, 선기에는 전문 공부하고, 법회에 와서는 공부에 전심하고, 교당을 다녀가서는 소득유무를 반조한 후 실생활에 활용하라 하시죠.

종합해보면 원불교의 정진적공이 뭐냐? "우리의 삶속에서 사실적으로, 꾸준하게 하는 것이 원불교의 정진적공이다." 라고 말할 수 있습니다.

우리는 왜 정진적공해야 하는가?

'마음 편히 교당 다니고 싶은데, 왜 이렇게 하라는 것은 많지?' 라고 생각하시는 분도 있으시죠?

정진적공은 밑에서 솟아나는 샘물에 비유할 수 있습니다. 우리의 삶은 끊임없이 마르지 않은 생수를 필요로 합니다. 책, 누군가의 법설, 설교 이러한 것들은 한계가 있습니다. 이는 위에서 공급해

주는 물과 같습니다. 만약 공급해 주지 않으면 우리는 시들고 맙니다. 그러나 아래에서 솟아나는 샘물은 나를 적시고 이웃을 적시고 세상을 적십니다. 작은 샘물이 시내를 이루고 강을 이루고 큰 바다로 흘러갑니다.

정진적공한다는 것은 자력적이고 자각적인 수행을 말합니다. 요즘 힐링이라는 단어가 사회적으로 크게 뜨고 있습니다. 그런데 진정한 힐링, 치유는 셀프 힐링self healing이 되어야 된다고 봅니다. 누군가의 말이나 글을 통해 위로 받고 치유 받는 것도 중요합니다. 그러나 영원히 마르지 않는 샘물과 같이 자기 안에서 솟아나야 합니다.

정산 종사께서는 이렇게 말씀하십니다.

> "사람이 좋은 습관을 가졌고 좋은 인연을 만났고 또 좋은 법설을 들었다 하더라도 각자의 적공과 능력이 들지 않고는 훌륭한 인격을 이룰 수 없나니라. 그러므로, 범부가 변하여 부처 될 때까지 각자 각자가 하나 하나 실지의 공을 쌓아야만 성불 제중하는 큰 인격을 이루게 되나니라.
>
> 〈정산종사법어, 무본편 56장〉

종합해서 말하면 정진적공은 속 깊은 마음공부를 하는 것이고, 자신성업봉찬을 하는 것입니다. 속 깊은 마음공부, 자신성업봉찬을 해야 우리 모두가 불보살의 인격과 불보살의 자비와 불보살의 복전을 갖게 될 수 있겠지요.

정진적공은 어떻게 해야 할까요?

우리가 하는 정진적공은 어려운 것이 절대 아닙니다. 지금 교단에서 전개하고 있는 4정진 운동이 우리 교도님들께서 실천할 수 있는 정진적공의 가장 쉬운 방법입니다.

그렇다면 4정진 운동이 무엇이냐? 교전봉독과 사경, 선과 기도, 의두정진, 유·무념 공부 등 네 가지입니다. 자, 어떠세요? 어려운 게 아니죠? 많은 교도님들이 지금 실천하고 있고, 교당에서 실행하고 있습니다. 오늘은 이 4정진 운동 네 가지를 다 말할 수 없습니다. 앞으로 기회가 닿는 대로 말씀드리기로 하고, 오늘은 유·무념 공부를 간략히 말씀드리겠습니다.

교도님들 교화단 책자 보시면, 유·무념 공부로 1분 선과 1분 기도를 하게 하고 있죠? 이 방법이 아주 기가 막힌 유무념 공부입니다. 선과 기도를 유·무념으로 하니까 두 마리의 토끼를 잡는 것이 되죠.

1분이라는 시간은 매우 짧은 시간입니다. 하루가, 24시간이니까 분으로 환산하면 1,440분입니다. 그런데, 이 많은 1,440분 중 1분 선, 1분 기도를 챙겨서 하는 것이 쉽지 않습니다. 평소 마음을 챙기지 않으면, 유·무념으로 대조하지 않으면 1분 선, 1분 기도를 하기가 어렵다는 것입니다.

다 아시다시피 1분은 60초입니다. 긴 시간이 아닙니다. 짧은 시간입니다. 그런데, 1분 선과 1분 기도를 챙기게 되면 나머지 시간도 챙기는 마음으로 살게 됩니다. 그 짧은 1분의 시간이 하루를 알차게, 행복할 수 있는 1분입니다. 그래서 1분이 중요한 것이고, 이렇게 작은 시간 시간들이 모여 하루가 되고, 1주일이 되고, 한 달, 1년이 되기 때문에 우리에게 지금 소중한 것은 1년간의 정진이 아니라 1분, 하루하루 마음을 챙기고 사는 것입니다.

그런데 해야지, 해야지 하면서도 잘 안 됩니다. 왜 안 될까요? 첫째는 하려고 하는 원이 지극하지 않아서입니다. 둘째는 그 방법이 구체적이지 않아서입니다. 생각만으로 하는 것이 아니라 어떻게 할 것인가를 분명히 해야 한다는 것입니다. 하려고 하면 안 되는 일이 없고 안하려고 하면 어떤 일도 될 수 없습니다.

나의 유무념 적공

그러면 우리 교도님들께서 "교무님께서는 어떻게 공부하고 있습니까?" 묻고 싶겠죠. "한번 공부한 것을 내놔보세요."

저는 하루에 7가지를 유·무념으로 챙기고 있습니다. 스마트폰에 있는 원불교 수행일기 어플을 가지고 유·무념을 챙기고 있는데요. 요즘 제가 실행하고 있는 유·무념은 아니지만, 아주 오래전부터 챙겼던 유·무념 조항이 있습니다. 거의 15년 쯤 되어 갑니다.

그것은 '웃으면서 반갑게 인사하기'입니다. 제가 원남교당에 오니까 교도님들께서 그러세요.

"교무님, 인상도 좋으시고, 목소리도 좋으시고." 정말로 그런가요?

그런 소리 들으니 저도 기분은 좋더라고요.

제가 한때는 '칼'이라는 말을 들었습니다. 사람이 칼 같다는 것은 정확하고 분명하다는 좋은 의미도 있지만 날카롭다, 인정미 없다는 의미도 있지요.

"웃으면서 반갑게 인사하기" 자, 쉬운 일인가요, 어려운 일인가요? 어떤 사람에게는 진짜 쉬운 일이고, 어떤 사람에게는 진짜 어렵겠지요.

제가 결혼해서 얼마 되지 않았을 땐데, 아내인 제 정토가 그러더라고요.

"당신은 혼자 있을 때 인상이 굉장히 무서워요." 정토의 그 말이 저에겐 굉장히 충격이었습니다. 내가 그래도 교무이고, 나름 마음공부한다는 사람인데, 인상이 무섭다는 말을 들으니 충격일 수밖에요. 혼자 있을 때 인상이 무섭다. 그런데 혼자 있을 때 막 웃고 있을수는 없잖아요? 그러면 어떻게 해야 할까요?

그래서 제가 정한 유·무념이 '웃으면서 반갑게 인사하기', '웃으면서 친절하게 말하기'를 유·무념으로 정한 거지요. 평상시에 이렇게 하면 자연스럽게 혼자 있을 때도 편안한 얼굴, 편안한 인상이 될 수 있는 것이지요. 평상시에 자기 얼굴 관리, 마음 관리를 하게되면, 그것이 언제 어디서나 평정심을 유지할 수 있고, 사람을 만났을 때는 반갑게 인사하고, 친절하게 말할 수 있게 된다는 것이죠. 이것이 제 마음공부이고, 제가 실천하는 작은 수행이고, 상대방을 배려하는 작은 불공이죠.

아직도 부족하지만, 소태산 대종사께서도 나이 사십이 넘으면 자기 얼굴에 책임질 줄 아는 사람이 되어야 한다고 하셨는데, 자기 얼굴, 자기 인상, 자기 인격에 스스로 책임지는 사람이 되어야겠죠.
저의 소망 중의 하나는 부처님과 같은 자비의 미소를 갖는 것입니다. 말없이 살포시 미소 짓는 그 얼굴을 보고 모든 근심과 걱정이 사라지고, 사심잡념이 녹아나고, 감화를 받을 수 있는 아름다운 얼굴을 갖고 싶습니다.

정진적공에 대한 우리의 다짐
정진적공은 한때의 용맹정진이 아닙니다. 꾸준히 정진하고, 적공하는 것을 말합니다. 소태산 대종사님께서는 다음과 같이 말씀하십니다.

> "어리석은 사람은 한 생각나는 즉시로 초범 월성의 큰 지혜를 얻으려 하나 그것은 크게 어긋난 생각이라, 저 큰 바다의 물도 작은 방울 물이 합하여 이룬 것이요, 산야의 대지도 작은 먼지의 합한 것이며, 제불 제성의 대과를 이룬 것도 형상 없고 보이지도 않는 마음 적공 積功 을 합하여 이룬 것이니, 큰 공부에 뜻하고 큰 일을 착수한 사람은 먼저 마땅히 작은 일부터 공을 쌓기 시작하여야 되나니라."
>
> 〈대종경, 수행품 44장〉

큰 공부에 뜻을 둔 사람은 먼저 어디에 힘쓰라 하시죠. 작은 일부터 공을 쌓으라 하십니다. 한 방울의 물방울이 모이고 모여 바다를 이룹니다. 한 방울 한 방울의 낙숫물이 바위를 뚫습니다.

정진적공의 다른 이름은 "하고 또 하고"입니다. 하고 또 하고, 하되 건성건성, 대충 대충 하는 것이 아니라 정성 다해 끝까지 하는 것입니다.

저는 사람에 대한 평가 중 가장 무서운 말이 "너 하나도 안 변했다."라는 말이라고 생각합니다. 우리는 변해야 합니다. 나이가 들어 겉모습만 변하는 것이 아니라 속마음이 변하고, 나의 육근작용을 통한 행동의 모습이 변해야 합니다. 중생의 모습에서 부처의 모습으로 변해야 합니다.

우리 삶에 있어 용기 있게 결단을 해야 할 때가 있습니다. 나중에 해야지, 라고 미뤄서는 안 됩니다. 지지부진해서도 안 됩니다. 지금이 바로 정진적공할 때라고 생각해야 합니다. 교단 100주년이 3년 앞으로 다가왔습니다. 교단 100주년뿐만 아니라 우리 인생의 종착역에서 무얼 가져갈까를 생각해야 합니다.

"여보게, 저승 갈 때 뭘 가지고 가지?"를 생각해야 합니다.

낭떠러지에서 발을 떼는 심경으로, 용기 있게 한걸음을 떼어야 합니다. 백척간두 진일보해야 합니다.

저는 우리 교도님들이 정진적공 하시는데 바쁘셨으면 합니다. 다른 데 바쁜 것이 아니라 이 공부하시는데 바쁘셨으면 합니다. 그런데 그 공부는 급히 말고 쉬지 말고 하면 좋겠습니다. 억지로 정진적공하는 것이 아니라 기쁘게 재미있게 하면 좋겠습니다. 공부에만 빠져 생활을 불고하는 것이 아니라 생활이 정진적공의 삶이 되고, 정진적공을 통해 우리들의 삶이 행복하고 윤택하면 좋겠습니다.

저는 오늘 설교를 마무리하면서 안도현 시인의 시 한 구절을 떠올려봅니다.

"연탄재 발로 차지 마라. 너는 누구에게 한 번이라도 뜨거운 사람이었느냐?"

이 시를 이렇게 바꿔보겠습니다.

"너는 한 번이라도 뜨거운 정진적공을 해보았느냐?"

우리 교도님들께서 속 깊은 마음공부를 하시고, 정진적공을 통한 자신성업봉찬을 이루시길 간절히 염원하면서 저의 설교를 마치겠습니다.

감사합니다.

98. 2. 24

제생의세 濟生醫世

지난 3월 13일에 경북 경산에서 또 한 명의 고등학교 1학년 학생이 아파트에서 투신자살했습니다. 이유는 학교폭력이었습니다. 영정사진을 부여안고 울부짖는 학생 어머니의 모습은, 그 광경을 사진만으로 보는데도 너무 안타까웠습니다. 저도 고등학생을 둔 학부모로서 가슴이 너무 아파 한동안 먹먹했습니다.

신문과 방송에서 우리의 마음을 아프게 하는 사고와 사연들이 나올 때마다 여러분들의 마음은 어떻습니까? 아무렇지도 않고 덤덤하십니까? 내 일이 아니기 때문에 관심이 없으십니까?

우리 사회가 개인주의로 치닫고, 개인주의를 넘어 이기주의가 만연한 세상이 되어가고 있습니다. 남과 주위를 돌아볼 여유를 갖지 못하고 있습니다. 세상에 아픈 사람이 너무도 많고 세상도 아파

신음하는 소리가 크게 들립니다.

소태산 대종사께서 바라보신 세상의 병

소태산 대종사께서는 대각을 이루신 후 당시의 시국을 살펴보시고 세상이 병들었다고 말씀하십니다. 무슨 병이 들었다고 말씀하시죠? 『대종경』 교의품 34장을 보면 "돈의 병, 원망의 병, 의뢰의 병, 배울 줄 모르는 병, 가르칠 줄 모르는 병, 공익심 없는 병"을 말씀하셨죠. 들어 보니 우리 교리와 뭔가 잘 연결이 되죠? 그렇습니다. 사은과 사요의 교리와 직접 닿아있죠.

이 병들을 종합하면 무슨 병이죠? 결국 마음의 병입니다. 자, 세상이 병이 들었어요. 어떻게 해야 합니까? 내가 많이 아파요? 어떻게 해야죠?

먼저, 내가 아프다는 것을 알아야 되겠죠. 그 다음은 병원에 가야죠. 가서 의사에게 진찰을 받고 정확한 병명을 알아야 하고, 그 다음엔 치료를 받아야죠. 치료를 어떻게 받아야 합니까? 나을 때까지 치료에 정성을 다해야겠죠.

어느 병원에 가야 합니까? 정치 병원에 가야합니까? 경제 병원에 가야합니까? 문화 병원에 가야합니까? 뭐니 뭐니 해도 종교 병원이어야 하고, 종교 병원 중에서도 원불교 병원이 제일이죠.

세상의 병도 결국 마음의 병이라고 보면 종교가 그 일에 나서야 합니다. 세상의 아픔을 종교가 외면해서는 안 된다는 거죠.

사회가 병이 들었습니다. 어떻게 해야 합니까?

이 세상의 모든 성자들은 세상의 아픔을, 세상의 병을 치료하기 위해 오신 의왕醫王이십니다. 부처님을 표현한 여러 말 중에 의왕이라는 말이 있습니다. 이 표현은 중생들이 무명無明이라는 중병에 걸려 고통 받고 있을 때, 그 병을 정확히 알고 올바른 치료법을 처방해 주신 것에 대한 부처님의 다른 호칭입니다.

소태산 대종사의 제생의세 사업

소태산 대종사께서는 세상의 병을 그대로 두고 보지 않으셨습니다. 소태산 대종사께서는 20여 년의 구도 끝에 대각을 이루시고 가장 먼저 무엇을 하십니까? 따르는 사람들이 생기자 그들과 함께 저축조합을 만드시죠. 금주금연, 절약절식, 허례폐지 등 새 생활 운동을 통해 혼몽 중에 있던 민중들의 정신을 바로 깨우치십니다. 과거 습관에 찌들어 있던 사람들의 생활을 개조시킵니다.

소태산 대종사께서 대각 후 가장 최초로 설한 법문이 무엇입니까? 〈최초법어〉이죠. 최초법어는 수신의 요법, 제가의 요법, 강자약자진화상요법, 지도인으로서 준비할 요법을 말합니다. 최초법어를 보면 개인의 안심입명에 그치지 않고 세상을 향해 나아가는 사회적 실천을 볼 수 있습니다. 그리고 또 어떻게 하십니까? 가난한 땅의 민중들을 위해 간척사업을 하시고, 자신을 위해서가 아니라 일체생령을 위해 기도하시죠. 세상을 위해 기도하시죠. 그리고 변산에 들어가 교법을 초안하신 뒤, 세상에 "물질이 개벽되니 정신을 개벽하자"라는 개교이념을 선포하시죠. 정신적 풍요뿐만 아니라 물질문명을 선용하여 내외가 겸전하고 영육이 쌍전하는 이상적인 사회, 광대무량한 낙원세상을 만드시기 위해 이 땅에 원불교를 내놓으시죠.

우리 『정전』에 보면 〈제15장 병든 사회와 그 치료법〉이 나옵니다. 생각해 보면 어느 종교가 자기의 경전에 〈병든 사회와 그 치료법〉을 밝히고 있는 종교가 있는지 궁금합니다. 어느 종교가 평등 세계의 길인 사요를 밝히고 있는지 잘 모르겠습니다.

이 모두가 소태산 대종사님의 널리 중생을 건지고 세상의 고통을 치유하는 제생의세의 경륜이십니다. 이렇게 보면 제생의세는 소태산 대종사님의 대자비심입니다.

이 시대의 병

세상이 병이 들었다고 했습니다. 지금 세상은 어떤 병이 들었나요? 돈의 병, 원망의 병, 의뢰의 병, 배울 줄 모르는 병, 가르칠 줄 모르는 병, 공익심 없는 병. 지금도 유효하나요? 제 생각에 다른 것은 몰라도 우리 사회가 교육의 병, 양극화의 병, 이런 것은 확실히 있는 것 같습니다.

서두에 한 고등학생의 투신자살이라는 끔찍한 사건을 소개했습니다. 왜 우리 청소년들이 기쁘고 힘차게 뛰어 놀지 못합니까? 왜 거리 곳곳마다 CCTV를 달아야 합니까? 그렇게 많은 예산을 들여 CCTV를 달고, 전문상담교사를 배치한다고 무슨 효과가 있습니까? 안하는 것보다는 낫겠지요. 그러나 이런 것이 근본적인 해결점이 될 수 있을까요?

결국 우리 마음의 병을 다스리는 것이 근본 아닙니까? 물질에 현혹된 세상, 자기만 잘 살면 제일이다는 극단적 이기주의, 다른 사람의 고통과 아픔을 외면하는 개인주의. 그리고 사회의 구조적인 문제들.

자, 그렇다면 이 병을 치료하기 위해선 어떻게 해야 할까요?

첫째, 주위 사람들에게로 눈을 돌려야 합니다.

관심을 가져야 합니다. 제가 원광대에서 교양 과목인 '종교와 원불교'라는 과목을 가르쳤습니다. 첫 수업 시간에 학생들에게 만남의 카드를 적게 합니다. 그 카드에 '나의 장래 소망'을 적게 하고 또 '현재의 고민'을 적게 합니다. 자, 대학생들의 장래 희망은 무엇일까요? 그리고 현재 고민하고 있는 것은 무엇일까요?

대부분의 학생들이 장차 어떤 직업을 가지겠다는 현실적인 희망을 적습니다. 고민은 어떤 고민을 할까요? 여러 고민이 있겠지만 개인 또는 친구, 가정에 관한 고민이 대부분이었습니다. 이러한 대답들은 지극히 당연할지도 모릅니다. 저는 우리 사는 세상이 아름다워지려면, 그리고 그 속에서 살아가는 내가 행복해지려면 내 주위에 관심을 가져야 한다는 것입니다.

일반적으로 종교생활의 목적은 '안심입명安心立命'에 있다고 말합니다. 안심입명이라는 말은 "모든 의혹과 번뇌를 버려 마음이 안정되고, 모든 것을 하늘의 뜻에 맡기는 일"이라고 국어사전에 나와 있습니다. 쉽게 말하면 마음이 편하기 위해서 종교생활을 한다고 말합니다. 어쩌면 지극히 개인주의적인 관심일 수 있죠. 종교의 근본적인 사명일 수 있습니다. 그러나 종교는 개인의 구원에만 그쳐서는 안 되고 사회를 구원하고 세상을 구원해야 하는 사명을 갖고 있습니다.

우리 주위를 보면, 세상을 보면 우리가 관심 가져야 할 부분이 참으로 많습니다. 자세히 말할 수는 없으나, 인권, 생명, 통일, 평화, 노동, 교육 등 개인이 해결할 수 없는 문제들입니다.

1945년 해방이 된 후 당시 종법사이셨던 정산 종사께서 가장 먼저 하신 일이 어떤 것인 줄 아시나요? 전재동포구호사업을 전개하시고 「건국론」을 저술하십니다. 전재동포구호사업이란 이리역전과 서울역전에 '귀환 전재 동포 구호소'를 설치하여 서울에서는 6개월, 익산에서는 13개월 반 동안 굶주리고 헐벗고 병들어 방황하는 전재 동포들에게 식사, 의복숙소, 응급치료, 분만 보조, 사망자 치상 등 구호사업을 펼치신 일을 말합니다. 그리고 「건국론」이라는 책을 지어 장차 이 나라가 어떻게 건국할 것인가, 건국의 방향을 제시합니다.

오늘날 우리 원불교가 교육, 자선, 봉공을 통해 대사회적으로 노력하고 있는 것도 세상에 대한 관심이고, 제생의세를 실현하는 종교 본연의 사명을 다하는 것이라 말할 수 있습니다.

화분과 무관심

제가 얼마 전에 소중한 감상 하나를 얻었습니다. 제가 부임해서 오니까 제 책상에 조그만 화분이 하나가 있더라고요. 계속 그 자리에 화분은 있었는데, 어떻게 되었을까요? 어느 날 그 화분이 말라 죽어있는 거예요. 순간 깜짝 놀랐죠. 그리고 뜨끔했습니다. 제가 그 화분을 죽인 것이죠.

저는 많은 시간을 책상에서 보냅니다. 그런데 한 달이 넘도록 그 화분에 물줄 생각을 못한 겁니다. 화분에게 참 미안했습니다. 그러면서 저 화분이 내가 오기 전에 놓여있지 않고 내가 산 화분이라면 어땠을까 생각해 보았습니다. 아마 좀 더 관리하고, 좀 더 자주 바라보았겠죠.

아무리 가까이 있어도 내 관심에서 멀어지면 죽고 맙니다. 가족, 친구, 이웃 가장 가까운 사람이라고 생각되는 사람일지라도 내 관심에서 멀어지면 그들의 고통과 아픔을 모를 수밖에 없습니다. 그래서 죽게 되는 거죠. 인정이 메마르게 되죠.

제생의세의 출발은 결국 관심이고 사랑입니다.

세상의 병을 치료하기 위해서는 은혜를 실천하는 것입니다.
사은보은이야말로 병든 세상을 치료할 최고의 묘약입니다. 천지 부모 동포 법률 사은의 지중한 은혜를 알아 감사하고 보은하면 우리 사회가 좀 덜 고통스럽고 아픈 사람이 적어질 것입니다. 따라서 은혜를 나누는 사람들이 많아져야겠습니다. 은혜를 나누는데 '내가 봉사한다', '봉공한다'는 생각을 놓고, 상 없는 마음으로 은혜 갚는다는 마음으로 하면 좋을 것 같습니다.

제가 잘 알지는 않지만 그래도 좀 아는 분인데요. 두 분 다 공직생활을 하시고 정년을 맞이하셨습니다. 그런데 이분들이 정년퇴직을 하시자마자 어떤 일을 하시냐면, 한 분은 호스피스 봉사활동을 하시고, 또 한 분은 원봉공회 밥차 봉사활동을 아주 성실히 하십니다. 그러한 사연들을 듣고 보면서, 참 인생을 멋지고 은혜롭게 사시는구나, 하고 생각했습니다.

어찌 이 분들뿐이겠습니까? 우리 원불교인들만큼 봉사심, 봉공심이 많은 분들이 따로 없지요. 어딜 가나 어려운 곳에 먼저 달려가서 몸 아끼지 않는 분들이 우리 봉공회원들이시죠.

'노블레스 오블리주' 라는 말이 너무 익숙한 단어가 되었습니다. "높은 사회적 신분에 상응하는 도덕적 의무"라는 뜻입니다. 조선시대의 노블레스 오블리주 경주 최부잣집 얘기는 너무 많이 알고 있는 내용입니다. 경주 최씨 17대손인 '최진립'에서 부터 28대손 '최준'에 이르기까지 200년 동안 만석꾼으로 산 집안입니다.

경주 최부잣집에는 집안을 다스리는 여섯 가지 가르침인 육훈六訓이 있는데, "①과거를 보되 진사 이상 벼슬을 하지 마라 ②만석 이상의 재산은 사회에 환원하라 ③흉년기에 땅을 늘리지 마라 ④과객을 후하게 대접하라 ⑤주변 100리 안에 굶어 죽는 사람이 없게 하라 ⑥시집 온 며느리는 3년간 무명옷을 입어라."

가짐을 나눌 수 있는 마음. 다른 사람의 아픔을 내 아픔으로 아는 자비심. 우리 사회에 필요한 도덕적 가치일 것입니다.

세상의 병을 치료하기 위해서는 맑은 향기와 세상의 등불이 되어야 합니다.
〈평화의 염원〉이라는 책을 쓰신 상산 박장식 종사께서는 "삼대력 공부로 보은불공 잘 하여 제생의세의 대원을 성취하자."라고 말씀하십니다. 모든 사람들이 행복하고 아름다운 세상이 되기 위해서는 감사보은 하는 생활이 되어야 하고, 감사보은의 기본조건은 삼학수행을 통해 '수양력 연구력 취사력' 삼대력을 쌓아야 한다는 것이죠. 다시 말하면 우리가 진리의 꽃을 피워 이 세상에 향내음을 풍기어야 한다는 것입니다.

우리는 어두운 세상을 밝혀 줄 등불이 되어야겠습니다. 어두운 길을 걷다 보면 밝은 등불이 필요합니다. 망망대해를 항해하는 배가 등대에 의지해 목적지를 찾아가듯 우리 인생은 바른 길로 인도해 줄 수 있는 등대가 필요합니다. 종교가 그 등대의 역할을 했고, 우리 원불교가 바로 그 등대가 되어야 합니다. 그래서 희망을 갖고 바른 길을 찾아 그 길로 나아가게 해야 합니다.
향내음을 낸다는 것, 등불이 된다는 것. 나 혼자만 되어서는 안 되죠. 우리 모두가 진리의 향내를 풍기고 어두운 세상에 밝은 등불이 되어야겠죠.

그래도 출발은 나 하나로부터 시작됩니다.

나 하나 꽃이 되어
-조동화-

나 하나 꽃 피어
풀밭이 달라지겠냐고 말하지 말라
네가 꽃 피고 나도 꽃 피면
결국 풀밭이 온통
꽃밭이 되는 것이 아니겠느냐

나 하나 물들어
산이 달라지겠냐고 말하지 마라
내가 물들고 너도 물들면
결국 온산이 활활
타오르는 것 아니겠느냐

나부터 변하고 나부터 실천하면 우리 세상이 바뀔 수 있습니다.
내가 손 내밀고 내가 인정을 베풀면 우리 세상의 아픔이 치유될
수 있습니다.

우리의 다짐

깨달음을 얻은 성자는 모든 동포와 만물과 한 몸이 되고 한 집안 한 가족이 되신 분들입니다. 그들의 고통을 함께 아파하시고, 오히려 그들의 고통을 대신 짊어지시죠.

기독교에서는 예수님이 십자가에 못 박혀 돌아가심은 백성들의 죄를 대신 속죄하는 의미를 갖는다고 말합니다.

불교에는 지장보살이 있습니다. 지장보살은 자신의 성불을 미룬 채 지옥중생을 건지기 위해 지옥문을 지키고 있다고 합니다. 관세음보살은 세상의 모든 소리를 듣는 보살로서 천수 천안, 천 개의 손과 천 개의 눈을 가진 보살입니다. 바로 중생의 고통의 소리를 듣고 중생들의 아픔을 어루만지기 위해 천 개의 손과 천 개의 눈을 가지고 있습니다.

우리 사회가 아름답고 행복해지려면 나 자신만을 위하는 삶보다 이웃을 위해 세상을 위해 일하는 공도자가 많이 나와야 합니다. 제생의세의 서원을 가진 사람들이 많이 나올 때, 이 땅이 대평등 대낙원 대선경 세계가 될 것입니다.

세상이 병들었습니다. 세상의 병은 곧 나의 병입니다. 세상이 아프면 내가 아픕니다. 어떻게 고쳐야 합니까?

사은사요라는 약재를 쓰고 삼학팔조라는 의술로 다스려야 합니다. 사은의 무한한 은혜에 감사 보은하고, 불보살의 인격을 닦아 이 세상에 맑은 향기와 어둔 길을 밝혀주는 등불이 되어야 합니다.

다함께 설명기도를 올리겠습니다.

법신불 사은이시여! 세상의 많은 사람들이 아파하고 있습니다. 세상이 병으로 신음하고 있습니다. 대종사님께서는 사은사요와 삼학팔조의 원만한 교리를 통해 이 세상의 병을 치료하고자 하셨나이다.

소태산 대종사님의 법을 신봉하고 실천하는 우리들.

이 세상의 병을 외면하지 않으려 합니다. 이웃의 아픔을 내 아픔으로 여기고 내 작은 노력으로 세상의 밝음을 위하여 세상의 아름다움을 위하여 노력하고자 하나이다.

법신불 사은이시여!

우리들이 어두운 세상에 빛이 되고, 등대가 될 수 있도록 하시고, 세상에 아픔을 가진 이들이 원불교 교법을 통해 위로받고 치료받고 새로운 희망으로 살아가게 하옵소서.

그리하여 이 땅이 기쁨과 즐거움과 행복으로 가득 찬 낙원세상이 되도록 인도하여 주시옵소서.

우리들 마음을 모아 일심으로 비옵나이다.

감사합니다.

98. 3. 16.

2부

교단 백주년 대적공실

대적공실 大積功室

반갑습니다.

오늘 제가 설교할 제목은 "대적공실"입니다. 조금 전에 회보 1면에 나와 있는 「대적공실」 법문을 함께 읽으셨는데, 좀 감이 오시나요. 의두·성리에 관심이 있으신 분들은 많이 접하셨고, 연마도 많이 하셨을 것입니다. 그런데, 많은 대부분의 교도님들은 이 법문이 어렵게 다가올 것입니다. 많은 한문이 있고, 그것을 해석해야 하고, 또 법문의 참의미를 깨닫는다는 것은 쉬운 일이 아닙니다.

먼저 저는 이 '대적공실' 법문이 나오게 된 배경에 대해 말씀드리겠습니다.

교단 2대말 기념대회 때 대산 종사께서 하신 법문인데요. 2대 말이면 원기 72년도에 해당됩니다. 이때 대산 종사께서는 원기 100년 성업을 앞두고 "대적공실" 법문을 내놓으시게 됩니다. 약 30년 전의 법문입니다.

그때의 법문을 그대로 옮겨보면,

삼세제불이 다 하신 일을 우리라고 왜 못하겠는가? 안되고 못하는 진리는 없는 것이다. 스스로가 못한다 하여 안하기 때문이다. 10년 정진적공하면 자기가 알고, 30년을 정진적공하면 다른 사람이 알고, 50년을 정진적공하면 하늘이 알게 되는 것이다. 대정진 대적공으로 자신성업봉찬을 거듭 거듭 다짐하자.

대산 종사께서는 말년에 당신의 법문을 직접 고치셨다고 합니다. "대적공하리로다."를 누구를 시키지 아니하시고 "대적공 합시다."로 손수 고쳐 읽으셨다고 합니다. "앞으로는 위에서 책임지는 것이 아니라 함께하는 것이다." 라고 말씀하십니다.
대산 종사께서 평생을 두고 강조하셨던 말씀을 꼽으라면 '적공' 그것도 '대적공'이라는 말입니다. 대산 종사께서 마지막 임종을 앞두시고 남기신 말씀 또한 바로 대적공이었다고 합니다.
"대적공, 대적공, 대적공……"

오늘 이 시간엔 구체적인 내용을 말씀드리지 않고, 전체적으로 '대적공실' 법문이 우리에게 어떤 의미를 갖는지 몇 가지로 말씀드리고자 합니다.

첫째는, 대적공실을 갖자 입니다.
왜 '대적공실'이라고 이름을 붙였을까? 대산 종사는 법문에 유독 큰 대大자를 많이 쓰십니다. 당신의 법호가 큰 대자 '대산'이어서 그런지 몰라도. 대서원 대정진 대참회 대해원 등 적공도 대적공이라고 하셨고, 적공실도 그냥 적공실이 아니라 대적공실입니다.

자, 교도님들, '대적공실'이 어디에 있나요? 대적공실은 어떻게 생겼습니까? 적공실은 적공의 집, 또는 적공의 방입니다. 교도님들! 다 적공의 방을 가지고 있습니까? 보통 가정집에 안방, 아랫방, 부엌방, 서재방 등 방들이 있습니다. 컴퓨터에도 폴더라고 해서 수많은 방들이 있습니다.

그 방들은 그 방에 맞게 각각의 기능들이 있죠? 적공실이라 이름 붙였기 때문에 적공실은 당연히 적공하는 방입니다. 교도님들 가정에 다 적공실이 하나씩 갖추어져 있나요? 어디에 두셨습니까? 거실에 두셨습니까? 안방에 두셨습니까?

적공실은 눈에 보이는 공간, 형상일 수도 있습니다. 이곳 법당이 적공실이 될 수도 있고, 교도님들 가정에 법신불을 모신 장소가 적공실이 될 수도 있지요. 그런데, 대산 종사께서 마련해 주신 대적공실은 몇 평짜리, 어떤 모양의 공간이 아닙니다. 우리 모두가 갖출 수 있고, 갖춰야 하는 내 안의 적공실을 말합니다.

내 마음의 공간에, 내 생활의 공간에 적공실을 두라는 말씀이겠죠. 우리가 하루를 바빠 살아갑니다. 그런데 공부인으로서 적공실을 이용하는 시간은 얼마나 됩니까? 만약 그 적공실이 없는 사람, 적공실을 이용하지 않는 사람은 진리적으로 보면 매우 가난한 사람이 되는 것입니다.

그렇다면 그 적공실은 무엇하는 곳이냐? 적공하는 곳이고, 불보살을 만드는 곳이 바로 적공실이 될 것입니다. 무엇을 적공하느냐?

기도로 적공하고, 선禪으로 적공하고, 의두로 적공하고, 유·무념으로 적공한다는 것이죠.

그런데 대산 종사께서는 그 대적공실을 어떻게 꾸며 주셨냐하면, 의두로 꾸며주셨죠. 6개의 의두로 그 적공실을 꾸며주셨다는 것은 그 적공실은 적공의 방이면서 의두의 방이고, 깨달음의 방이 된다는 것입니다. 의심머리 의두를 통해서, 꾸준히 궁굴리다 보면 깨달음에 이르게 되고 깨닫게 되었을 때 비로소 성불의 문이 열리게 된다는 것으로 생각됩니다.

대적공실의 두 번째 의미는 미래를 내다보는 지혜입니다.
먼 미래로만 생각했었는데, 교단 100주년이 눈앞에 다가왔습니다. 대적공실 법문이 나온 때가 원기 72년입니다. 그러니까 약 30년 전에 이 법문을 내놓으셨습니다.

저는 이렇게 생각합니다. 30년 전에 교단 백주년을 준비한 것. 이 사실 하나만 보더라도 성인聖人들의 잣대, 성인들이 놓는 포석, 성인들의 달력은 우리 범부와는 다르다는 것입니다.

『정산종사법어』 무본편 44장을 보면, "하루살이는 하루만 보고 버마재비는 한 달만 보므로 하루살이는 한 달을 모르고 버마재비는 일 년을 모르며, 범부는 일생만 보므로 영생을 모르나, 불보살들은 능히 영생을 보시므로 가장 긴 계획을 세우시고 가장 근본 되는 일에 힘 쓰시나니라." 라고 말씀하십니다.

범부의 삶은 눈앞의 것만 생각하는 단촉한 계획을 세웁니다. 아니 살기에 급급합니다. 그런데 성인들은 미래를 내다보고, 다음 세대를 생각하고, 수만 년 대운을 생각하며, 법을 짜고, 법의 수레바퀴를 굴리시는 거죠. 소태산 대종사께서도 우리 교단의 미래를 예견하실 때, 4~50년 결실. 4~5백년 결복이라고 말씀해 주셨습니다.

나무를 심는 사람은 당대에 그 성과를 보려 하지 않습니다. 다음 세대, 그 다음 세대를 위해 나무를 심죠. 가업의 전통을 잇는 일은 당대에 이익만을 쫓아서는 그 전통을 이어나가기 어렵습니다. 미래를 위한 투자, 다음 세대를 위한 투자를 해야 합니다.

우리 원남교당은 내년이면 교당 창립 50주년이 됩니다. 우리교당이 1000일 기도를 시작했습니다. 기도를 하는 여러 목적들이 있지만, 교당 차원에서는 우리 모든 교도님들의 소망인 500명 수용 교당 신축불사라는 희망찬 꿈을 가지고 있습니다.

저는 500명이라는 숫자와 그 공간적 비전도 중요하지만, 우리가 신축하는 교당이 향후 500년을 내다보는 역사적 비전을 가졌으면 좋겠습니다. 50년이 지나 이 건물을 용도 폐기하는 그런 교당이 아니라, 500년 후에도 끄떡없이 이 자리에 그 위용을 갖고 원남교당의 역사가 되고, 원불교의 역사가 되는 그런 교당 건물이 되면 좋겠습니다.

우리 교당 옥상에 올라가 보면 경관이 너무 좋습니다. 서쪽을 보면 바로 눈앞에 창경궁과 창덕궁과 종묘가 한눈에 들어옵니다. 우리 교당 정원이 바로 수십만 평의 고궁입니다. 그리고 멀리 북악산과 인왕산이 병풍처럼 펼쳐져 있습니다.

사실 서울의 가장 중심, 가장 명당자리가 고궁 아닙니까! 우리 교당의 건축은 이곳 지형과 옛 건축물들과 어울려 500년을 넘어 1000년 이상 가는 서울의 명소가 되었으면 합니다. 대한민국의 명소가 되면 좋겠습니다.

오늘 점심식사 끝나고 시간 나시는 분은 옥상에 한번 올라가 보세요. 올라가서 눈앞에 펼쳐지는 광경을 바라보세요. 그리고 교당 신축이 되었을 때, 5층 스카이라운지, 원남힐링카페에서 바라보는 경치를 상상해 보세요. 생각만으로도 가슴이 뛸 것입니다.

대적공실의 세 번째 가르침은 법맥과 신맥을 잇는 정신입니다. 대적공실 법문에서 소개되고 있는 의두는 그냥 나열식이 아니라 법맥法脈과 신맥信脈을 나타내고 있습니다. 첫 번째 의두가 "세존이 도솔천을 떠나지 아니하시고 이미 왕궁가에 내리시며 모태 중에서 중생제도를 마치셨다 하니 그것이 무슨 뜻인가" 이것은 석가모니 부처님의 탄생을 의미하는 의두입니다. 그 다음은 "세존이 열반에 드실 때에"로 시작하는데, 이는 석가모니 부처님의 열반을 의미하고, "고불미생전 응연일상원 석가유미회 가섭기능전"은 전법을 의미하고, 이어서 "변산구곡로 석립청수성"은 소태산 대종사님과 관련된 의두이고, "유위위무위 무상상고전"은 정산 종사에 관한 의두이고, "대지허공심소현 시방제불수중주" 이 의두는 대산 종사와 관련된 의두입니다.

이렇게 보면 이 대적공실에서 우리가 알아야 할 메시지 중 하나는 부처님과 부처님들이 연이어 나오시면서 앞 부처님께 법맥과 신맥을 대는 것입니다.

종교가에서 맥을 댄다는 것, 연원을 삼는다는 것. 이 얼마나 중요합니까? 내가 깨쳤다가 아니라, 맥을 대시죠. 연원을 삼으시죠. 우리 소태산 대종사께서는 석가모니 부처님에게 맥을 대고, 정산 종사는 소태산 대종사께, 대산 종사는 소태산 대종사님과 정산 종사께 법맥을 댑니다.

맥이 떨어지면 어떻게 되죠? 죽습니다. 명산名山은 회룡고조回龍顧祖하는 산이고, 온고지신溫故知新하고 법고창신法古創新하는 것이야말로 정법가正法家에서 행할 수 있는 심법인 거죠.

정산 종사께서는 『정산종사법어』 유촉품 11장에서 "맥이 떨어지면 죽는다 하나니, 도가에서 법맥이 상통되지 않으면 그 회상은 위축되고 마나니라. 스승과 제자 사이에는 심법心法의 맥이 서로 통하고 동지와 동지 사이에는 정의情誼의 맥이 서로 통하여야 이 회상이 무궁한 번영을 누리리라."라고 말씀하셨습니다.

법맥과 신맥, 심법의 맥, 정의의 맥이 통할 때, 서로 응기應氣가 되고, 응기가 되었을 때 우리 회상을 주세회상主世會上으로 만들 수가 있습니다.

우리가 아침저녁 심고시간이 끝날 때 두 번 절하죠. 한 번은 삼세
제불제성전三世諸佛諸聖前에 절을 올리고, 또 한 번은 삼세일체부모
전三世一切父母前에 절을 올립니다. 이것도 맥을 대는 것입니다. 삼세
모든 부처님께 맥을 대고, 삼세 일체 부모님께 맥을 대는 것입니다.
우리 교당도 맥을 대야 합니다. 법맥을 대고, 신맥을 대고, 심법의
맥을 대고, 정의의 맥을 대야 합니다. 우리 교당의 후진들은 원로
님들, 선배님들께 맥을 대고 공부하고 사업해야 합니다.

신타원 종사의 기도와 일원상서원문
저는 이 소중한 시간에 우리 교당의 공부의 맥에 대해 한 말씀 드
리겠습니다. 우리 원남교당은 자랑스럽고 가슴 뿌듯한 기도의 전
설들이 이어져 내려오고 있습니다. 지난번 종재식을 올린 고 천타
원 임명륜옥 정사는 7천일 기도정진을 하셨다고 들었습니다. 또
대표적으로 기도적공 하면 빼놓을 수 없는 분이 우리 신타원 김혜
성 원정사님의 기도입니다. 이제 원불교 교도라면 누구나 다 알고
있는 감동적인 예화이죠. 기도를 통해 병마를 이겨내고 법력을 갖
추셨고 가문을 명문가문으로 이끄셨죠.
신타원 원정사께서 한창 기도정진하실 때는 하루에 일원상서원문
을 100독씩 하셨다고 합니다. 제가 시간을 한번 재 봤습니다. 일원
상서원문 1번 하는데 2분 20초가 걸리더라고요. 100독을 한다고

하면 시간상으로 233분, 약 4시간이 됩니다.

신타원 원정사님과 관련하여 2011년 9월 20일, 〈원불교신문〉 인터뷰가 실렸는데, 그 내용을 소개해 보겠습니다.

> "기도실에 앉아 있으면 편안합니다. 아무리 아파도 기도를 합니다. 그러면 몸이 아프지 않습니다. 특히 중요한 것은 실천하면서 기도를 해야 합니다. 실천이 없으면 안 됩니다."

말은 간단한 것 같지만 쉽지 않습니다. 몇 번은 할 수 있겠죠. 그러나 꾸준히 하는 것은 굉장히 어려운 것이죠. 그래서 우리는 한때 정진은 할 수 있지만, 그 정진精進이 적공積功이 되어야 위력을 발휘한다는 것을 알 수 있습니다.

그렇게 적공이 되었을 때, 한 소식, 한 경지에 오를 수 있습니다.

우리 원남교당의 미래는 매우 희망적이라고 생각합니다. 왜냐하면 정진적공의 전통을 만드신 우리 원로교도님들이 계시고 앞으로 그 전통을 이어갈 우리 젊은 교도님들이 계시기 때문입니다.

기도, 선, 염불, 경전, 의두·성리, 유·무념, 보은봉공, 불공으로 쌓으신 법력, 온갖 어려운 경계를 이겨내고 항마도인降魔道人이 되신 우리 교당의 많은 재가 법사님들. 이분들이 우리 교당의 자랑이십니다.

그래서 저는 확신합니다. 우리 젊은 교도님들의 가슴속에 우리 원남교당의 적공의 전통들이 이어지리라 확신합니다. 본받고, 체받고, 닮아가고, 그래서 이곳이 수많은 불보살들이 배출되는 법기도

량法器道場으로 우뚝 설 것으로 확신합니다.

이곳 원남교당이 왜 명당 터냐? 고궁 옆에 있어서 명당 터가 아니라 수많은 불보살, 항마도인들이 쏟아져 나오기 때문에 명당 터라고 할 수 있습니다.

우리 젊은 교도님들에겐 그러한 전통을 이어나갈 책임이 있습니다. 또한 우리 원남교당의 초석이 되어주시고, 기둥이 되어주셨던 원로님들, 장년층에 해당하시는 선배 교도님들은 원남의 아름다운 전통을 잘 계승시켜줄 책임과 의무가 있습니다.

대적공실 법문의 네 번째 의미는 깨달음입니다.

꽃피는 계절 사월입니다. 개나리, 진달래, 목련, 벚꽃 등 봄꽃들이 아름답게 피어나고 있습니다. 꽃피는 계절 사월은 우리 원불교에서는 깨달음의 꽃이 핀 아름다운 달, 성스러운 달입니다.

지난 주 대각개교절 카드 다 받으셨죠? 어떠셨나요. 좋으셨죠? 그림도 그림이지만 제가 볼 때 글도 참 좋더라고요.

> "우리 삶속에 깨달음이 없다면 그것은 얼마나 허망한 것일까요?
> 메마르기 쉬운 삶을 풍요롭고 아름답게 해주는 맑은 샘물과 같은
> 깨달음. 우리가 삶의 무게에 짓눌릴 때마다 깨달음은 언제나 우
> 리를 진정 자유롭게 합니다."

지난 주 천일기도를 준비하면서 제가 많이 바빴습니다. 그래서 그 글을 공산 홍성문 부회장님께 의뢰를 했죠. 그 글이 공산님 글입

니다. 그런데, 공산님께서 대각개교절을 상징하는 키워드로 잡은 것이 깨달음이었던 거죠. 저도 매우 공감했습니다. 그러면서 '저분이 덩치는 산만한데 감성은 굉장히 풍부하시구나.' 라고 생각했습니다. '맑은 샘물과 같은 깨달음', 참 좋죠?

대적공실 의두는 결국 왜 있습니까? 왜 우리가 이 의두들을 연마해야 합니까? 소태산 대종사께서 우주 인생 의문으로 삼밭재 마당바위를 오르시고 20여 년의 구도를 통해 큰 깨달음, 대각을 이루셨듯이 우리 모두도 큰 깨달음을 통해 어둠에서 밝음으로 중생에서 부처로 나아가자는 것이 대적공실 법문을 참답게 받드는 것이라 생각합니다. 따라서 대적공실은 깨달음의 열쇠요. 깨달음의 방인 것입니다.

그래서 저는 우리가 이 대적공실 법문을 공부하면서 여기서도 "딱" 깨치고 저기서도 "딱" 깨치는 소리가 들렸으면 좋겠습니다.

「심청전」의 심봉사 눈 뜨는 장면을 보면 그렇잖아요. 앞을 보지 못하는 심봉사는 자기 딸 청이를 알아보지 못하고 절규하다가 마지막에 청이의 효심에 심봉사가 눈을 딱 하고 뜨죠. 그러자 전국의 봉사들이 눈을 뜨게 됩니다.

〈자진모리〉로 뜨죠. "천하 맹인이 눈을 뜨는디 가다 뜨고 오다 뜨고 앉아 뜨고 서서 뜨고 어쩐가 보느라고 뜨고." 한 날 한시에 눈을 떠서 광명천지가 되는 거죠. 마음장님 눈을 뜨니 새 세상이 열리는 거죠. 부처의 세계, 은혜의 세계가 환하게 열리는 것입니다.

대적공실은 깨침의 방이고, 마음장님이 눈을 떠서 대명천지大明天地를 볼 수 있는 심안心眼, 마음의 눈이 열리는 것입니다.

대적공실 법문의 마지막 의미는 '법계의 인증'입니다.

마지막 부분에 "양계陽界 인증認證과 더불어 음계陰界의 인증이 막 쏟아져야 한다."고 했습니다. 양계인증을 받았다는 것은 무엇일까요? 양계인증은 대중이 알아주는 것이고, 적공의 노력이 세상이 드러나는 것이겠죠. 그렇다면 음계인증은 무얼 말할까요? 진리가 알아주는 것이겠죠. 양계인증은 보이는 것이요, 음계인증은 보이지 않는 것이죠. 그런데, 보이는 것보다 보이지 않는 것이 더 크다는 것을 생각하면 남이 알아주지 않는다고 서운해 할 필요가 없습니다. 현생에 드러나지 않는다고 실망하거나 조급해 하지 말아야 합니다.

우리 교단은 구인선진九人先進들의 사무여한死無餘恨의 혈인기도血印祈禱를 통해 법계로부터 인증을 받은 교단입니다. 우리 공부인에게 최종목적은 양계인증과 더불어 음계인증을 받는 것입니다. 하늘이 인증하고, 땅이 인증하고, 대중이 인증하고, 나 자신 스스로 인증할 수 있는 공부인이 되어야 합니다.

어디에도 걸리지 않는 바람처럼, 유유자적悠悠自適한 도인의 모습, 만지萬智 만능萬能 만덕萬德을 갖춘 불보살로 거듭나는 4월 한 달이 되길 염원하면서 오늘 저의 설교를 마칩니다.

감사합니다.

98. 4. 14.

모태 중에서 중생제도를 마치다

"세존世尊이 도솔천兜率天을 떠나지 아니하시고 이미 왕궁가王宮家에 내리시며 모태母胎중에서 중생제도를 마치셨다 하니 그것이 무슨 뜻인가?"

반갑습니다.

오늘 제가 부득이 대적공실 법문을 설교라는 형식을 통해 교도님들께 설명하게 됩니다. 그런데 이것은 이 법문에 대한 박덕희 교무의 해석입니다. 해석은 다양한 견해를 가질 수 있습니다. 따라서 제가 하는 해석이 '정답이다.' 라고 단정해서는 안 됩니다. 하나의 견해이고, 깨달음을 향해 나아가는 하나의 디딤돌 정도로 생각하시면 됩니다. 결국 의두는 지식을 통해 아는 것이 아니라 마음이 열려 깨달아 아는 것이 중요합니다.

그리고 우리가 의두연마를 할 때, 중요한 힌트가 있는데 그것은 '마음'이라는 것입니다. 불교는 '마음의 종교'라고 말합니다. 특히 선종禪宗의 특색을 '불립문자不立文字'로 대변하는데, 불립문자란 언어에 의존하지 않는다는 것입니다. 이렇게 보면 우리가 화두, 의두를 통해 깨치고자 하는 것은 결국 마음을 깨닫는 것이 되겠습니다. 따라서 오늘 제가 대적공실 1조를 설명할 텐데, 지식을 통해 아는 것이 아니라 마음이 열려 깨달아 아는 시간이 되었으면 합니다. 그리고 또 하나 중요한 것은 아는 데에만 그칠 것이 아니라 마음으로 증득하고 몸으로 실행하는 것이 더 중요하다는 것을 염두에 두어 함께 공부해 보겠습니다.

먼저 단도직입적으로 묻겠습니다. "세존이 도솔천을 떠나지 아니하시고 이미 왕궁가에 내리시며 모태 중에서 중생제도를 마치셨다 하니 그것이 무슨 뜻인가?" 자, 답을 해보시지요. 마음속으로 '이것이라고' 짧게 자신의 대답을 내놔보세요. 설명이 길면 안 됩니다.

주요 단어의 의미

이해를 돕기 위해 이 의두에 나오는 주요 단어에 대해 그 의미를 먼저 살펴보겠습니다.

가장 첫 번째 단어가 뭐죠? 바로 '세존'이라 했는데요. 세존이 뭐죠? 세상 세, 존귀할 존. 세상에서 존귀한 사람을 뜻하고, 직접적으로는 석가모니 부처님을 말합니다.

다음은 '도솔천'이라는 단어입니다. 도솔천에 대해서는 좀 난해할 수 있는데, 간략하게 설명하면, 석가모니 부처님이 태어나시기 전에 천상에 머무시며 수행했던 곳입니다. 이곳은 미래의 부처님인 미륵보살의 정토로 알려져 있습니다.

다음은 왕궁가입니다. 석가모니 부처님이 어느 나라에서 태어나셨죠? 네, 인도입니다. 그런데 정확히는 지금의 네팔 지역에 해당됩니다. 석가모니 부처님은 카필라성이라는 왕국에서 아버지인 슛도다나(정반왕)와 어머니인 마야부인에게서 태어납니다. 당시 카필라성은 인구 1백만 명의 작은 왕국이었습니다. 그래도 한 나라의 태자가 됩니다.

다음 모태라는 것은 다 아시죠? 어머니의 태, 어머니의 뱃속을 말합니다. 마지막으로 중생제도란, 깨달음을 얻은 성자가 고통에 신음하는 중생들을 구원하고 제도하는 것을 말합니다.

이 의두는 크게 둘로 나눌 수 있습니다. 하나는 "세존이 도솔천을 떠나지 아니하시고 이미 왕궁가에 내리시며"이고, 또 하나는 "모태 중에서 중생제도를 마치셨다."입니다.

조금 전에 단어의 의미를 살펴본 바와 같이 석가모니 부처님의 역사는 카필라국이라는 왕궁가의 태자로 태어나서, 온갖 인간의 부귀영화를 누리는 왕궁가에 생활하시다가, 그 이후 인생의 괴로움을 직접 목격하시고 그 문제를 해결하기 위해 출가를 단행합니다. 그리고 고행을 통해 깨달음을 얻은 뒤, 49년 동안 무량법문을 통해 중생제도사업을 하시게 됩니다.

그런데, 이렇게 질문을 던지는 거죠? "모태 중에서 중생제도를 마쳤다 하니 그것이 무슨 뜻인가?" 태어나기도 전에 중생제도를 어떻게 마칠 수 있단 말인가? 자, 이제 그 해답에 대해 같이 생각해 보겠습니다. 먼저 힌트를 드리면, 이 의두에서 핵심 키워드는 '도솔천'과 '모태'라고 할 수 있습니다. 쉽게 풀어가 보겠습니다.

성품자리에는 도솔천과 왕궁가가 하나

우선 대자리의 관점에서 이 의두를 풀어보겠습니다. 대자리는 무엇입니까? 만유의 본체, 본원 자리이죠. 불교는 마음의 종교이고, 이 의두 또한 결국 마음을 밝힌 것이라 볼 수 있습니다.

'통만법명일심通萬法明一心'이라는 말 들어보셨나요? "만법을 통하여 한 마음을 밝히라"는 뜻입니다. 이 관점에서 보면 이 화두 또한 우리의 '본래 마음'을 설명한 것으로 볼 수 있습니다. 단도직입적으로 말씀드리겠습니다. 우리의 본래 마음, 성품자리에는 도솔천과 왕궁가가 있습니까? 또, 세존이라는 부처와 제도할 중생이 따로 있나요?

깨달은 사람, 세존께서는 도솔천에 있건, 왕궁가에 있건, 아니 빈민가에 있건 항상 그 자리를 유지하시는 분이십니다. 역사적으로 볼 때, 석가모니 부처님은 왕궁가에 태어나셨습니다. 소태산 대종사님은 어떠십니까? 가난한 농부의 아들, 평범한 가정에서 태어나셨습니다. 마음을 깨달은 사람은 그 자리가 도솔천이건, 왕궁가이건, 농촌의 아들이건 상관이 없습니다. 따라서 도솔천을 떠나지 않고 왕궁가에 내릴 수 있습니다.

자, 모태 중에서 중생제도를 마치셨다고 했습니다. 모태는 생명의 근원지이죠. 세상에 나와서 누구라 이름 짓고, 누구네 자식인 것이지, 어머니의 태속에서는 하나의 생명, 그 자체입니다. 이런 모태자리에서 보면, 거기에 부처도, 중생도 없죠. 모태란 우리의 본래 성품을 가리킵니다. 따라서 부처도 제도할 중생도 없기 때문에 중생제도를 마쳤다고 했는데, 이것도 정확하게 말하면, 중생제도를 마쳤다는 말도 사실은 틀린 말입니다.

본래심을 잃지 말아야

두 번째는 소자리, 나타난 자리에서 이 의두를 접근할 수 있습니다. 이는 우리의 수행의 관점, 마음공부의 관점에서 접근해 볼 수 있습니다. 도솔천은 우리의 성품자리이고, 왕궁가는 우리가 처한 현실입니다. 왕궁은 어떻습니까? 부귀와 향락이 있는 곳이죠. 인간락人間樂의 최고치를 맛볼 수 있는 곳입니다. 이 세계는 욕심의 세계로, 우리가 현실적으로 접할 수 있는 욕심의 수많은 경계를 뜻합니다. 중생심이 자리하는 곳입니다.

아주 오래전 일입니다. 제가 원불교학과 학생시절에 당시 기숙사 사감님이 어느 분이셨냐 하면, 교산 이성택 교무님이셨습니다. 원불교학과는 3학년 때 수학여행을 가는데, 당시 경주 쪽으로 수학여행을 가게 되었습니다. 출발하기전 사감님께 인사를 드리자 하시는 말씀이,

"여러분들이 수학여행을 가서 이 말을 꼭 명심해라. 너희들이 학림사(기숙사 이름)를 떠나지 않고 경주 수학여행에 와 있으니 이것이 무슨 뜻인가?"

이게 무슨 뜻일까요? 한마디로 엉뚱한 짓 하지 말라는 것이죠. 기숙사에서 하던 식으로 수도인의 일과를 잘 지키라는 것이겠죠. 수행여행이라는 풀어지기 쉬운 경계를 미리 주의하는 말씀이었습니다.

이런 말이 있습니다. 남자들은 예비군 훈련장에만 가면 완전 사람이 바뀐다고. 평소에는 사람이 참 괜찮고 얌전한데, 환경이 조금만 바뀌면 완전 딴 사람이 되는 경우가 있죠. 평소에는 참 반듯한 사람인데, 술만 먹었다 하면 개망나니가 되는 경우도 있죠. 우리들의 모습을 봐도 그렇습니다. 평상시에는 마음이 차분해서 크게 요란하지가 않습니다. 그런데, 경계를 딱 당하면 완전히 이성, 본성을 잃게 되는 경우가 많습니다. 경계가 없으면 모두가 다 부처입니다. 그런데 경계가 세면 부처는 어디로 가고 중생심만 그득합니다.

세존은 마음을 깨달은 사람이고, 마음을 잘 보존한 사람입니다. 본래심을 챙기는 사람입니다. 어떠한 경계가 오더라도 본래심을 잃지 않습니다. 그래서 세존은 도솔천을 떠나지 않고 그 마음으로 왕궁가에 내릴 수 있는 사람입니다.

또 하나 유의해서 살펴볼 단어는 '이미'라는 단어입니다. 이미는

"일정한 시간보다 앞서"라는 뜻이죠. 이 말은 도솔천과 왕궁가가 둘이 아니라는 것입니다. 다시 말하면 왕궁가가 곧 도솔천이 되는 것입니다. 아무리 욕심경계에 처해 있어도 그 자리에는 본래마음 도솔천이 자리하고 있는 것입니다.

또한 '이미' 라는 단어에는 여래如來의 자유자재하는 능력을 엿볼 수 있습니다. 여래는 오고 가는 데에 한결 같은 사람, 부처님의 다른 이름입니다. 여래는 시간과 공간을 자유자재하는 능력이 있습니다. 도솔천과 왕궁가라는 공간 이동, 모태와 중생제도라는 시간 이동이 자유롭습니다. 이 말은 우리의 본연청정本然淸靜한 성품자리에서는 시간과 공간을 초월한다는 것입니다. 우리들이야 애써서, 많은 시간이 걸려서 도솔천과 왕궁가를 오가려고 하지만, 여래는 오고 가는 데에 자유를 얻을 부처님의 다른 이름입니다. 따라서 이미 왕궁가에 내릴 수 있는 거죠.

도솔천을 여의지 않으면 그곳이 꽃자리입니다. 도솔천을 여의지 않는 곳에 해탈, 자유, 극락, 행복, 기쁨, 광명이 있습니다. 내가 처한 자리가 어느 곳이어도 좋습니다. 직장이건 학교이건 가정이건 상관없습니다. 입정入定하는 마음, 사심잡념邪心雜念이 없는 마음. 그 자리가 최고의 자리입니다.

여러분 특별한 것을 찾지 마십시오. 자기가 처한 이 자리가 최고의 자리입니다. 어디에서 도를 구하시겠습니까? 어디에서 중생제도를 할 것인가? 바로 이 자리입니다. 중생이 어디 있습니까? 요란한 내 마음, 어리석은 내 마음, 그름이 있는 내 마음이 중생심입니다. 요란하고 어리석고 그름이 없는 본래 청정한 본성을 지키면 바로 중생제도를 마친 것이 됩니다.

중국의 사상가 중 묵자라는 사람이 있습니다. 그는 겸애주의를 주창했는데, 겸애주의는 널리 다른 사람을 사랑하는 것입니다. 그런데 묵자의 말 중에 이런 말이 있습니다.

"비무안거非無安居 아무안심야我無安心也요. 비무족재非無足財 아무족심야我無足心也니라. 편안한 곳이 없는 것이 아니라, 나에게 편안한 마음이 없는 것이요. 만족할 재산이 없는 것이 아니라, 나에게 만족할 마음이 없는 것이다."

교당에 오면 마음이 편하고 좋습니다. 부처가 다 된 것 같습니다. 그런데, 집에만 가면 마음이 풀어집니다. 좌선을 하고 기도할 때는 그렇게 마음이 좋습니다. 그런데 탐·진·치貪嗔痴의 경계를 당하면 마음이 그냥 무장해제됩니다.

자, 이러한 사람은 어떻습니까? 도솔천을 떠난 사람입니까, 아닙니까? 완전히 떠난 사람이죠. 분명히 도솔천을 떠나지 아니하시고, 이미 왕궁가에 내리시며 라고 했습니다. 따라서 우리의 공부법은 불리자성不離自性하는 공부입니다. 자성을 떠나지 않는 공부, 응무소주이생기심應無所住而生其心 공부, 우리의 마음이 경계를 대하되 이생기심. 본래 그 마음을 낼 수 있는 공부심이 필요합니다.

다음은 자타분별自他分別을 놓으라는 것입니다. 다시 말하면 "부처는 누구이고 중생은 누구인가?"입니다. 우리의 본래 성품자리에는 부처도 없고 중생도 없습니다. 모태 중에서는 빈 손이고, 한 이름도, 한 형상도 없습니다. 그런데 우리 현실 세계는 분별과 차별이 존재합니다. 분별과 차별은 괴로움을 낳습니다. 분별과 차별은 비교심을 낳고 그 비교심으로 인해 괴로움의 바다에 스스로 빠지게 됩니다.

오늘 설교를 마무리 하면서 또 하나의 화두를 던져봅니다. 다함께 『대종경』 성리품 16장을 합독해 봅시다.

> 선승 한 사람이 봉래 정사에 와서, 대종사께 뵈옵고 여쭙기를 "여래 如來 는 도솔천을 여의지 아니하시고 몸이 이미 왕궁가에 내리셨으며, 어머니의 태중에서 중생 제도하시기를 다 마치셨다 하였사오니 무슨 뜻이오니까." 대종사 말씀하시기를 "그대가 실상사 實相寺 를 여의지 아니하고 몸이 석두암 石頭庵 에 있으며, 비록 석두암에 있으나 드디어 중생 제도를 다 마쳤나니라."

이렇게 바꿔 보겠습니다. "내가 교당을 여의지 아니하고 몸은 가정에 있으며 비록 가정에 있으나 드디어 중생 제도를 다 마쳤나니라."

98. 5. 26.

열반에 드실 때에

"세존이 열반에 드실 때에 내가 녹야원으로부터 발제하에 이르기까지 한 법도 설한 바가 없노라 하셨다 하니 그것이 무슨 뜻인가?"

반갑습니다.

우연하게도 신타원 김혜성 원정사님의 열반과 관련하여 오늘 이 주제를 연마하게 되어 이 또한 특별한 인연과 의미가 있는 것 같습니다.

불교에는 4대 성지가 있습니다. 석가모니 부처님이 태어나신 곳이 룸비니인데 여기가 탄생 성지고, 부다가야에서 성도, 즉 깨달음을 얻게 되는데, 여기가 대각 성지가 됩니다. 그 다음이 샤르나트, 녹야원이라고 하는데 이곳에서 부처님께서 처음으로 다섯 비구에게 법을 설하신 초전법륜 성지이고요, 마지막이 쿠시나가르라고 하는 곳인데, 이곳에 발제하라는 강이 있고 그 강 서쪽 언덕에서 열반하시게 되는 데 이곳이 열반 성지가 됩니다.

부처님께서는 녹야원에서 발제하에 이르기까지 49년 동안 팔만사천 법문을 설하시고 열반에 드시게 됩니다. 그런데, 이렇게 49년 동안 팔만사천 무량법문을 설하였음에도 불구하고, 한 법도 설한 바가 없다고 하십니다. 이것이 무슨 뜻일까요?

이 의두의 첫 번째 지혜는 한 법도 설할 바가 없는 그 자리를 깨쳐 얻으라는 것입니다.
이 의두는 "세존이 열반에 드실 때에"라고 시작하죠. 세존이 누구죠? 세상에서 가장 존귀한 분, 깨달음을 얻는 분, 바로 석가모니 부처님을 가리키죠. 석가모니 부처님이 태어나시면서 일곱 걸음을 옮기시고, 하늘과 땅을 가리키시며 외친 한 마디가 있습니다. "천상천하 유아독존天上天下唯我獨尊" 하늘 위, 하늘 아래, 오직 내가 홀로 존귀하다.
이 경지에서 보면 세존이 따로 있는 것이 아니라 우리 모두가 세존입니다. 사실 세상에서 가장 존귀한 사람, 가장 소중한 사람이 누구일까요? 나, 자신 아닙니까? 내가 없으면 세상이 존재합니까? 석가모니 부처님만이 존귀한 분이 아니라 청정법신淸淨法身으로서의 존재, 불성佛性으로서의 존재. 바로 우리가 세존이고, 유아독존의 존재입니다.
그런데, 교도님들! 교도님들에게 세존은 무엇입니까? 세상에서 가장 존귀한 것이 무엇입니까? 돈입니까? 명예입니까? 가족이라는 인연입니까?

천상천하의 유아독존의 자리를 아는 것. 공자님은 "조문도朝聞道면 석사夕死라도 가의可矣라." 아침에 도를 들으면 저녁에 죽어도 좋다고 하셨는데, 그 자리를 아는 것. 이것이 세상에서 가장 존귀한 것이 아닐까요?

다음은 '열반涅槃에 드실 때에' 라고 했습니다. 열반이란 원래 산스크리트어로는 '니르바나' 입니다. 니르바나가 한문으로 열반이 된 거죠. 그 뜻은 '불어서 끄다.' 즉 고통의 사라짐을 말하죠. 열반적정涅槃寂靜이라고 하는데, 열반이란 육신을 가진 존재가 갖는 고통이 사라지고 적정의 상태, 평화의 상태, 해탈의 상태에 들어가는 것을 말합니다.

불교에서는 열반을 유여열반有餘涅槃과 무여열반無餘涅槃으로 나눠서 설명합니다. 유여열반이란 있을 유, 남을 여, 남음이 있는 열반이고, 무여열반이란 남음이 없는 열반을 말합니다. 유여열반과 무여열반 중 어느 쪽이 더 높은 경지일까요? 깨달음을 통해 청정법신清淨法身의 자리를 알게 되면 이것이 곧 열반의 경지인데 이것은 유여열반을 말합니다. 그런데 참 열반은 육체적 고통마저 사라진, 죽음을 통해 얻어지는 무여열반의 세계를 말합니다. 따라서 "열반에 드실 때에"는 육신을 가진 존재, 즉 화신化身을 거두고 청정법신에 합일한 경지를 말합니다. 이것이 세존의 진짜 모습이죠. 인간이 갖는 욕망의 불꽃을 끄는 것, 청정법신, 열반적정의 상태로 안주하는 것을 말합니다.

인간이 가장 진실할 때가 언제일까요? 죽음을 앞두기 바로 전 아닐까요? 석가모니 부처님께서도 왜 고통이 없었겠습니까? 소태산 대종사께서도 왜 인간적 고통이 없었겠습니까? 불보살의 경지에 오르신 분들은 열반에 드실 때에 드디어 참 열반에 드시는 거죠. 이 화두는 "열반에 드실 때에"에서 모든 것이 끝났다고 저는 봅니다. "열반에 드실 때에", 이 말이 가장 중요한 키워드라고 생각합니다. 열반의 경지에서 보면 무엇이 있습니까? 청정법신에 합하였는데 무엇이 있습니까? 부처님께서 49년간 설하신 팔만 사천 법문이 있습니까? 평생 쌓아온 인연, 재산, 명예, 이런 것들이 있습니까? 생로병사의 고통이 있습니까?

이렇게 보면 우리는 매일 열반의 경지에 들어야 합니다. 탐·진·치를 통해 생겨나는 고통이 아닌 청정법신에 합일하여 대 열반상을 나투어야 합니다. 평화의 세계, 극락의 세계에 안주해야 합니다.

『대종경』 성리품 30장에는 서가모니 부처님의 게송偈頌이 소개되고 있습니다. "법은 본래 무법에 법하였고 무법이란 법도 또한 법이로다. 이제 무법을 부촉할 때에 법을 법하려 하니 일찍이 무엇을 법 할꼬."

이에 대해 소태산 대종사께서는 "본래에 한 법이라고 이름 지을 것도 없지마는 하열한 근기를 위해서 한 법을 일렀으나, 그 한 법도 참 법은 아니니 이 게송의 참 뜻만 깨치면 천만 경전을 다 볼 것이 없으리라."고 말씀하십니다.

부처님의 팔만 사천 법문은 중생을 위해 설한 법설입니다. 그러나 그 법도 참 법은 아니라고 했습니다. 이렇게 보면 무법에 법하고, 한 법이라고 이름 지을 수 없기 때문에 그 법을 설한다는 말도 성립되지 않는 것이 되지요. 한 법도 없는데 어찌 법을 설할 수 있으며, 천만경전이 될 수 있겠습니까?

이 의미가 무엇일까요? 대大자리에서 보면 언어도단言語道斷의 입정처入定處를 밝힌 것이고, 우리의 본래 성품 자리를 밝힌 것입니다.

합천 해인사에는 세계문화유산으로 등록된 팔만대장경 판이 있습니다. 다 아시다시피 고려시대 대몽항쟁 때 부처님의 가피를 빌어 국태민안國泰民安을 빌었던 당시 고려 백성들의 피와 땀과 불심佛心이 어려 있는 우리의 문화유산입니다. 대장경은 한마디로 부처님의 법문을 기록해 놓은 기록문화입니다. 그런데 한 법도 설한 바가 없는 이 자리에서 보면 팔만대장경에는 한 글자도 쓰여 있지 않습니다. 해인사의 해인海印, 바다 해, 도장인의 뜻은 "부처의 지혜로 우주의 모든 만물을 깨달아 아는 일"을 말합니다. 이렇게 보면 해인이 해인일 수 있는 것은 한 글자도, 한 법도 없는 그 자리를 깨쳐 아는 것입니다. 이 뜻을 아시겠습니까?

이 의두의 두 번째 지혜는 법상法相에 묶이지 말라는 것입니다.

〈금강경〉 6장에 이런 말이 있습니다. 나의 설법은 "여벌유자如筏喩

著 뗏목과 같은 것이다." 그러면서 부처님께서는 "법도 오히려 마땅히 놓을 것이어든 어찌 하물며 법 아닌 것이겠는가." 라고 말씀하십니다.

앞에 강이 있습니다. 강을 건너려면 어떻게 합니까? 배를 타야지요. 뗏목을 타야 합니다. 그런데 강을 다 건너면 어떻게 해야 합니까? 배에서 내려야지요. 뗏목에서 내려야지요. 내리지 않으면 피안彼岸의 언덕에 내디딜 수 없습니다.

법은 뗏목, 배와 같습니다. 뗏목, 배는 나를 강 너머 저 언덕, 즉 피안으로 데려다주는 역할을 하는 수단일 뿐입니다. 참 열반의 길에들려면 이 법으로 나를 순숙시켜야지요. 그러나 마지막 순간에는이 법마저 버려야 합니다. 법박法縛에서 벗어나야 합니다. 팔만사천 경문은 나를 피안으로, 정토로, 저 열반의 세계로 안내하는 뗏목입니다. 강을 다 건너면, 그 때는 뗏목을 떠나 저 강가에 발을 내딛듯이 법이라고 이름 하는 이것마저도 놓아야 한다는 말씀입니다.

그런데, 뗏목을 놓는 것, 법마저도 놓는다는 것, 이게 매우 어려운가 봅니다.

소태산 대종사께서는 달을 가리키는 손가락에 비유합니다. 참 달을 보기 위해 손가락을 바라보지만 손가락만 봐서는 안 되고, 저 허공에 참 달을 봐야 한다는 것입니다. 일원상에 매달리고, 법에매달리면 참 일원을 볼 수 없고, 참 법을 만날 수 없습니다.

일찍이 한 법도 설한 바가 없다. 언어도가 멸滅하고 심행처心行處가 끊어진 궁극적 실상. 즉 법신을 가리킨 것입니다. 모든 가르침은 진리에 대한 설명이고, 달을 가리키는 손가락과 같습니다.

불교에서 '살불살조殺佛殺祖'라는 표현을 씁니다. 부처를 죽이고, 조사를 죽이라는 뜻입니다. 끔찍하죠. 어떻게 부처를 죽이고 조사를 죽일 수 있겠습니까? 이 의미는 거기에 묶여서는 안 된다는 것이겠지요. 일원상 너머의 참 일원을 발견해야 하고, 부처님의 모습 너머 참 부처를 발견해야 하고, 조사들의 설법을 너머 부처님의 참다운 모습, 청정법신을 만나야 한다는 것이겠지요. 결국 내가 깨달아야 하고, 남의 말이 아니라 내가 깨달음을 통해 내놓는 말과 행동이어야 한다는 것이겠죠.

이 의두의 세 번째 지혜는 무상無相의 공덕을 쌓으라는 것입니다

부처님께서는 깨달음을 얻은 뒤 한 평생 어리석은 우리 중생들을 위해 팔만 사천 무량 법문을 설하였습니다. 그런데 그 법문은 한 법도 없는 그 자리에서 나온 법문입니다.
우리 인간은 한 평생 무언가를 위해 몸과 마음으로 업을 짓고 살아갑니다. 그런데 열반에 들 때에는 하나도 가져갈 수 없습니다. 눈에 보이는 유위有爲의 세계는 무상한 것입니다. 세존이 열반에 드실 때에 내가 녹야원으로부터 발제하에 이르기까지 일찍이 한 법도 설한 바가 없다고 하셨습니다. 사실 부처님의 팔만 사천 법문은 부처님이기 때문에 가능하죠. 그런데 이 모든 법문을 설하실 때에 그냥 쉽게 하였겠어요?

지난 금요일 대산 종사 탄생 100주년 기념 학술강연에 다녀왔습니다. 전산 김주원 영산선학대 총장님이 대산 종사와 관련된 일화를 소개해 주셨는데요. 대산 종사께서는 당시 서울대법회를 앞두고 1년 전부터 법문을 준비하시더라는 말씀을 받들었습니다. 그러한 성현들도 법문을 내놓기 위해 그렇게 정성을 드린다는 거죠. 그런데 그렇게 법을 설해 놓고, 한 법도 설한 바가 없다고 하십니다. 이게 쉬운 일입니까? 항하사 모래수와 같은 칠보로 보시를 하고서도 보시를 했다는 아무런 상이 남지 않는다는 거죠.
이것은 무상, 상 없음의 가르침입니다. 법을 설하고도 법을 설했다는 상이 없는 것. 무량공덕을 쌓고도 공덕을 쌓았다는 상이 없는 것. 무상의 가르침입니다.

사람의 말과 글은 아무리 그것이 좋은 법설이라고 하더라도 참 법은 아닙니다. 부처님께서도 아무리 법을 설했다고 하더라도 팔만 사천 마군이의 비방을 받습니다. 소태산 대종사께서도 버려진 땅에 언답을 막는 방언공사를 하실 때에 주위로부터 수많은 조소와 비방을 듣습니다.
사실 언어문자는 인간이 만들어낸 유위의 세계요, 언어문자를 떠난 부처님의 마음, 청정법신이야말로 참법입니다. 법은 본래 무법에 법할 따름입니다. 우리들의 몸과 마음으로 짓는 수많은 업. 이것은 열반에 물거품과 같습니다.

이렇게 보면 우리들이 얼마나 말과 글에 속아 울고 웃는지 모르겠습니다. 좋은 말을 들으면 기분이 좋아지고, 나쁜 말을 들으면 기분이 나빠집니다. 말에 희로애락이 춤을 춥니다.

지난 신타원 김혜성 원정사님 초상이 나서 원불교에서 가장 뜬 사람이 저라고 합니다. 제가 삼성병원 장례식장에서 3일간 이루어지는 모든 열반 독경에 사회와 독경을 전담했습니다. 제가 할 수 있는 최선을 다해서 일심으로 독경을 했습니다.

주변에서 그러십니다. 목소리도 좋고, 독경소리가 너무 듣기 좋다고 합니다. 나중에 독경테이프를 내보라고도 합니다. 이런 말을 들으니 제 기분도 좋아집니다. 그런데 이런 좋은 소리만 들은 것이 아닙니다. "목소리는 좋은데, 독경소리가 너무 크다, 작다. 마이크를 너무 가깝게 댔다. 너무 멀리 댔다." 여러 시비가 따릅니다. 그도 그럴 것이 전국에서 교무님들이 오시다 보니 그럴 만도 합니다. 이렇게 인간의 행위에는 사람에 따라 호불호, 좋고 나쁨이 분명히 갈립니다. 시비이해가 따릅니다.

여기에 우리는 속아 넘어가기 쉽습니다. 좋다고 하면 아만심이 뾰족 솟아나고, 싫다고 하면 서운하고 원망하는 마음이 불쑥 드러납니다. 그래서 우리 중생들은 스스로 괴로움에 빠지기도 하고, 모르는 사이에 죄를 짓기도 합니다.

독경을 하다 보니 이런 시비가 따르더라는 말을 어느 교무님께 했더니, "청지불문聽之不聞 들어도 들은바가 없게 하라." 귀를 닫아버리라는 거죠. 그런데 분명 그 말을 들었는데, 어찌 들은 바가 없다는 것일까? 계속 마음속에는 남아 있습니다. "들은 바가 없어. 들은 바가 없어." 계속 되뇌어 보지만 잔상이 계속 남아 맴돕니다.

이 의두 연마를 한 덕분으로 생각을 바꾸게 되었습니다. 들어도 들은 바가 없는 것이 아니라 내가 독경을 한 바가 없다는 생각을 갖기로 말입니다. 말한 것이 먼저이고, 그에 대한 평가를 듣는 것은 나중 일이지요. 논리적으로 보면 독경을 한 바가 없으면, 이로 인해 좋다, 싫다는 평가도 있을 수 없지요. 이렇게 연마하고 다짐한 이후 마음이 좀 더 편안해지고, 마음속에서 왠지 모를 기쁨이 솟아났습니다.

신타원 원정사의 생사해탈과 무량공덕

〈금강경〉 21장을 보면 다음과 같은 내용이 나옵니다.

"수보리야, 너는 내가 마땅히 설한 바 법이 있다고 말하지 마라. 왜 그러냐 하면, 만일 어떠한 사람이 여래께서 설한 바 법이 있다 하면 이것은 부처를 비방함이라 능히 나의 설한 바를 알지 못한 까닭이니라. 수보리야 설법이란 것은 가히 설할 법이 없을새 이것을 설법이라 이름하나니라."

설교를 정리해 보겠습니다.

부처님께서는 처음 법문을 설하신 녹야원으로부터 열반 전 발제하에 이르기까지 수없는 법문을 설하셨습니다. 그런데 한 법도 설한 바가 없다고 하십니다. 이는 마지막 열반 전에 진여실상眞如實相의 부처님의 참 모습을 보여주심입니다.

일원은, 부처님의 참 모습은 언어도단의 입정처라, 말과 글로 표현될 수 없는 입정처의 자리입니다. 이 자리에 법은 고사하고 어찌 세존인들 있을 수 있겠습니까? 법도, 법을 설했다는 마음도 없습니다. 오직 열반적정이 있을 뿐입니다. 이 자리는 부처님의 화신이 아닌 법신의 자리 그대로입니다.

신타원 원정사께서는 소태산 대종사님의 일원교법에 의지하여 50년 동안 수행적공 하셨고, 한없는 공덕을 쌓으셨습니다. 부처님께서는 한 법도 설한 바가 없다고 하십니다. 한 법도 설한 바가 없기 때문에 한 법도 들은 바가 없게 되겠습니다. 한 법도 들은 바가 없는 그 경지에서 들으셨기 때문에 모든 법을 법답게 들으셨고, 그 법이 살아날 수 있었습니다.

우리 신타원 원정사께서 "한 법도 들은 바가 없는 그 자리에 표준" 하셔서 무상의 수행적공과 무상의 무량공덕으로 참 열반에 드시길 기원 드리면서 설교를 마치겠습니다.

감사합니다.

98. 6. 16.

응연히 한 상이 둥글더라

고불미생전古佛未生前 응연일상원凝然一相圓

석가유미회釋迦猶未會 가섭기능전迦葉豈能傳

반갑습니다.

이 화두는 중국 송나라 때 자각 선사慈覺禪師가 제시한 화두입니다.

이 뜻을 풀어보면 "옛 부처님이 나시기 전에 응연히 한 상이 둥글더라. 석가모니 부처님도 오히려 알지 못했거늘 가섭에게 어찌 전하겠는가." 입니다.

이 화두에 두 인물이 나옵니다. 석가모니 부처님과 가섭 존자죠. 석가모니 부처님에 대해서는 설명하지 않아도 다 아실 테고, 가섭존자에 대해 잠깐 말씀드리면, 가섭 존자는 영산회상에서 부처님 법을 부촉 받은 10명의 제자 가운데에서도 수제자입니다. 우리 원불교에서는 바로 정산 종사님 같은 분입니다. 가섭 존자는 두타頭陀

제일로 무소유의 삶, 청빈한 생활을 한 것으로 유명합니다. 특히 가섭존자는 석가모니 부처님 열반 후 부처님의 법을 바로 전하기 위해 경전의 결집에 앞장서게 됩니다.

부처님과 가섭 존자 간에 유명한 것은 바로 삼처전심三處傳心입니다. 삼처전심이란 세 곳에서 부처님과 가섭 존자 간에 법을 주고 법을 받는 전법의 모습을 그리고 있습니다. 이를 마음과 마음을 주고받는 이심전심以心傳心이라고 말합니다.

먼저 유명한 영산회상거염화靈山會上擧拈花입니다. 쉽게 염화미소拈華微笑라고 하죠. 어느 날, 부처님이 설법을 하시다가 아무 말씀도 하지 않고 꽃 한 송이를 들어 보이십니다. 대중들이 어리둥절했겠죠. 아무도 그 뜻을 모르고 있는데 한쪽에서 누더기 옷을 걸친 가섭 존자만이 빙그레 웃습니다. 그러자 부처님이 "나에게 있는 정법안장正法眼藏을 마하 가섭에게 전한다."고 하십니다. 빙그레 미소 지으니 법을 전합니다.

교도님들! 설교 들으실 때 눈 감지 마시고 빙그레 웃으셔야 합니다. 그래야 법이 전해집니다. 빙그레 미소 짓는다는 것이 무엇일까요? 마음이 열리는 것 아닐까요? 열려야 들어가죠.

두 번째, 다자탑전반분좌多子塔前分半座입니다. 부처님이 다자탑 앞에서 설법하고 계실 때, 남루한 차림으로 가섭 존자가 그 자리에

늦게 도착하게 됩니다. 여러 제자들이 그 모습을 보고 멸시의 눈초리를 보냅니다. 부처님은 제자들의 이러한 마음을 알아차리고, '반분좌' 당신의 자리를 반쯤 내어 주어 같이 앉게 하십니다. 그리고 "가섭은 나와 같은 선정禪定에 머무르고 있으며, 나와 같이 번뇌가 다했으며, 나와 같이 지혜를 갖추었으며, 나와 같은 광대하고 훌륭한 공덕을 갖추었다"고 하십니다. 석가와 가섭이 다르지 않다는 거죠.

마지막이 사라쌍수곽시쌍부沙羅雙樹槨示雙趺입니다. 부처님께서 사라쌍수 밑에서 열반에 드십니다. 가섭은 안타깝게도 부처님의 열반을 지켜보지 못합니다. 곽시쌍부란 뒤늦게 도착한 가섭 존자가 부처님 관을 세 바퀴 돌고 합장하자 부처님께서 관 밖으로 두 발을 내밀어 보인 것을 말합니다. 부처님께서 왜 발을 내미셨을까요? 인도인들은 발에 입 맞추는 것이 공경의 표시였다고 합니다.
이 삼처전심을 염두에 두고 오늘의 화두를 풀어보겠습니다.

이 의두가 전하는 첫 번째 지혜는, 일원상의 진리는 고금을 통하여 여여하다는 것입니다.
"고불미생전 응연일상원" 옛 부처님이 나시기 전에 응연히 한 상이 둥글었다. 여러분. 부처가 누구입니까? 진리에 대한 깨달음을 얻은 사람이죠. 불이라는 글자는 부처 불, 깨달을 불의 의미를 갖습니다. 보통 부처님을 석가모니 부처님만으로 알고 있는데, 석가모니 부처님 이전에도 진리를 깨달은 부처님이 있었다는 거죠. 이를 과거칠불이라고 합니다. 고불은 옛 부처님. 과거칠불을 말합니다. 그런데 부처님은 과거칠불, 석가모니 부처님으로 끝난 것이 아니라 불불계세佛佛繼世 법륜상전法輪常轉합니다. 부처님들이 계속 나셔서 법의 수레바퀴를 항상 굴리신다는 거죠.

그런데 고불미생전에 응연일상원이라고 했습니다. 옛 부처님이 나시기 이전에도 진리는 있었다는 거죠. 이 말은 '일념미생전一念未生前', 한 생각이 나기 이전의 소식과 같습니다.

이런 말이 있습니다. "성인이 나시기 전에는 진리가 하늘에 있고, 성인이 나시면 그 진리가 성인에게 있으며, 성인이 가신 뒤에는 그 진리가 경전에 있다." 진리는 부처님이 계시기 전이나 부처님이 계신 때에나, 부처님이 가신 뒤에도 그 진리는 영원합니다. 부처는 이 진리를 깨달은 분이고, 범부 중생들은 그 진리를 모를 뿐입니다. 모른다고 해서 그 진리가 없는 것일까요?

그런데 그 진리의 모습은 응연일상원, 응연히 한 상이 둥글더라는 것입니다. 진리가 형상이 있나요? 참 진리는 언어명상言語名相이 돈공頓空한 자리입니다. 말과 글과 형상으로 나타낼 수 없는 자리입니다. 강연히 표현하여 '일원상'이라고 말하고 ○으로 그 모습을 나타내 주었습니다. 진리의 모습을 동그라미로 그리신 것은 어리석은 중생들을 깨달음의 세계, 진리의 세계로 인도하기 위한 소태산 대종사님의 자비입니다.

이 화두를 중심으로 보면 고금을 통하여 진리가 있고, 그 진리는 한 두렷한 모습. 일원상으로 표현될 수 있으며, 이 진리는 과거의 일곱 부처님, 석가모니 부처님, 그리고 가섭이 법을 이어 이 진리를 깨치고 이 진리를 전해주었다고 볼 수 있습니다.

저는 여기에서 '응연일상원'에 대해 좀 더 그 의미를 찾아보고자 합니다. '응연' 이라는 말은 어리어 있다는 뜻입니다. 무엇이 어리어 있다는 것인가. 제가 깊이 생각해 보니, 진리는 우주만유를 통하여 생생약동하는 하나의 기운으로 두렷하다는 것입니다. 그렇다면 소태산 대종사님, 더 넓게는 깨달음을 얻은 분들은 진리의 모습을 왜 동그라미 일원으로 표현하셨을까요? 여러 가지 해석을 할 수 있겠지요. 그런데, 저는 소태산 대종사께서 깨달음을 얻은 순간을 주목해 보고자 합니다.

소태산 대종사께서는 『대종경』 성리품 1장에 깨달음의 심경을 시로 읊고 있습니다. 그것이 "청풍월상시淸風月上時 만상자연명萬像自然明"입니다. 맑은 바람 불어 달 떠오를 때, 모든 것들이 자연히 밝아지더라. 참 멋지고 시원한 표현입니다.

그런데 이러한 시적 표현 이전에 대각이라는 그 순간, 모든 것이 확 열려버리는 그 순간의 모습은 어떠할까? 툭 터지면서 우주의 기운이 하나로 팍 퍼지는 그러한 것 아닐까 생각해 봅니다. 마치

성자들의 뒤에 빛의 광명인 오로라가 비치듯이, 그 깨달음의 빛, 진리의 빛은 무한히 밝고, 무한히 충만한 기운으로 휘감지 않을까 라는 것이지요.

이것이 바로 진공묘유眞空妙有, 즉 일원상으로 드러난 거죠. 이것이 진리의 참모습이라는 겁니다. 이 모습을 응연일상원, 응연히 한상 이 둥글더라, 라고 표현한 거죠. 느낌이 오시나요?

이 화두가 던지는 두 번째 지혜는 진리를 내가 깨쳐 얻으라 는 것입니다.

석가유미회 가섭기능전. 석가모니 부처님도 오히려 알지 못했는데, 가섭에게 어찌 전하겠는가? 위에서 살펴본 바와 같이 석가모니 부처님의 법은 상수제자인 마하 가섭에게 전수되죠. 아 까 말씀드렸죠. "나의 정법안장을 마하 가섭에게 전하노라." 그런 데 석가모니 부처님은 오히려 알지 못했고, 그러니 어찌 가섭에게 전하겠는가! 라고 합니다.

역사적 사실에 대한 부정이죠. 여기에는 패러독스paradox, 역설이 존재합니다. 쉽게 진리에 대한 해답을 주지 않는 거죠. 한번 꼽니 다. 잠가 버립니다. 화두란 그런 겁니다. 쉽게 답을 주지 않고 깊게 생각하게 합니다. 화두는 절대 친절하지 않습니다.

제가 조금 전에 역설, 패러독스라는 표현을 썼습니다. 역설이란 "어떤 내용이 겉으로는 모순되고 부조리하게 보이지만, 그 속에 진실을 담고 있는 것"을 말합니다. 겉으로는 역사적 사실을 부정

합니다. "석가모니 부처님도 깨닫지 못했거늘, 가섭에게 어찌 전할 수 있는가?" 자, 여기에 진실이 담겨있다고 했습니다. 여기에 이 화두의 해답이 있다는 거죠. 그러면 그 진실, 그 해답은 무엇일까요? 어떻게 하라는 것인가요?

부처에 속지 말고, 말씀에도 속지 말고, 진리 그대로를 깨쳐 얻으라는 것입니다. 부처에게 얽매이지 말아야 합니다. 예수에게 묶여서도 안 됩니다.

소태산 대종사님이 어떤 분이시냐? 저는 위대한 스승이라고 생각합니다. 이 자리를 깨쳐 우리 어리석은 중생들에게 가르쳐 주신 스승입니다. 소태산 대종사님이 참 진리는 아닙니다.

부처는 깨달은 자입니다. 역사적으로 보면 분명히 석가모니 부처님은 깨달음을 통해 응연일상원의 소식을 안 분입니다. 부처는 깨닫는 자와 깨닫는 대상이 하나가 된 사람입니다. 깨닫는 자와 깨달음의 대상이 있다는 것은 분별이 있다는 것이고, 분별로서는 참다운 진리의 실상을 깨달을 수 없습니다.

"석가도 오히려 알지(깨닫지) 못했다." 우리는 보통 부처님께 의지하고 부처님의 말씀에 귀 기울입니다. 그러나 부처님의 깨달음이 나의 깨달음은 아닙니다. 부처님의 말씀이 나의 깨달음의 소식은 아닌 것입니다. 석가모니 부처님도 알지 못했다는 것은 결국 그 진리를 내가 깨쳐 얻으라는 것입니다.

마찬가지로, 가섭기능전. 가섭에게 어찌 전할 수 있는가? 깨닫지 못했다면 당연히 그 법을 전할 수 없습니다. 보통 불교에서 법을 전할 때 발우 내지는 죽장을 전법의 의미로 전하죠. 우리 원불교도 대사식戴謝式 때, 소태산 대종사께서 쓰시던 법장을 후계 종법사에게 전하는 것이 전법의 상징으로 되어 있습니다. 그런데 발우와 죽장, 법장이 참 법을 전하는 것입니까? 하나의 상징이고 형식이죠. 법을 전하는 자와 그것을 받는 자가 있을 수 없습니다.

대산 종사께서는 "최고의 진리는 주는 것도 아니요, 받는 것도 아니다. 또 주어서 간다면 그것은 진리가 아니다."라고 말씀하십니다. 그런데 "주는 것도 아니요 받는 것도 아닌데 또 살짝 주기도 하고 살짝 받기도 한다고 하셨습니다. "살짝 준다."는 표현에 묘미가 있습니다.

저는 최근에 전한다는 것에 대해 깊게 생각해 보았습니다. 교도님들! 말 전달 게임 잘 아시죠? 예를 들어 다섯 명을 세워 놓고, 앞에 전하는 말이 뒷사람은 안 들리게 하죠. 차례로 말을 전달합니다. 그런데, 처음 전달한 말과 마지막 전달을 받은 말이 같을까요, 다를까요? 제대로 전달되기 어렵고, 오히려 엉뚱하게 전달이 되기가 쉽습니다. 사람의 말이라는 것은 옮김에 따라 왜곡될 수 있는 여지가 많습니다.

우리는 "누가 그랬다더라." 이 말을 조심하고 주의해야 합니다. 우리는 너무도 쉽게, 자기가 이해한 만큼만 받아들이고, 자기에게 유리하게 말을 만듭니다. 말은 한계가 있습니다. 전달에는 더 큰 한계가 있습니다. 결국 무엇이 중요하냐. 전달하고 전달받는 것이 중요한 것이 아니라 참 실상을 깨쳐 알고, 사건의 진실을 아는 것이 중요하다는 거죠.

불교 선지식 중 나옹 대사라는 분이 있습니다. 들어보셨죠? 나옹 대사는 고려 말 고승으로 경기도 여주 신륵사에서 입적하신 분입니다. 이 나옹 대사에게는 한분의 누님이 계셨습니다. 그런데 이 누님은 나옹 대사와 같은 절에 기거하면서 나옹 대사의 법력만 의지하고 수행에 힘을 쏟지 않았습니다.
이를 안 나옹대사는 어느 날 저녁, 누님을 식사에 초대합니다. 그런데 밥상에는 대사의 밥만 차려 놓고, 혼자 열심히 밥을 먹기 시작하죠. 누님은 "대사는 나를 초대하여 놓고 어찌 혼자 그렇게 먹을 수가 있습니까?" 약간 짜증과 화가 난 투로 말했겠죠. "내가 밥을 먹으면 누님도 배가 부르지 않습니까?" "대사가 밥을 먹는데 내가 어찌 배부를 수 있습니까?" "누님은 내가 훌륭한 도인이 되면 누님도 큰 도인이 될 것 같이 생각하는데, 나도 내가 밥을 먹으면 누님도 배가 부르는 줄 알았습니다." 그때서야 그 뜻을 누님이 알게 되죠.

밥을 내가 먹어야 내 배가 부르게 되죠. 남이 아무리 맛있게 먹어도 그것은 내가 먹는 것이 아니고 내 배가 부른 것이 아닙니다.
제가 대적공실 의두연마를 우리 교도님들께 설명합니다. 전합니다. 들을 때는 고개를 끄덕이시죠. "아, 그렇지. 그렇게 해야지." 다짐도 하겠지요. 그런데 중요한 것은 뭐냐. 내가 연마해서 깨쳐야 한다는 거죠. 왜 회보에 의두연마를 한 달간 싣습니까? 함께 궁구하고 연마하자는 거죠. 남을 통해 듣는 이야기가 아니라 내가 깨쳐 알아, 그것을 실행해야 내 것이 되는 것입니다.

오늘 설교를 정리하겠습니다.

진리는 시종始終 처음과 끝, 고금古今 예나 지금, 주객主客 주관과 객관, 자타自他 나와 남의 분별을 떠나 여여히 독존합니다. 여기에는 석가도 가섭도 없습니다. 소태산과 정산도 없습니다. 과연 진리를 전한다고 할 수 있을까요?

만약 분별에 떨어지면 부처를 만날 수 없고, 진리의 세계에 들어갈 수 없습니다. 일상원, 한 둥근 진리는 우주만유를 그대로 관통하여 여여하며, 이것은 우리의 본래 성품으로, 맑고 밝고 바른 마음자리입니다.

이 진리는 들어서 아는 것도 아니요, 경전을 통해 배우는 것도 아닙니다. 내가 깨쳐 알고, 깨쳐 알아서 실행해야 내 것이 되는 것입니다.

옛 부처님이 나시기 전에 응연히 한 상이 둥글더라. 석가모니 부처님도 오히려 알지 못하거늘 가섭에게 어찌 전할 것인가.

감사합니다.

98. 7. 28.

돌이 서서 물소리를 듣다

변산구곡로邊山九曲路 석립청수성石立聽水聲

무무역무무無無亦無無 비비역비비非非亦非非

반갑습니다.

이 의두는『대종경』성리품 11장에 나오는 법문입니다. 소태산 대
종사께서는 이 의두의 뜻을 알면 곧 도를 깨달은 사람이라고 하십
니다. 저는 이 의두를 접할 때마다 변산의 아름다운 풍경이 떠오
르고, 계곡의 맑은 물소리가 들리는 것 같아 기분이 좋고 시원해
짐을 느낍니다.

먼저 이 의두를 해석하면, 변산구곡로; 변산 아홉 굽이에/ 석립청
수성; 돌이 서서 물소리를 듣는다. 무무역무무; 없고 없고 또한 없
음도 없으며/ 비비역비비; 아니고 아니고 또한 아님도 아니다.

구체적으로 본 내용을 살펴보겠습니다.

먼저 "변산구곡로" 변산의 아홉 굽이라고 했습니다. . 변산은 전라 북도 부안군에 위치한 지명입니다. 소태산 대종사께서는 원기 4년 (1919)부터 5년 동안 이곳 변산에 머무시면서 원불교의 기본교리 인 사은사요, 삼학팔조의 교법을 제정하게 됩니다. 그래서 우리는 이곳 변산을 제법성지制法聖地라고 하죠.

변산구곡이란 계곡이 깊고 경치가 좋은 곳을 표현한 것입니다. 소 태산 대종사께서 머무셨던 석두암에서 약 10분 정도 올라가면 길 옆으로 계곡이 있는데, 커다란 바위와 소沼와 계곡물이 장관을 이 루고 있습니다. 이곳을 변산구곡, 또는 봉래구곡이라고 말합니다.

다음은 석립청수성, 즉 돌이 서서 물소리를 듣는다라고 했습니다. 말이 안 되죠. 어떻게 돌이 서서 물소리를 들을 수 있을까요? 이를 의인화라고 하죠. 사람이 아닌 것을 사람에 비기어 표현하는 기 법이죠. 상식적으로 무정한 돌은 물소리를 들을 수 없습니다. 그 런데, 이 또한 우리 인간의 관점에서 볼 때 그렇습니다. 살아 있는 생물만이 지각 작용이 있고, 바위나 나무 등 무정물들은 지각 작 용이 없는 것으로 압니다.

그런데 돌이 서서 물소리를 들을 수 있다는 거죠. 어떻게 들을까 요? 내가 돌이 되면 됩니다. 또한 원불교의 처처불상의 시각으로 보면 돌도 물소리를 들을 수 있다는 겁니다. 이렇게 보면 돌이 서 서 물소리를 듣는다는 것은 의인화를 넘어 천지만물의 부처화라 고 말할 수 있습니다. 이것은 나도 부처요, 돌도 부처요, 모두가 부처라는 뜻이고, 나와 돌이 둘이 아니라는 뜻입니다.

그 돌은 또한 소태산 대종사님을 가리킵니다. 소태산 대종사께서는 실상사 밑에 조그마한 집을 짓게 되는데, 그 집 이름이 석두암石頭庵이고, 당신 스스로를 석두거사石頭居士라고 칭합니다. 석두는 '돌 머리', 좀 더 적나라하게 말하면 '돌대가리' 라는 뜻입니다. '돌 머리', 이것은 당신 스스로 어리석다는 것보다 돌처럼 세상사에 대한 관심을 끊고 무심하게 은둔하고 계심을 표현한 것으로 볼 수 있습니다.

변산구곡로 석립청수성. 머릿속으로 그림을 그려보시기 바랍니다. 계곡의 양쪽에 큰 바위가 넓적하게 자리하고, 그 가운데로 맑은 물이 힘차게 소리 내어 흘러갑니다. 거기에 큰 돌이 서서 그 흘러가는 계곡의 물소리를 듣습니다. 소태산 대종사께서 변산구곡의 넓은 바위 한가운데에 서서 계곡의 물소리를 듣고 있는 것입니다.

무무역무무. 없고 없고 또한 없음마저도 없다는 것은 도대체 뭐가 없다는 것인가요? 앞의 무무는 모든 존재에 대한 부정이고, 뒤에 역무무는 그 없다는 생각마저도 없다는 것입니다. 결국 무무는 현상과 현실에 대한 집착을 놓으라는 것이죠. 있음에 묶여 있어서는 안 된다는 것입니다. 무는 일반적으로 있음, 유에 상대되는 말이죠. 그러나 무무역무무는 단순히 없다는 유에 대한 부정을 넘어

진리의 본체를 설명하고 있습니다. 없고 없는 그 자리. 유무라는 상대를 넘어 유무를 초월한 진리의 본체, 우리의 청정자성을 말합니다.

비비역비비. 아니고 아니고 또한 아닌 것도 아니다는 것은 도대체 뭐가 아니라는 것인가요. 비비, 이것은 모든 실제적 가치에 대한 부정입니다. 앞의 무무역무무가 존재에 대한 부정이라면, 비비역비비는 가치에 대한 부정입니다.

인간사에는 시시비비가 따릅니다. 일반적으로 비非는 옳다는 시是에 대한 반대입니다. 비비는 옳다, 그르다는 판단에 대한 정지입니다. 옳고 그름, 좋고 나쁨, 모든 시시비비가 끊어진 자리를 말합니다. 이 또한 진리의 본체자리이고, 우리의 본성자리를 표현한 것입니다.

돌이 서서 물소리를 듣다

교도님들! 이 의두의 핵심이 무엇이라고 생각하십니까?

변산구곡로? 석립청수성? 무무역무무? 비비역비비? 저는 바로 석립청수성이 이 의두의 핵심이라고 생각합니다. 이 의두의 핵심은 돌이 서서 물소리를 듣는 것입니다.

돌이 서서 물소리를 듣는다. 여기에서 돌은 청정자아淸淨自我이고, 나의 본래 모습입니다. 이 돌은 일원상 진리의 진공체眞空體입니다. 이 자리는 있다고도 할 수 없고, 없다고도 할 수 없는 자리며, 옳고 그르고, 좋고 나쁘고 할 수 있는 자리가 아닙니다.

세상을 살아가는데 돌이 되기가 쉽지 않습니다. 우리의 인생사는 변산구곡로와 같습니다. 인생사 굽이굽이 온갖 경계의 연속입니다. 구곡을 넘어 구십 구곡 정도는 되는 것 같습니다. 우리의 마음은 또 어떻습니까? 중생의 마음은 분별망상으로 천만번뇌를 만들어냅니다. 감정의 노예가 되어 이리 끌려가고 저리 끌려 다닙니다.

이 때 어떻게 할 것인가? 경계에 끌려갈 것인가? 천만번뇌에 휩쓸릴 것인가? 이때 중요한 것이 있습니다.

바로 석립청수성이 되는 것입니다. 돌이 바로 설 때, 세상의 소리가 제대로 들릴 수 있습니다. 나의 주견과 상과 편착심으로는 물소리를 제대로 들을 수 없습니다.

그런데 돌 중에서도 우리는 큰 돌이 되어야겠습니다. 시비선악是非善惡에도 흔들리지 않는 큰 돌이 되어야 합니다. 거센 물살에 떠내려가는 작은 돌이 아니라, 우뚝 서서 그 흐르는 물소리를 제대로 들을 수 있는 큰 돌이 되어야겠습니다.

또한 돌은 누워있지 않고 서 있어야 합니다. 잠자는 돌이어서는 안 됩니다. 일상수행의 요법을 보면, 자성의 정을 세우고, 혜를 세우고, 계를 세워야 한다고 했습니다. 돌이 서 있을 때 물소리를 제대로 들을 수 있습니다. 물소리는 마음의 소리요, 세상의 소리입니다.

축령산 오덕훈련원

지난 7월 둘째 주에 축령산 오덕훈련원에 다녀왔습니다. 제가 이

화여대 학생회 지도교무인데요. 엠티가 있어 함께 했습니다. 솔직히 말해서 스물 한두 살 먹은 여대생들과 나이 오십을 바라보는 제가 세대 공감, 시대 공감을 한다는 게 쉽지 않습니다. 제가 결혼하기 전 부교무 시절만 해도 여대생, 여자 청년들 보면 가슴이 뛰기도 했는데, 이제는 애들이 다 조카나 딸 같고 그렇습니다. 애들도 저를 남자로 보지 않습니다. 아빠처럼 포근하대요.

교도님들! 오덕훈련원 가보셨죠. 가본 분들은 아시겠지만 오덕훈련원 펜션동 뒤에 계곡이 있습니다. 제가 그곳에 갔을 때 비가 많이 온 뒤라 계곡에 물이 무서울 정도의 기세로 넘쳐흘렀습니다. 계곡 가까이 혼자 큰 바위까지 갔습니다. 가서 한참을 그 바위에 서 있었습니다.
그림이 그려지시나요? 변산구곡로 석립청수성. 축령산구곡로에 박덕희가 돌처럼 서서 물소리를 듣는다. 멋있죠?

가까이 가서 들으니까 계곡의 물소리가 굉음에 가까웠습니다. 그 바위 위에 선 채 묵상에 잠겼습니다. 천둥소리에 가까울 정도의 물소리가 들렸습니다. 오직 물소리뿐이었습니다. 소리가 너무 커서 다른 생각이 비집고 들어올 틈이 없었습니다.
한참을 듣고 있으니까, 그 소리를 듣고 있는 내가 없었습니다. 오직 물소리만 있었죠. 조금 더 지나니까 '이게 물소리구나' 하는 생각도 없게 되었습니다. 듣되 소리에 매이지 않는 거죠. 소리만 있고 내가 없다, 마지막엔 그 소리마저도 없다, 없고 없고 또한 없는 것도 없습니다.

분명 그 자리에 현상적으로 제가 있고, 계곡의 물소리도 있습니다. 그런데, 몰아일체의 경지, 자성의 진체 자리에 합일하면 거기엔 나도 없고 물소리도 없는 겁니다. 또 그런데, 거기에 내가 없는 것도 아니고 물소리가 없는 것도 아니라는 거죠. 분명히 그 자리에 내가 있고, 물소리도 있습니다. 이해되시나요?

자, 그러면 우리가 이 법문을 실천할 때 어떻게 해야 할 것인가에 대해 두 가지로 생각해 봤습니다.

첫째는 유에 대한 집착을 놓으라는 것입니다.
많은 사람들이 유에 집착하는 삶을 삽니다. 돈, 명예, 권력 등 욕망을 행복으로 착각하며 살아갑니다. 그런데, 그러한 것들이 영원할 수는 없습니다. 물거품과 같습니다. 참으로 덧없는 거죠. 특히 우리가 죽어갈 때에 무엇을 가져갈까 생각해 보면, 삶을 다급하게 욕심 부리며 살 것이 아니다, 라는 생각을 갖게 될 것입니다.

최근에 아주 오랜만에 친척 한분을 만났는데, 그 분이 얼마 전에 돈 4억 5천만 원을 잘 아는 사람에게 빌려줬다가 떼였다고 합니다. 앞으로 받을 가능성이 전혀 없대요. 그 돈이 뭔 돈이냐 하면 집을 판돈이고, 이자를 좀 높게 쳐준다고 하니까 빌려줬나 봐요.

그래서 요즘 화병이 나서 죽을 지경이라는 거예요. 4억 5천만 원, 절대 적은 돈이 아니죠. 화병 나겠어요, 안 나겠어요?

"그 돈 없는 셈 치세요. 전생에 빚 갚았다 치세요. 더 큰 일이 안 생긴 걸 다행으로 돌리세요."

여러 위로의 말을 할 수도 있겠죠. 다른 친척분이 그렇게 위로하시더라고요. 저는 그분이 성당을 다닌다고 해서 "성당 열심히 다니세요." 이렇게 얘기했습니다.

우리 교도님들께서는 이런 상황에서 어떻게 하시겠습니까? 내가 4억 5천만 원을 한방에 날렸는데 어떻게 하시겠습니까?

성리와 인과에 토를 떼야 이 일 해결할 수 있습니다. 원래는 없고 없는 자리를 알아야 하고, 내가 짓고 내가 받는 인과의 진리를 알아야 합니다. 이것을 알아야 미움과 원망을 놓고 안심과 행복을 얻을 수 있습니다.

있는 것은 반드시 없는 곳으로 돌아가는 것이 진리입니다. 있는 데에만 매달리면 괴로움이 따르고, 반대로 없는 자리에만 빠져 있으면 허무주의에서 벗어날 수 없습니다. 결국 유무초월有無超越이란, 집착으로부터의 자유를 말합니다. 무무역무무, 없고 없고 또한 없다는 것도 없다. 이것은 안심安心, 마음의 안정과 평화를 얻는 최고의 비법입니다.

다음은 시비에 대한 분별 집착을 놓아야 합니다.

내가 없는데, 어찌 시비가 있을 수 있겠는가? 세상의 시비는 결국 나라는 존재, 아상과 아집이 있기 때문입니다. 내가 없으면 변산의 아홉 굽이 길도 없습니다. 없는 그 가운데 무엇이 돌이고, 무엇을 물소리라 할 것인가?

그런데 분명 한 물건이 있다는 거죠. 무엇이 있어 그 계곡의 물소리를 듣는가. 주인공, 그 청정한 한 물건이 아름다운 변산의 아홉 굽이 계곡이 되고, 돌이 되고, 물소리를 만듭니다. 그 청정한 한 물건이 계곡의 물소리를 듣고, 그 물소리를 또한 잊게 되죠.

우리들은 시비이해의 일 가운데서 살아갑니다. 인간사 모든 일에는 시비이해가 따릅니다. 그런데 이 시비이해는 희로애락을 만듭니다. 이 희로애락을 크게 둘로 나눠보면 괴로움과 즐거움이죠. 그러면 무엇이 시비를 만드는가? 나의 관념이며, 상相이며, 욕망 때문입니다. 사람마다 자기가 끼는 색안경을 가지고 있습니다. 그 색안경을 끼고 있는 한 그 색깔로 세상이 보일 수밖에 없죠.

며칠 전에 아침 좌선 끝나고 교당 안으로 고양이가 들어왔습니다. 제 방은 2층이라 저는 못 보았는데요. 아침식사가 마무리될 때쯤 그 이야기가 나왔습니다. 다른 사람들은 거의 식사가 끝났는데, 저는 아직이었습니다. 그런데 문제는 제가 고양이를 매우 싫어한다는 겁니다. 싫어한다기 보다 무서워합니다. 밥을 먹다가 확 긴

장이 되면서, 밥맛이 싹 가시더라고요. 속으로 이렇게 말했죠. '왜 밥 먹고 있는데 고양이 얘기야.'

만약 제 집에서 그랬다면 "밥 먹을 때는 고양이 얘기 같은 거 하지 마."라고 했을 텐데, 교당이라 그럴 수도 없었지요. 조금 있으니까, 대화 중에 쥐까지 나오더라고요. 제 마음이 어떻겠어요?

그런데 그 순간 제 마음을 바라봤죠. 자, 제 판단은 어디에서 나왔죠? 제가 가지고 있는 고양이에 대한 관념, 생각에서 왔죠. 고양이는 무서워서 싫다, 징그럽다, 그런데 다른 사람들은 아무런 문제가 되지 않는 거죠.

저는 사실 고양이를 애완용으로 키우는 거, 상상도 못할 일입니다. 그런데 다른 사람들은 그렇게 하잖아요. 다행히도, 제가 그래도 공부를 좀 하는 사람이니까 '그래, 이것도 내가 만든 하나의 관념이고 상이다. 그 관념과 상을 통해 옳고 그름을 판단하고 있구나.' 라고 생각하게 되었다는 것입니다. 이해되시나요?

이것은 매우 작은 일이죠. 그런데 세상에 벌어지는 온갖 다툼의 원인이 무엇인가? 시비에 대한 분별이고 거기에 대한 집착입니다. 그 분별은 관념과 상과 욕심에서 비롯된다는 거죠.

비비역비비, 이 말은 결국 어느 한 편에 편착하거나 집착하는 마음을 놓고 "열린 마음"이 되라는 겁니다. 내가 생각하는 가치에 대한 판단을 중지하라는 것입니다. 판단을 중지하고 텅 빈 그 자리에 돌아가 머문 뒤에 현실을 다시 보라는 것입니다. 그러면, 전에 관념과 집착과 이상에 가려 안 보였던 부분들이 제대로 보인다는 것입니다.

세상의 다툼, 자기 생각이 옳다고 하는 데서 생깁니다. 사상과 이념의 대립과 갈등으로 얼마나 많은 사람들이 상처를 받았고, 또 죽었습니까?

각자의 이해만을 따지고 그것을 쫓기 때문에 다툼이 있습니다. 다른 사람의 입장과 처지를 생각하지 않습니다. 인류의 공동선을 생각하지 않고, 더불어 살아야하는 한 생명 한 가족임을 모른 체 편을 가릅니다. 내가 옳고, 상대방은 틀렸다는 그 생각에서 우리의 다툼, 세상의 다툼은 끊이질 않습니다.

성리 공부를 하는 우리는, 자신만의 생각의 감옥에 갇혀서는 안 됩니다. 내 생각에만 사로잡혀서는 안 됩니다. 다른 사람의 생각을 받아들이고, 다른 사람의 인격을 존중하고 이해하는 노력이 있어야 합니다. 개인만이 아니라 집단도 마찬가지고, 사회도 마찬가지고, 국가도 마찬가지입니다. 비비역비비, 이것은 평화의 비법입니다. 개인의 평화, 가정의 평화, 세상의 평화를 만들어낼 비법입니다.

마지막으로 대산 종사께서 이 성리품 법문을 해설한 내용을 소개하면서 저의 설교를 마치겠습니다.

변산구곡로에 돌이 서서 물소리를 듣더라. 이것은 다 성불해서 유유자적한 심경을 말한 것이다. 없고 없고 또한 없다. 이것은 눈을 감고 가만히 세상을 둘러 보면 세상에 쌓아 놓은 것 그것 없는 것이다. 아니고 아니고 아니고 아니다. 이것은 옳고 그르다, 아니다 맞다, 네가 낫다, 내가 잘 산다, 시시비비로 보는 데 그것 아니다. 우리는 일마다 원수가 있고 미운 사람 좋은 사람이 있는데 바위는 물에 서서 물소리만 듣고 있다. 여러분들이 여기에 토를 떼고 이 맛을 봐야 한다.

변산 아홉 구비에 돌이 서서 물소리를 듣는다. 없고 없고 또한 없는 것도 없으며, 아니고 아니고 또한 아닌 것도 아니다.
감사합니다.

98. 8. 25.

흔적 없는 공부

유위위무위有爲爲無爲 무상상고전無相相固全

반갑습니다.

추석 명절 잘 보내셨습니까? 내일이 추분이라네요. 완연한 가을
에 접어들게 되죠. 아직도 좀 덥긴 하지만 계절의 변화는 무위자
연無爲自然한 가운데, 봄, 여름, 가을, 겨울 사시순환의 조화를 부리
고 있습니다. 그 가운데, 우리의 공부 또한 상 없는 공부, 흔적 없
는 공부로 정진해야겠다는 다짐을 하게 합니다.

오늘 함께 공부하실 법문은 대적공실 법문 다섯 번째로, 『정산종
사법어』 무본편 33장에 나와 있는 "유위위무위 무상상고전 망아
진아현 위공반자성"입니다. 오늘은 이 법문 중 앞부분에 해당하는
유위위무위 무상상고전을 말씀드리고, 나머지는 다음 설교 때 말
씀드리도록 하겠습니다.

불문佛門에 들어와서 불도佛道를 닦아가는 사람, 원불교에 입교해서 일원교법一圓教法을 배워 실행하는 사람들의 궁극적인 목적은 무엇입니까? 부처가 되고, 보살도를 이루는 것, 결국 불보살이 되는 것입니다. 불보살 되는 것이 우리 공부인의 목적이죠.

그렇다면 불보살은 어떠한 분인가? 어떠한 심법과 어떠한 실행을 하는 사람이 불보살인줄 알아야 불보살을 닮아갈 것 아닙니까! 이 의두가 그 답을 주고 있다는 거죠. 불보살은 바로 이런 사람이다, 라고 말이죠.

첫째, 불보살은 무위의 삶을 살아가시는 분들입니다.

유위위무위, 이것을 직독하면 "유위는 무위로 되고" 이렇게 해석할 수 있는데, 정산종사께서는 "함 없음에 근원하여 함 있음을 이루게 되고" 라고 해석해 주셨습니다.

자, 교도님들! 여기에서 주어가 무엇일까요. 유위입니까, 무위입니까? 대부분 '유위'보다는 '무위'에 더 가치를 둘 것입니다. 그런데 유위위무위에서 주어는 유위가 되고, 무위는 방법이 됩니다. 결국 이루는 것, 유위가 목적이고 무위는 수단이 됩니다.

세상의 모든 보이는 세계는 유위의 세계입니다. 그런데 그 보이는 유위의 세계의 근원, 뿌리는 무엇이냐? 바로 무위라는 것입니다.

자, 제가 손에서 물건 하나를 떨어뜨립니다. 손을 통해 물건이 떨어지는 모습은 보이는 세계, 유위의 세계이죠. 그런데, 이것을 조정하는 것은 무엇입니까? 보이지 않는 어떤 힘, 그 무엇이 있는 거죠. 이것을 무위라고 합니다.

천지자연의 사계절의 변화를 우리는 눈으로 확인할 수 있습니다. 가을이 되면 차차 단풍이 들고 낙엽 되어 떨어집니다. 이것은 보이는 유위의 세계입니다. 그러나 이러한 자연의 질서와 변화는 보이지 않는 진리에 의해서 이루어집니다. 이것이 바로 무위의 세계입니다.

유위는 나타난 세계요, 무위는 보이지 않는 세계입니다. 우리 본래 마음의 진체, 우주 자연의 본체 자리는 행위가 없는 무위의 자리입니다. 그러나 이것은 몸을 통해 나타나고, 만물을 통해 나타납니다. 이것은 유위라는 것이죠. 그래서 함 없음에 근원하여 함 있음을 이루게 된다고 하신 것입니다.

진리의 작용은 누가 들어서 하는 게 아닙니다. 인위적, 작위적으로 되는 것이 아니라 천도법문에 나와 있는 바와 같이 "무위이화 자동적으로" 되는 것입니다. 오토매틱이라는 거죠. 이 표현만큼 진리의 자연성을 정확하게 표현한 것이 또 있을까 생각해 봅니다. 일원상의 진리에서는 이를 "진공묘유의 조화"라고 하죠. 텅 빈 진공에서 유의 세계가 나타나는데, 그 나타남이 참 묘한 거죠. 그 묘유는 바로 진공에 근원하고 있음을 볼 때, 현실에 나타난 유위의 세계가 함 없는 무위에 근원하고 있다는 말과 같다고 할 수 있습니다.

그런데, 인간의 행동에 있어 유위와 무위는 좀 다릅니다. 일반적으로 유위는 인간의 행위를, 무위는 자연의 모습을 말합니다. 도상무위道常無爲, 도는 항상 함이 없다는 것인데, 무불위無不爲, 함이 없으되 또한 하지 않음이 없다고 합니다. 도, 진리는 함 없음에 근원하여 함 있음을 이루게 된다는 뜻입니다.

그렇다면 자연과 같이 "인간은 무위할 수 없다는 것이냐?" 라는 의문이 남죠. 유위는 욕심이 자리하는 것이고, 무위는 양심, 진리의 모습이 그대로 나타나는 것을 말합니다. 자, 여기에 약간의 혼란이 있을 수 있습니다. 조금 전에 우리의 마음작용은 무위를 통해 유위가 된다고 했죠. 이 말은 무슨 뜻이냐, 진리 자체가 무위를 통해 유위로 나타나듯 인간의 행위도 욕심이 아닌 양심의 발로, 진리 그대로가 올곧게 나타나야 한다는 것입니다. 불보살은 욕심이 아니라 무위, 진리 그대로 행하시는 분들이라는 것이죠.

이해되시나요?

전통적으로 무위자연은 도가에서 내세우는 사상이죠. 그런데 우리가 오해하고 있는 것은, 무위자연을 세상을 떠나 자연으로 돌아가는 것, 산으로 들어가는 것을 무위자연의 삶으로 알고 있습니다. 도가사상이 문명 비판적이고, 초세간적超世間的 모습을 보이고 있기 때문인데요. 이는 원래 노자의 근본 뜻이 아닙니다. 노자의 무위자연설은 인간 행위의 기준이 진리 그대로의 삶인 무위에 근거해서 유위를 해야 한다는 것입니다.

노자의 도덕경은 원래 은둔의 학문의 아니라 천자天子의 학문, 제왕帝王의 학문이라고 말합니다. 세상을 어떻게 경영해야 하는가, 회사를 어떻게 경영해야 하는가, 무위의 치治가 되어야 한다는 거죠. 가장 태평성대는 백성에게 임금이 누구인지 모르는 정치가 가장 이상적인 정치라고 말합니다. 공권력이나 법에 의해 다스려지는 국가가 아니라 물 흐르듯 자연스럽게 이루어지는 정치, 이것이 무위의 치라고 할 수 있습니다. 타율이 아니라 자율, 작위가 아니라 무위가 되어야 한다는 것입니다.

따라서 유위위무위는 아무 것도 하지 않는 것이 아니라 모든 행위에 있어 무위가 바탕 되어야 함을 강조한 것입니다. 볼 때, 들을 때, 행동할 때, 어떻게 보고 어떻게 듣느냐? 보고 듣고 행동하는 것은 유위죠. 이 유위의 행을 할 때 무위, 양심, 진리로써 해야 한다는 것입니다. 우리 교리로 보면 '일원상 법어'가 가장 가깝다고 볼 수 있습니다. 안·이·비·설·신·의 육근을 동작할 때, 일원상처럼 원만구족 지공무사하게 쓰는 거죠. 밖으로 흔적 없는 행을 하는 것입니다. 억지로 구하는 것이 아니라 순리에 따르는 것입니다.

둘째, 불보살은 무상의 삶을 사는 분들입니다.
무상상고전. 직역하면, "무상의 상은 굳고 온전하며"라고 해석할 수 있는데, 정산 종사께서는 "상 없는 자리에서 오롯한 상을 얻게 되며" 라고 하셨습니다. 자, 이것도 앞의 유위위무위와 그 형식이 같다고 볼 수 있습니다.

지금까지 우리는 '무상'이 중요하다고 들어왔습니다. 분명 무상이 중요합니다. 그런데 더 중요한 것이 있다는 거죠. 그 무상을 통해 나투는 상이 그것입니다.

자, 상을 나투어야 한다는 겁니까, 나투면 안 된다는 겁니까? 오롯한 상을 얻으라 하시죠. 따라서 여기에서도 상이 주어이고, 무상은 방법이 됩니다. 그래서 그 상은 무상의 상입니다. 부정을 통한 강한 긍정인 거죠. 그냥 상이 부정해야 할 상이라면, 무상의 상은 우리가 취해야 할 긍정의 상입니다.

일반적으로 무상하면 무상의 덕을 떠올립니다. 베풀고도 마음에 상이 남아있지 않아야 그것이 참된 복이 된다는 것입니다. 양무제의 천불 천탑에 대해 달마대사가 '소무공덕所無功德'이라 하죠. 공덕이 없다는 것입니다. 공덕을 쌓았다는 상이 남아 있으면 아무 소용이 없다는 것입니다. 이렇게 보면 상을 낸다는 것은 자랑이고, 양심에 대한 자기 교만입니다. 덕을 베푼다는 것은 은혜를 입은 자가 당연히 갚아야 할 보은의 행위라고 볼 때, 마음에 상이 있어서는 안 된다는 것입니다.

불교 〈금강경〉에서 정각正覺, 바른 깨달음을 이루는 데 있어 가장 중요한 것이 뭐냐? 무아상인상중생상수자상無我相人相衆生相壽者相 하라고 했습니다. 아상, 인상, 중생상, 수자상의 사상四相이 없어야 한다는 것입니다.

아상은 모든 것을 자기 본위·자기 중심으로 생각하여 자기가 가장 잘 났다고 하거나, 자기의 것만 좋다고 고집하거나, 오온五蘊의 일시적 화합으로 이루어진 자기 자신을 실재한다고 집착하는 생각입니다.

인상은 우주만물 중에서 사람이 가장 중요하며, 일체만물은 사람을 위해서 생긴 것이라, 사람이 마음대로 해도 된다는 인간 본위에 국한된 생각입니다.

중생상은 부처와 중생을 따로 나누어 나 같은 중생이 어떻게 부처가 되고 무엇을 할 수 있으랴 하고 스스로 타락하고 포기하여 향상과 노력이 없는 생각입니다.

수자상은 자기의 나이나 지위나 학벌이나 문벌이 높다는 것에 집착된 생각을 말합니다.

한마디로 말하면 사상은 중생이 갖는 온갖 분별심입니다. 청정심이 아닙니다. 금강경에서는 이러한 사상에 사로잡히면 중생이요, 사상을 벗어나야 불보살이 될 수 있다고 했습니다. 다시 말하면 상 없는 자리가 바로 불보살의 모습이고, 상 없는 우리의 청정자성이 바로 부처님이라는 말씀입니다.

보통 원불교에서 무상을 이야기할 때, 덕을 베풀고도 그 상이 없어야 한다는 실천적 측면에서 무상을 말합니다. 그런데, 성리의 체에서 보면 무상의 상은 바로 일원의 진공체를 가리킵니다. 일원의 진공체는 어떠한 모양도 없는 자리입니다. 그 자리는 한 이름도 없고, 한 형상도 없고, 가고 오는 것도 없고, 죽고 나는 것도 없고, 없다 하는 말도 또한 없는 것이 바로 일원의 진공체, 우리의 성품자리입니다. 따라서 오롯한 상은 테두리가 없고, 모양이 없고, 국한이 없는 그 자리, 그 자리라고도 말할 수 없는 것을 의미합니다.

저 일원상의 상은 원래 상이 없습니다. 테두리로 지어진 모습은 참 달이 아니고, 그 달을 가리키는 손가락입니다. 보이는 모습은 상입니다. 테두리 없는 무상의 상을 봐야 참 일원을 보았다고 할 수 있습니다. 저 일원상에는 무궁한 묘리와 무궁한 보물과 무궁한 조화가 가득 차 있다고 했습니다. 해탈과 피안의 세계가 바로 상 없는 저 자리라는 것입니다.

보통 사람들, 중생의 마음은 각자의 상이 있습니다. 아까 말한 바와 같이 대표적으로 아상, 인상, 중생상, 수자상을 들 수 있죠. 이 사상 중에서 가장 근본이 되는 것이 뭐냐면, 아상입니다. 결국 아상에서 비롯하여 인상 중생상 수자상이 나오기 때문에 이 아상이 모든 상 중에서도 대장이 됩니다.

얼마 전에 유산 김효신 교도님 추천으로 대학로 아르코 예술극장에 무용을 보러갔습니다. 처음엔 아무 것도 모르고 일반적인 춤이겠다 싶었는데, 가서 보니 황당했습니다. 나중에 팸플릿을 보니 "관객참여형 감성 치유 프로젝트"라고 써져 있더군요. 무대와 객석이 나뉘어져 있는 것이 아니라 오픈 무대였습니다. 자세히 말할 수는 없고 춤, 노래, 연극, 수다 등을 한데 묶은 퓨전무용 같은 거였습니다.

그런데, 이 공연의 막바지쯤이 되었을 때, 공연자와 관객이 모두 무대에 나가 함께 춤을 추는 순서가 왔습니다. 몇 년 전 80년대를 배경으로 500만 관객을 동원한 복고풍 영화, 써니(Sunny)의 경쾌한 음악이 흐르고 사람들은 대부분 그 공연을 진행하는 사람들의 리드로 춤을 추기 시작했습니다.

저는 어떻게 했을까요. 춤을 추었을까요, 안 추었을까요? 안 추었습니다. 함께 갔던 교감님은 중간에 먼저 나가시고, 수연 교무와 저만 남았는데 춤을 출 수가 없었습니다. 왜 그랬을까요? 저와 수연 교무 모두 정복을 입고 있었죠. 만약 평복을 입었더라면 어땠을까, 아마 자유롭지는 못했을 겁니다. 왜냐하면 수연 교무가 지켜보고 있었기 때문입니다. 그렇다면 수연 교무도 없이 다른 사람과 함께 했더라면 어땠을까, 가능성은 높아지죠.

자, 제가 말하고 싶은 것이 무엇일까요? 우리의 마음작용과 행동은 많은 규제를 받습니다. 형식, 관습, 규율 이러한 것들로 나를 규제합니다. '나는 이런 사람이야. 이런데서 교무는 춤추면

안 돼.'

제 스스로 상을 만듭니다. 남자의 상, 여자의 상, 교무의 상, 상관의 상, 아버지의 상, 잘했으면 잘했다는 상, 오만가지 상을 만들고 거기에 스스로 갇혀버립니다. 스스로 모양 꼴을 지어놓고 가두어버립니다.

이 모든 상들은 결국 아상이라는 것에서 비롯됩니다. 내가 있다, 내가 누구라는 관념이 있는 것입니다. 그러나 이러한 생각은 무수상행식無受想行識입니다. 수상행식, 우리의 정신작용은 원래 없는 것입니다. 그 실체는 있을 수 없고, 그 생각도 인연화합입니다. 그래서 거기에 매달리는 것은 어리석은 것이라는 거죠. 그 아상이라는 놈이 무서운 것은 거기에 탐·진·치 삼독심이 달라붙는다는 것입니다. 욕심과 성냄과 어리석음으로 대상을 정견正見하지 못하고, 그 탐·진·치로 대상을 바라보기 때문에 무섭다는 것입니다.

그래서 어떻게 되느냐, 그것으로 죄를 짓는다는 것이죠. 따라서 우리의 공부는 상 없는 자리에서 오롯한 상을 얻어야 한다는 것입니다. 무수상행식이 되었을 때, 보고 듣고 말하고 생각하는 모든 육근동작이 정행正行을 할 수 있습니다. 원만구족 지공무사하게 육근을 활용할 수 있다는 것입니다.

그렇다면 실제로 우리생활에서 무상의 상을 어떻게 나타낼 것인가? 인간의 삶에는 희로애락이 있습니다. 무상의 상을 나타낸다는 것이 희로애락이 없다는 것인가? 거기에 묶임이 없다는 것이죠. 거기에 매이지 않는 것이지요. 때와 장소에 따라 희로애락을 잘 활용하는 것이 무상의 상을 나투는 것입니다. 기쁠 때 같이 기뻐하고, 슬플 때 눈물 흘리고, 화낼 자리에서는 화낼 줄도 알고, 노래 부를 때는 노래 부를 수도 있어야 하고, 춤을 출 자리에서는 춤을 출 줄도 알아야 합니다. 소태산 대종사께서 바로 그렇게 하셨습니다.

오늘 저의 설교를 정리하겠습니다.
무위는 도가사상의 핵심입니다. 무상은 불교사상의 핵심입니다. 그런데, 정산 종사께서는 무위와 무상을 융합시켜 새롭게 발전시킵니다. 새로운 시대, 개벽시대의 교법은 유위위무위, 함 없음에 근원하여 함 있음을 이루라는 것입니다. 무상상고전, 상 없는 자리에서 오롯한 상을 얻으라는 것입니다.
불보살의 공부는 산속으로 들어가자는 것이 아닙니다. 우리 원불교의 공부는 일을 하지 말자는 것이 아닙니다. 진리의 모습이 무위로 되듯이 욕심이 아니라 양심에 따라, 진리 모습 그대로 유위를 하자는 것입니다. 함 없음에 근원하여 함 있음을 이루는 것이 불보살의 모습입니다.
불보살은 무상의 상을 나투는 분입니다. 테두리가 없는 진리의 모습 그대로 그 상을 나투는 분입니다. 아상 인상 중생상 수자상의 사상을 여의고 성품 그대로 발현하여, 어디에도 걸리지 않는 바람

처럼 자유의 삶을 사는 분이 불보살입니다. 상 없는 자리에서 오
롯한 상을 얻게 되는 것이 불보살입니다.

98. 9. 22

나 없으매 참 나 드러나고

망아진아현忘我眞我現 위공반자성爲公反自成

반갑습니다.

이 법문은 원불교 2대 종법사이신 정산 종사의 법문입니다. 망아진아현, 위공반자성 "나를 잊은 자리에서 참된 나를 나타내고, 공을 위하는 데서 도리어 자기를 이룬다."로 해석되죠.

첫번째는 '망아진아현'입니다.

정산 종사께서는 "망아, 나를 잊은 자리에서, 진아현, 참된 나를 나타내고" 라고 풀이해 주셨습니다. 그러면 앞의 나는 누구이고 뒤의 나는 누구일까요? 앞의 나는 잊어야 할 나이고, 뒤의 나는 찾아야 할 나입니다. 앞의 나는 거짓 나이고, 뒤의 나는 참 나입니다. 앞의 나는 소아 작은 나이고, 뒤의 나는 대아 큰 나입니다.

여기에 제가, '아'가 있습니다. 그런데 '망아', 나를 잊으라. 합니다. 어떻게 잊을까요? '잊을 망' 잊는다는 것은 나를 의식하지 않는 것, 결국 무아가 되는 것을 말합니다.

불교의 가르침에 의하면 근본적으로 나는 무아인데, 현실적인 내가 있습니다. 분명히 이런 모습을 하고, 이렇게 말하는 제가 있습니다. 많은 사람들이 이런 모습의 나를 '참 나'로 착각하며 살아갑니다. 그 나를 절대적으로 생각하고 거기에 욕망의 탑을 쌓아갑니다. 욕망을 채우려 발버둥치고, 그것이 채워지지 않을 때, 또는 그것을 잃었을 때 괴로워합니다. 그런데 이 모습은 나의 참모습이 아니라는 것입니다. 따라서 망아에서의 아는 가아假我요, 순간적인 아입니다. 이 아를 잊고, 놓고, 없애면 결국 진아眞我가 나타나게 됩니다. 그때의 나는 바로 일체중생의 본성, 우리의 본래 성품, 바로 진여실상眞如實相, 일원상으로서의 내가 됩니다.

범부중생들은 부와 명예와 권력 등을 성공의 기준을 삼고 자신만의 욕망의 탑을 쌓아갑니다. 그런데 불보살들은 나의 기준을 진아에 두고 더 나아가 그 진아를 일체만물로 보는 넓은 품을 가지고 있습니다. 대산 종사는 이를 "무아무불아無我無不我; 나 없으매 나 아님이 없다"고 했고, "무가무불가無家無不家; 내 집 없으매 천하가 내 집이다." 라고 그 폭을 더 넓혀주셨습니다. 일체만물이 바로 내가 되고, 천하가 내 집이 된다는 것입니다.

그래서 불보살들은 나를 잊고 이웃을 위해, 세상을 위해 일을 할수 있는 거죠. 망아, 나를 잊는다는 것은 나의 국한을 벗어난다는 것입니다. 이렇게 보면 우리들은 끊임없이 망아, 무아의 자리를 체험해야 합니다. 일차적으로 선과 기도 등을 통해 그 망아, 무아의 자리를 체험해서 참된 내가 나타나게 해야 합니다. 그 참된 나를 알게 되면, 세상의 부귀영화보다 더 소중하고 더 숭고한 가치가 있다는 것을 깨닫게 된다는 거죠. 그리고 세상의 모든 생명과 존재를 내 몸 삼는 '시방일가十方一家 사생일신四生一身'의 불보살의 심법을 갖게 됩니다.

이렇게 보면 망아를 통한 진아는 일차적으로 우리의 본래 성품을 의미할 수도 있지만, 제 생각엔 너른 품을 가진 불보살로서의 모습을 '참된 나', '진아'라고 하신 것으로 볼 수 있습니다. 망아는 작은 나, 소아를 버리고 진아現은 대아, 큰 나가 되자는 것입니다. 다시 말하면, 공인公人으로서의 나, 사은의 보은자로서의 내가 됩니다.

두 번째는 '위공반자성'입니다.

정산 종사께서는 "공을 위하는 것이 오히려 자신을 이룬다."로 해석하셨습니다.

일반적으로 사람들은 자신의 성공을 향해 달려갑니다. '자신을 이룬다.'는 것은 인생의 성공을 말합니다. 그런데 정산 종사는 그 성공의 방법을 위공, 공을 위해서 일하는 것이 인생 성공이라고 말하고 있습니다. 이 의미는 무엇일까요?

소태산 대종사께서는 『대종경』 요훈품 21장에서 이렇게 말씀하십니다. "중생은 영리하게 제 일만 하는 것 같으나 결국 자신이 해를 보고, 불보살은 어리석게 남의 일만 해주는 것 같으나 결국 자기의 이익이 되나니라."

자, 어떠세요? 중생의 영리함은 영리함이 아니죠. 그리고 불보살의 어리석음은 결코 어리석음이 아닙니다. 거꾸로 보면, 가장 어리석은 것은 중생의 영리함이고, 가장 영리한 것은 불보살의 어리석음이라는 것이죠.

세상을 살아가는 데, 네 부류의 삶의 형태가 있습니다. 이기주의, 이타주의, 개인주의, 공도주의입니다. 이기주의는 자기 자신의 이익만을 쫓습니다. 이타주의는 나의 이익을 챙기지 않고 다른 사람을 위해 살아갑니다. 개인주의는 남에게 피해를 끼치진 않지만 자기의 울안에 갇혀 있습니다. 공도주의는 세상을 위해 사는 것입니다. 세상은 이기주의와 개인주의가 날로 팽배해지고 이타주의와 공도주의는 희미해져 가고 있습니다.

교도님들은 어떤 삶을 사시겠습니까. 최소한 원불교인은 동포보은의 강령에 나타난 바와 같이 나도 이롭고 상대방도 이로운 '자리이타自利利他의 삶'을 살아야 한다고 봐요. 그렇지 않나요?

불보살이 누구입니까. 꼭 큰 깨달음을 얻고, 종교의 큰 지도자가 되어야만 불보살입니까? 저는 봉사, 봉공하는 분들, 이분들의 삶이 불보살의 삶이라고 생각합니다. 이웃과 지역을 위해서, 교당을 위해서, 사회를 위해서, 세상을 위해서 기꺼운 마음으로 봉공하시는 분들이 많습니다.

봉공하는 분들을 보면 다들 편안하고, 따뜻하고, 얼굴엔 웃음꽃이 피어있습니다. 그리고 주위를 훈훈하게 합니다. 왜 그럴까요? 그분들에게는 행복 바이러스가 넘치기 때문이죠.

봉공, 봉사하는 대부분의 분들이 "힘들다, 희생한다, 봉사한다." 이러한 말 대신 "내가 기뻐서 하고, 내가 스스로 치유되기 때문에 이런 일을 한다고" 합니다. 결과적으로 그분들이 하는 일은 자기 자신을 위해서 하는 것이 되죠. 자신의 복을 짓는 것이 되죠. 위공반자성, 공을 위하는 것이 도리어 자신을 이루는 것이 된다는 것입니다.

위공반자성은 자신의 성공을 전제로 공중을 위해 일하라는 것이 아닙니다. 공중을 위하다 보면 자신의 성공도, 보람도 얻을 수 있다는 것입니다.

제가 요즘 갖는 즐거움 중 하나는 점심식사 후 창경궁 산책하는 것입니다. 원남교당에 근무하는 교무만이 누릴 수 있는 특권인데요. 물들어가는 가을이 너무 좋습니다. 산책을 하다가 잠시 벤치에 앉아 쉬는데, 문득 이런 생각이 떠올랐습니다. "참 고맙다. 서울 한복판에 이런 아름다운 숲이 있다니." 그러면서 나에게 이러한 기쁨과 행복을 가져다주는 것이 다 공중의 은혜라는 생각이 들었습니다.

'위공반자성', "공을 위하는 데서 도리어 자기를 이룬다." 이렇게 바꿔보면 어떨까요? "공이 풍성하면 개인이 행복하다." 왜 우리가 개인이 아닌 공중을 위해서 일해야 하는가? 공중을 위하면 거기에 속해 있는 수많은 사람들이 행복을 누릴 수 있다는 것이지요. 그 속에 나의 기쁨과 보람과 행복이 함께 한다는 것입니다. 공중과 나를 둘로 보는 것이 아니라 공중에 내가 속해 있고, 공중과 내가 하나라고 생각하면 공중을 위해 일하지 않을 수 없습니다.

여기에 중요한 메시지가 있습니다. 위공반자성은 내가 누군가를 위해서, 공중을 위해서 희생하라는 것이 아닙니다. 내가 하는 일을 나만을 위해서 한다는 것이 아니라 똑같은 일을 하더라도 세상을 위해서 일을 한다는 생각을 가져야 한다는 것입니다. 사농공상의 직업을 가진 모든 사람 사람들이 자기 혼자 먹고살기 위해, 자신의 성공을 위해 살아가는 것이 아니라 세상을 위해 일하다 보면 그 속에 나의 성공도 행복한 세상도 만들 수 있다는 것입니다.

사회적 성공의 기준, 부와 명예와 권력이 인생의 목적이고 꼭 행복의 조건이라고 말할 수 없습니다. 마이크로소프트 빌게이츠 회장은 "온 세계의 사람과 기업의 잠재력을 돕기 위해서", 구글의 회장 래리 페이지는 "세상의 정보를 모두에게 유익하게끔 만들기 위해서"라고 말하고, 페이스북의 회장 마크 주커버그는 "세상을 지금보다 좀 더 열린 사회로 만들기 위해서"라고 그들의 비전을 말합니다. 돈을 벌기 위해, 명예를 얻기 위해서, 권력을 얻기 위해서 일한다는 사람은 없습니다.

그런데 그 사람들이 지금 어떻습니까? 세계적 부호가 되었고, 인생의 성공을 이루었습니다. 역사에 이름을 남긴 자, 모두 개인의 이해를 벗어나 공중을 위해 일한 사람들입니다. 자, 가까이 우리 소태산 대종사님의 비전은 무엇입니까? "파란고해의 일체생령을 광대무량한 낙원으로 인도하기 위해" 원불교라는 교문을 열었고, 그러한 꿈을 가지셨기 때문에 새 시대의 새 부처님으로 우리가 받들어 모시는 것이죠.

최근에 우리 원남교당 네이버 카페에 안은선 님의 노력으로 보산 고문국 종사님 인터뷰가 실렸습니다. 참 진솔하면서 생생한 개인의 역사, 교단과 교당의 역사를 보는 듯해서 읽으면서 깊은 감동과 마주했습니다. 다 아시겠지만, 보산 종사님께서 75세 나이에 교단의 명에 의해 미주 선학대학원대학교 총장으로 가십니다. 가족들이 만류했다고 합니다. 보산 종사님께서는 당신의 업이라고 표현하십니다. 당신에게 맡겨진 소명이라는 것이지요. 이게 쉬운 일입니까? 저는 출가위 심법이 아니면 어렵다고 봅니다. 그런데 이런 공중사, 불사를 하는데 묘하게 이런 분을 도우는 보필지사가 있죠. 정타원님이 그러셨고, 우리 원남교당 교도님들이 그러한 교육 불사에 협력하셨습니다.

사실 저는 이번 설교를 준비하면서 마음이 좀 무거웠습니다. 어깨에 큰 짐을 진 기분이었습니다. 왜냐하면, "너는 지금 무아봉공하는 삶을 살고 있으냐?"라는 물음을 던졌을 때 자신이 없었습니다. 전무출신은 무아봉공하는 사람이라고 배웠습니다. 전무출신의 도 8조를 보면 "마음은 내놓았어도 몸을 내놓지 못한 사람과, 몸은 내놓았어도 마음을 내놓지 못한 사람과 몸과 마음을 다 내놓은 삼종의 별이 있다."고 했습니다. 나는 어느 쪽에 속할까? 과연 나는 몸과 마음을 다 내놓은 전무출신인가? 라는 반성을 해 봅니다. 분명 몸은 교무로서 전무출신의 길을 걷고 있지만, 마음은 오롯하게 공도에 헌신하지 못하는 저를 봅니다.

설교를 정리하겠습니다.
"망아진아현 위공반자성" 이 의두는 세상을 위해 일하는 무아봉공하는 공도자가 많이 나와야 한다는 것입니다. 봉공의 전제는 무아이고 세상을 위해 일하는 것은 진아, 참 나의 실현입니다. 소태산 대종사께서는 마음이 투철하게 열린 사람은 대중을 위하여 일하지 아니할 수 없다고 했습니다.
불보살이 누구냐? 세상을 위하여 일하는 공도자가 불보살입니다. 세상을 위하는 공도자가 많이 나올 때, 이 땅이 낙원이 될 수 있습니다. 공도가 풍성하면 개인이 그 속에서 행복을 누릴 수 있습니다.
감사합니다.

98. 10. 27.

법계를 터럭 끝에 놓고
자유로이 노닐다

대지허공심소현大地虛空心所現　시방제불수중주十方諸佛手中珠

두두물물개무애頭頭物物皆無碍　법계모단자재유法界毛端自在遊

반갑습니다.

오늘 드디어 대적공실 마지막 법문입니다. 이 법문은 원불교 3대
종법사이신 대산 종사의 법문입니다. 대산 종사께서는 나이 30대
에 폐결핵을 앓았는데, 경기도 양주에서 요양을 하고 계셨습니다.
그때 하는 일이 주로 뭐였냐면 망태 하나 짊어지고 산천을 다니면
서 약초도 캐고 성리도 연마하는 일로 소일했습니다. 이때 한 깨
달음을 얻게 되는데 그 소식이 바로 이 법문입니다.

이 의두가 던지는 메시지는 무엇일까요? 한마디로 정리하면 "대
자유인"을 말하고 있습니다. 자, 그러면 본 내용을 차례로 풀어보
겠습니다.

대지허공심소현大地虛空心所現 대지허공은 마음이 나타난 바요

먼저, 대지허공은 다 아시죠? 허공은 하늘, 대지는 땅, 그러니까 천지라고 말해도 되는데, 하늘은 빌 허, 빌 공 텅 비어 있다는 것이고, 땅은 그냥 땅이 아니라 대지, 큰 땅이라는 것입니다. 다시 말하면 유·무형의 일체 세계를 대지허공이라고 말합니다. 심소현은 "마음이 나타난 바"로 해석할 수 있죠. 저는 대지허공이라는 말만 떠올려도 왠지 내 마음이 커지고, 뻥 뚫려 시원한 느낌이 듭니다. "대지허공은 마음이 나타난 바라" 이것이 무슨 뜻일까요?

이 의두에서의 마음은 우주심, 성품으로서의 마음을 가리킵니다. 그 마음은 바로 일원상의 진리가 되죠. 그 마음에서 대지허공이 나타났다고 해도 맞고, 그 마음이 대지허공이다, 라고 말해도 맞습니다.

고려시대의 고승 보조 국사 지눌이 쓴 『수심결』을 보면, "일물一物이 장령長靈하여 개천개지盖天盖地"라는 구절이 나옵니다. 이 뜻은 "한 물건이 길이 신령하여 하늘을 덮고 땅을 덮는다."라는 말입니다. 그 한 물건이 무엇이냐? 마음이라는 것이고, 일원상의 진리라는 것입니다. 그 한 물건인 마음이 하늘을 만들고 땅을 만들었다는 것입니다. 따라서 불교에서 말하는 일체유심조一切唯心造, "모든 것은 오직 마음이 짓는 것이다."라는 말은 일체의 유형 무형, 대지허공이 바로 마음이라는 것입니다.

마음은 대지허공이라는 유무형의 현상 세계 뿐만 아니라 마음 세계의 모든 현상을 만들어냅니다. 마음이 낙원이 되기도 하고, 지옥이 되기도 하죠. 마음으로 모든 것을 그려낼 수 있습니다. 마음으로 미국을 가기도 하고, 아프리카를 가기도 합니다. 그리운 임을 만나기도 합니다. 그 마음이라고 하는 것이 있어서 온갖 조화를 부리죠. 마음 현상뿐입니까? 인류가 만들고 발달시켜온 모든 문명, 누가 만든 것입니까? 결국 마음이 만들어낸 것입니다. 인간의 필요에 의해 마음이 만들어낸 것입니다.

저는 이 의두를 연마하다가 문득 작은 깨달음이 있었는데요. 이 문구를 수행적 입장에서 바라보게 되었습니다. 원래 해석이 "대지허공은 마음이 나타난 바요"인데, 이것을 거꾸로 "마음이 대지허공이다."라고 바꿔 보았습니다.
좀 감이 오시나요? 허공같이 텅 빈 마음, 내 마음의 땅이 좁은 땅이 아니라 넓은 땅이라는 거죠. 그러면 우리가 어떻게 살아야겠습니까? 대지허공 같은 마음으로 살고, 대지허공같이 마음을 써야겠죠.

시방제불수중주十方諸佛手中珠 **시방의 모든 부처님 손안에 구슬이로다.**
여기에서 제불, 모든 부처님은 진리를 깨달은 부처님이고, 수중주, 손 안의 구슬은 부처님 손 안의 구슬이 되죠. 부처님들은 진리, 그 마음을 깨치신 분이고 그 구슬은 깨달음을 통해 얻은 구슬이 되겠죠.

그 구슬은 단순히 보석 정도가 아니라 여의주입니다. 여의如意, 뜻과 같이 되는 구슬. 무궁한 묘리와 무궁한 조화를 갖춘 구슬입니다. 이 여의주를 부처님들은 갖고 계신다는 거죠.

무엇을 통해 그 여의주를 얻느냐? 바로 마음을 깨달아서 그 여의주를 얻을 수 있습니다. 마음 하나를 깨치면 내가 부처가 되는 것입니다. 모든 부처님과 성자들이 하나씩 쥐고 계신 이 구슬을 나도 갖고 있습니다. 나뿐만 아니라 일체 만물이 본래 이 여의주, 마음구슬을 갖고 있습니다.

이렇게 보면, 시방제불은 깨달음을 얻은 성자들만이 아니라 마음을 가진 일체만물이 다 부처라는 뜻이 됩니다. 부처님뿐만 아니라 나와 일체만물이 다 구슬 하나씩을 가지고 있다는 것입니다.

우리 교도님들! 다 각자 여의주 하나씩을 가지고 있는데, 잘 사용하고 계시나요? 용이 여의주를 물어야 하늘로 올라가죠. 모든 중생이 이 여의주를 갖고 있는데, 그 여의주를 밝게 빛나게 할 때 중생에서 부처로 승천할 수 있습니다.

두두물물개무애頭頭物物皆無碍 **이치와 사물에 모두 걸림이 없으니**

여기서 두頭라고 하는 것은 의두의 줄인 말로 이치를 말한 것이고, 물이라는 것은 사물의 줄인 말로써 일을 표현하는 말이 됩니다.

따라서 두두물물은 일과 이치가 되고, 개무애는 모두 걸림이 없다는 것입니다. 다시 말하면 천조天造의 대소유무와 인간의 시비이해에 걸리고 막힘이 없다는 뜻입니다.

우리 인간은 시비이해 속에서 살아갑니다. 시비이해는 우리의 행과 불행의 두 가지 모습입니다. 보통 시비이해에 있어 네 가지 기준이 생기는 데요. 옳으면서 이로운 것, 옳지만 해로운 것, 틀리지만 이로운 것, 틀리고 해로운 것입니다.

명확한 것은 옳으면 이로워야 하고, 틀리면 해로워야 하죠. 그런데 현실에 있어서는 옳지만 해롭기도 하고, 틀리지만 이롭기도 하는 경우가 있습니다. 문제는 이렇게 복잡한 시비이해 속에서 옳고 그름을 바르게 판단하기가 쉽지 않습니다. 이때 지혜가 필요하죠.

그러면 이러한 시비이해의 판단 기준을 무엇으로 삼을 것이냐? 바로 대소유무의 이치가 된다는 것이죠. 대소유무에서 대는 근본 자리, 소는 나타난 현상, 유무는 변화의 모습을 말합니다. 영원한 것이 무엇이냐? 현재적 모습은 어떠한 모습이냐? 이것이 변화한 모습은 어떻게 되느냐? 이 대소유무의 이치를 깨달아 우리 삶에 대입시키면 시비가 분명해지고, 그에 따라 이해에 대한 선택이 명확해진다는 것입니다. 따라서 이치에도 걸림이 없고, 사물에도 걸림이 없는 지혜를 얻게 되면 우리가 행복해질 수 있습니다.

그런데 이치와 일에 두루 통달하는 지혜는 학습 또는 경험으로 얻어질 수 없습니다. 우리 모두가 가지고 있는 마음구슬을 잘 밝히면 거기에서 솟아나는 지혜의 힘, 반야지般若智로 일과 이치에 걸림 없는 대지혜를 얻을 수 있습니다.

법계모단자재유法界毛端自在遊 **법계를 터럭 끝에 놓고 자유로이 놀더라.**
'법계'라는 것은 진리, '모단'이란 터럭 끝으로, 작고 작아서 더 작을 수 없는 자리, '자재유'란 자유로이 놀더라는 뜻입니다. "법계, 진리를 터럭 끝에 놓고 자유롭게 논다." 진리에 대해 얼마나 자신이 있으면, 진리를 얼마나 확실히 깨달았으면 이런 당당함이 나올까 생각해 봅니다.
교도님들! 법계, 진리계라고 하면 크다고 생각하죠. 그런데 법계라는 것이 크기로는 대지허공 같고, 작기로는 터럭 하나 티끌 하나에 불과할 수도 있습니다. 그 법계가 저 허공에 있는 것이 아니라 사실 우리 마음이 바로 법계입니다.

제가 잘은 모르지만 물리학의 세계를 보면, 거시巨視세계에 작용하는 뉴턴 고전물리학이 있고, 원자핵 내부의 미시微視세계를 연구하는 양자역학, 양자물리학이 있습니다.
이현세라는 만화가가 오래전에 『아마겟돈』이라는 만화를 집필했습니다. 그 내용 중에 외계인이 자신들의 과학의 힘으로 물질의 가장 최소 단위인 소립자를 열어보니까, 다른 우주로 통하는 출입구였다는 내용이 나옵니다.

실제로 하버드 대학의 과학자들이 소립자를 입자가속기에서 분석해봤습니다. 그러자 정말 놀라운 현상을 알게 되었습니다. 실험의 결과는 소립자가 순간 파동으로 변하고, 그 파동이 다시 물질, 즉 소립자로 변하는 것입니다. 이 이론이 현대 물리학의 최고 이론인 '진공眞空이론: vacuum diagram' 입니다. 여기서 말하는 진공이란 에너지를 가진 힘의 공간 즉, 에너지 파동이라는 뜻입니다. 진공은 텅 비어서 아무것도 없는 것이 아니라 진공이면서 묘유입니다. 과학에서도 우주 탄생의 비밀을 진공묘유로 설명하고 있음을 볼 때, 종교와 과학의 위대한 만남을 확인할 수 있습니다.

그리고 또 어떻습니까? TV 드라마 같은 것을 보면, 친자 확인을 위해 필요한 것이 뭐죠? 머리카락 한 올이죠. 이것으로 유전자 검사를 해보면 금방 알 수 있죠. 그리고 생명과학에서는 체세포 하나로 동물복제가 가능합니다. 머리카락, 체세포는 작은 것이지만 결코 작다고 볼 수 없습니다. 터럭 끝 하나가 전체를 나타낼 수 있습니다.
불교학에서는 화엄학華嚴學이 있는데요. 이 화엄의 특징을 한마디로 말하면 일즉일체一卽一切, 일체즉일一切卽一 이라고 합니다. 하나가 전체요, 전체가 하나라는 것입니다. 이를 쉽게 설명하면, "사자의 터럭 하나가 바로 사자 전체" 라는 것입니다.

자, 여기에 귤이 하나 있습니다. 다 보이시죠? 귤이 아니라고 할 사람은 한 명도 없습니다. 그런데 직경 7센티 정도인 이 귤은 단순히 귤이 아닙니다. 이 귤은 우주이고, 인생이고, 진리이고, 생명입니다. 이 귤에 천지·부모·동포·법률 사은이 들어 있습니다. 이 귤에 봄·여름·가을·겨울 사계절이 들어 있습니다. 이 귤에 바람과 구름과 비와 서리와 눈이 들어 있습니다. 이 귤에 농부의 땀과 정성이 배어 있습니다. 이 귤에 제주도민의 경제가 들어 있습니다. 참 신기합니다. 이 귤이 어디서 왔는가? 이 귤의 모양과 색깔, 그리고 맛을 생각해보면 참 오묘합니다. 우리는 이 작은 귤 하나를 통해서도 우주와 인생과 진리와 생명을 보고 느낄 수 있습니다. 터럭 끝 하나를 통해서도 진리와 마주할 수 있습니다.

제가 이 자리에서 설교를 하고 있습니다. 이 설교는 이 법당에만 울리는 것이 아니라 일체법계一切法界에 전달됩니다. 제가 이곳에서 기도를 합니다. 이 기도가 시방삼계十方三界 일체생령一切生靈에게 미쳐 갑니다.
그것이 가능한 이유가 무엇인가. 우주, 일체만물과 내가 하나이고, 우주심이 바로 나의 마음이기 때문입니다. 대지허공, 마음, 법계, 구슬. 이것이 결국은 다 하나입니다.
그런데 내 마음이 때로는 대지허공이 되기도 하고, 또 때로는 바늘 끝 하나 들어갈 수 없을 정도로 작은 마음이 되기도 합니다. 마음 하나가 낙원이 되기도 하고 지옥이 되기도 합니다. 마음을 깨달아 마음의 자유를 얻은 자가 불보살입니다. 마음이 곧 대지허공이 되고, 법계를 이루게 됩니다.

"법계를 터럭 끝에 놓고 자유로이 놀더라." 법계를 자유할 수 있는 비법이 무엇인가? '마음구슬', 이것을 깨달아 아는 것이 바로 성리 공부입니다. 이 자리를 알아서 대 자유인, 대 해탈인이 되시길 염원 드리면서 저의 설교를 마치겠습니다.

감사합니다.

98. 11. 24.

양계의 인증과
음계의 인증

이 의두성리로 교단백주년을 앞두고 대정진 대적공하자.
양계 인증과 더불어 음계 인증이 막 쏟아져야 한다.

반갑습니다.

오늘 이 시간엔 의두와 성리, 그리고 양계 인증과 음계 인증에 대해 중점적으로 살펴보겠습니다.

"이 의두성리로"라고 시작하고 있는데요. 여기에서의 '이'는 앞의 대적공실 법문 6개를 가리킵니다. 복습 겸 지금까지 우리가 연마했던 대적공실 법문 그 제목만 살펴볼까요?

첫 번째가 "세존이 도솔천을 떠나지 아니하시고 이미 왕궁가에 내리시며 모태 중에서 중생 제도하기를 마치셨다 하니 그것이 무슨 뜻인가" 두 번째는 "세존이 열반에 드실 때에 내가 녹야원으로부터 발제하에 이르기까지 이 중간에 한 법도 설한 바가 없노라 하

셨다 하니 그것이 무슨 뜻인가" 세 번째는 "고불미생전 응연일상
원 석가유미회 가섭기능전" 네 번째는 "변산구곡로 석립청수성 무
무역무무 비비역비비" 다섯 번째는 "유위위무위 무상상고전 망아
진아현 위공반자성" 마지막 여섯 번째는 "대지허공심소현 시방제
불수중주 두두물물개무애 법계모단자재유" 다들 기억나시나요?

의두와 성리

우리가 대적공실 법문을 연마하면서 이런 생각을 먼저 해봅니다.
'도대체 의두·성리가 뭘까? 의두와 성리가 같은 것인가, 다른 것
인가?' 원불교 공부를 좀 했다 하는 분도 의두와 성리의 차이를 명
확하게 구분하는 것은 쉽지 않습니다.
교도님들! 의두가 무엇입니까? 성리가 무엇입니까? 의두와 성리
는 어떤 점이 같고 어떤 차이가 있습니까? 사실 이 의두 성리만
가지고도 몇 시간을 이야기할 수 있습니다. 하지만 오늘은 그 개
념에 대해 간략히 짚고 넘어가는 수준으로 하겠습니다.
의두와 성리에 대한 설명은 원불교 기본경전인 『정전』에 분명하
게 나와 있습니다. 어디에 나와 있는지 아시죠? 정기훈련법 11과
목 중 사리연구에 속하는 공부법으로 나와 있습니다. 그 원문을
살펴볼까요? 찾으셨으면 다 함께 읽어 보시겠습니다.

> "의두는 대소유무의 이치와 시비이해의 일이며 과거 불조의 화두
> 중에서 의심나는 제목을 연구하여 감정을 얻게 하는 공부이니,

이는 연구의 깊은 경지를 밟는 공부인에게 사리간 명확한 분석을 얻도록 함이요."
"성리는 우주만유의 본래 이치와 우리의 자성 원리를 해결하여 알자 함이요."

좀 어려우신가요? 사실 이 간단한 표현에 불교 화두선話頭禪의 핵심과 유교 성리학의 핵심이 자리하고 있습니다. 이 내용을 자세히 살펴보면 복잡하고 어려우니까, 간단하게 그 의미만을 살펴보겠습니다.

간단하게 정리해 보면, 의두와 성리는 크게 보면 일과 이치인 사리를 연구한다는 점에서는 같고, 그 공부 방법은 의두가 분석에 가깝다면 성리는 직관直觀으로 정리할 수 있습니다.

분석이라는 것은 낱낱이 쪼개는 공부이고, 직관은 통째로 본다는 의미가 있습니다. 또한 의두는 그 일 그 일에서 알음알이를 구하는 공부이고, 성리는 마음의 원천수, 원천광명을 개발하는 것이라고 말할 수 있습니다.

소태산 대종사께서는 이 의두와 성리공부를 사리연구 방법으로 나누어 밝힌 이유가 있습니다. 그 이유는 현대사회에서는 이 두 가지 공부가 꼭 필요하다는 것입니다. 현대의 복잡하고 급변하는 세상에서는 바르고 빠른 판단력을 필요로 하고요. 또 한편으로는 본래의 온전한 마음을 필요로 합니다.

바르고 빠른 판단력은 의두 연마를 통해 얻을 수 있고, 온전한 마음은 성리 단련을 통해 얻을 수 있습니다. 소태산 대종사께서는 새로운 시대, 개벽시대에 맞게 의두와 성리의 장점을 상호 보완하여 새로운 가르침으로 향상 발전시켰다고 볼 수가 있습니다.

대적공실 의두성리 6조목과 관련해 보면, 어느 것이 의두이고 어느 것을 성리라고 나누는 것은 어리석은 일입니다. 그 6조목을 의두로 연마하는 경우와 성리로 단련하는 방법이 있을 수 있습니다. 하나 하나 낱낱이 의미를 밝히는 것이 의두 연마라면, 성리단련은 그 의미를 통째로 삼켜버리는 것입니다. 통째로 삼킨다는 것은 분석을 놓고, 그 의두를 관조하는 것입니다. 그래서 일체의 삿된 생각과 근본적인 어리석음인 무명과 오랜 시간을 걸쳐 쌓아온 업의 장벽 등을 가라앉히고 녹여내는 것입니다.

이 여섯 가지 법문을 종합해보면, 의두를 통해서 또는 성리를 통해서도 연마하고 단련하는 공부가 필요하다는 것이죠. 저는 의두와 성리공부의 방법을 이렇게 정리하고 있습니다.
"의두로 들어가고 성리로 푼다."
의두를 통해 이것이 무슨 뜻인가 끊임없이 연마하고 궁구하는 노력을 하고, 결국 성리라는 하나의 세계, 텅 빈 진공의 세계로 들어가 모든 것을 풀어내야 한다는 것입니다.

소태산 대종사님의 구도와 대각의 과정을 살펴보면 의두와 성리 공부가 명확해집니다. 소태산 대종사님의 구도는 7세부터 우주와 인생의 의문으로 시작하죠. 소태산 대종사님에겐 모든 것이 다 의문이었습니다. 이 의문이 의단疑丹이 되고 결국 이 의문마저도 놓아버리는 대선정의 상태에 들게 됩니다. 이 대선정의 상태가 바로 성리의 세계에 합일한 것으로 볼 수 있습니다. 우주와 하나 되는 경지, 자성과 하나 되는 경지를 통해 결국 큰 깨달음인 대각에 이르렀다고 볼 수 있습니다.

요즘 저의 의두는 '교화'입니다. 저의 뇌 구조 속에 교화라는 단어가 적어도 80%는 차지하고 있는 것 같습니다. 제가 원남교당에 부임한지 1년이 되어갑니다. 저는 원남교당의 10년 후 모습을 생각해 봅니다. 그러면서 제 나름대로 내린 결론은 청년층 교화, 3040 교화가 살아나지 않으면 원남교당의 미래가 없다는 결론을 내렸습니다.

가정에서도 어떻습니까? 자녀들 교육을 위해서는 아끼지 않고 투자하잖습니까? 저희 집도 월수입의 50% 정도를 애들 교육에 투자하고 있습니다. 저도 집에 가져다주는 돈이 없어서 제 아내인 정토에게 미안하지만, 없는 살림에 왜 그러겠어요? 부모로서 아이들의 미래를 저버려서는 안 되기 때문이죠.

원남교당 교화! 교무들만의 고민, 화두가 아니라 교당의 미래를 생각하는 모든 교도님들의 화두가 되어야 한다고 생각합니다. "혼자 하면 꿈이지만 함께 하면 현실이 된다."는 말이 있습니다. 원남교당 교화를 위해 연마하고 궁굴리는 의두연마를 계속해야 합니다. 그러면서 텅 빈 마음, 맑고 깨끗한 청정자성의 자리에 합일하는 성리공부를 꾸준히 하는 우리 공부인이 되면 좋겠습니다.

다음은 양계 인증과 음계 인증의 의미입니다.
"양계 인증과 더불어 음계 인증이 막 쏟아져야 한다."고 했습니다. 인증이라는 뜻은 "인정하고 증명하는 것"이죠. 요즘 '인증샷'이라는 것이 유행인데요. 인증샷이란 "보여주기 위해 찍는 사진"을 말합니다.
내가 제주도를 다녀왔는데, 무엇으로 증명하느냐? 인증 샷이 있으면 되죠. 내가 열심히 정진적공을 했어요. 이것을 무엇으로 증명을 하나? 양계 인증과 음계 인증이 필요하다는 것입니다. 양계와 음계에서 도장을 "꽝" 하고 찍어줘야 한다는 것입니다.

양계의 인증
양계 인증은 드러난 세계로부터 인증을 받는 것입니다. 드러난 세계는 무엇입니까? 세상은 보이는 세계와 보이지 않는 세계가 있죠. 보이는 세계, 양계 인증은 무엇을 말할까요? 대중으로부터 인증을 받는 것입니다. 또한 양계의 인증을 받는다는 것은 법의 실력으로 인증을 받는 것입니다. 하는 말과 하는 행동이 법에 맞는 거죠. 교법으로 인증을 받고, 스승으로부터 인증을 받아야 한다는 것입니다.

공부를 열심히 하면 뭔가 달라져야죠. 말과 행동과 마음 씀씀이가 달라집니다. 예전의 그 모습이 아닙니다. 가장 가까운 사람부터 알아보죠. 가족, 이웃, 동료. 이러한 사람들로부터 인증을 받아야 합니다. "저 사람 원불교 다니는데 인격적으로 확실히 뭔가 달라." "○산님, ○타원님. 저분들은 공부한 분들이라 확실히 달라." 이런 인증의 소리를 들어야죠.
예전과 달리 원불교라는 종교도 세상으로부터 건실한 미래의 종교로 인증을 받고 있습니다. 많은 사람들이 원불교에 호감을 갖고 좋게 생각합니다. 이것이 양계 인증이라는 거죠.

올해 청년회에서 올라온 젊은 여자교도님이 결혼 후 오랫동안 쉬다가 교당에 다시 나오기 시작했습니다. 교당에 나오니까 본인도 좋지만 교당에 안 나오는 남편분이 아주 좋아한답니다. 왜 그러겠어요? 교당에 다녀오면 그 교도님 얼굴부터 달라진대요. 생기가 넘치고, 얼굴이 밝고, 가정 분위기가 좋아졌답니다. 원불교 갔다오면 이렇게 좋아하니, 남편분이 교당 가는 걸 반대하겠어요? 교당까지 차로 데려다 준답니다. 아직 교당 문턱을 넘지 않아서 그렇지, 그 남편분도 곧 교당 나올 것 같습니다.
우리 원남교당 젊은 교도님들 앞으로 기대해 주세요. 지금 30대가

재적 인원으로는 딱 30명 정도인데, 한 반절 정도만 나오고 있습니다. 그런데 앞으로 2~3년 안에 한 100명 정도 되리라 희망해 봅니다. 우리 선배 교도님들이 격려와 후원을 많이 하면 할수록 교당의 미래로 쑥쑥 커나갈 것입니다.

애들도 한창 클 때 잘 먹어야 키가 쑥쑥 크더라고요. 저희 집 작은애가 초등학교 6학년인데, 요즘 하루에 다섯 끼를 먹습니다. 우리 아이 표현으로 먹으면서도 배가 고프대요. 그렇게 잘 먹으니까 애가 올 한해 20Cm가 커버렸어요. 그래서 초등 6학년인데 키가 176Cm 입니다. 이제 저보다 더 큽니다.

3040 교도님들이 원남교당의 희망입니다. 앞으로 한창 커나가야 할 세대입니다. 이 3040세대가 하루에 네 끼, 다섯 끼씩 먹고 쑥쑥 크면 좋겠습니다. 그래서 조만간에 3040세대가 한 200명이 되도록 우리 모두가 함께 응원하고 기원하면 좋겠습니다.

음계의 인증

음계의 인증은 보이지 않는 법계, 진리계로부터 인증을 받는 것입니다. 음계의 인증은 잘 드러나지 않습니다. 교도님들 다 아시다시피, 우리 교단의 아홉 분 선진님들은 법계에 사무치는 서원으로 '백지혈인'이라는 법계의 인증을 받으셨죠. 소태산 대종사께서 백지혈인의 이적이 나타남을 보시고 『대종경』 서품 14장에서 이렇게 말씀하십니다.

"그대들의 마음은 천지신명이 이미 감응하였고 음부공사가 이제 판결이 났으니 우리의 성공은 이로부터 비롯하였도다."

말씀과 같이 우리 교단은 법계로부터 인증 받은 교단이고, 오늘의 원불교는 법계 인증으로부터 시작되었다고 볼 수 있습니다.

그런데 드러난 인증은 사실과 다를 수 있습니다. 우리도 말이나 표정으로는 좋은 말과 좋은 표정을 지을 수 있습니다. 그러나 마음속으로는 그렇지 않은 경우도 있죠. 겉으로는 칭찬하지만, 속으로는 비난하는 경우도 있습니다. 음계의 인증이란 보이지 않는 마음의 인증이고, 보이지 않는 진리로부터의 인증입니다.

내 법력, 내 마음의 힘은 부족한데 대중이 잘 못 알고 대우하면 어떻습니까? 등에서 식은땀이 나죠. 진리 앞에 빚 지는 것이 되죠.

음계의 인증을 받는다는 것은 깨달음의 한 소식을 얻는 것입니다. 기독교식으로 말하면 하나님으로부터 계시를 받는 것입니다. 어느 교도님이 온 정성을 다해서 열심히 기도를 하셨는데, 하루는 돌아가신 아버님께서 꿈속에 나타나셔서 "네가 수고했다." 하시더랍니다. 음계의 인증이죠. 법계로부터 한 소식을 얻고, 법계로부터 인증을 받았을 때 진리 앞에 당당할 수 있습니다. 진리를 마음대로 부려 쓰는 자유자재를 얻을 수 있습니다. 이런 사람이 바로 법계의 주인입니다.

그런데 우리가 공부하는 데 있어 중요하게 생각할 것이 있습니다. 내가 좀 알았다고, 내가 좀 공부했다고 티를 낸다거나 오만해서는 안 된다는 것입니다. '보림함축保任含蓄'이란 말이 있는데요. 깨달음을 얻었다 해도 그 깨달음의 빛을 함부로 쓰지 않고 저축하는 것입니다. 보림함축을 제대로 했을 때 확실한 음계의 인증을 받을 수 있습니다. 말도 보림함축에서 나온 말이 사람들에게 감동을 주죠. 깊은 공감을 얻고 마음의 심금을 울릴 수 있습니다.

자, 마지막이 "양계 인증과 음계 인증이 막 쏟아져야 한다."고 했는데요. 교도님들! 혹시 참깨 털어보셨나요? 저도 시골 출신이라 깨를 털어 봤는데요. 깨 터는 재미가 있습니다. 잘 익은 깨를 작대기로 털면 어떻게 되죠? 깨가 막 쏟아집니다. 수도 없이 쏟아집니다. 그것을 보면 신이 나죠. 농사지으면서 고생했던 거 다 잊어버리게 됩니다.

교도님들 생각해 보세요. 대산 종사님께서 이 대적공실 법문을 내놓고, 이 법문을 통해 수많은 불보살들이 깨 쏟아져 나오듯이 막 쏟아진다면 얼마나 기뻐하시겠습니까. 소태산 대종사께서 얼마나 흐뭇해하시겠습니까?

설교를 마무리하겠습니다.
오늘로서 대적공실 법문이 마무리됩니다. 내년 새해부터는 『정전』에 나와 있는 〈의두요목〉을 가지고 공부하는 시간을 가질 예정입니다.

올 한 해 동안 쉽지 않은 제 설교를 경청해 주셔서 대단히 감사합니다. 내년에는 좀 더 쉽고, 간명하고, 감동적인 깨달음의 소식으로 교도님들과 함께 공부할 것을 희망하면서 오늘 저의 설교를 마치겠습니다.

감사합니다.

98. 12. 15.

3부

의
두
요
목

오직 내가 홀로 존귀하다

세존이 탄생하사 천상 천하에 유아독존唯我獨尊이라 하셨다 하니 그것
이 무슨 뜻인가.

〈의두요목 2〉

반갑습니다.

먼저 석가모니 부처님의 탄생에 관한 이야기를 말씀 드려야겠네요.

석가모니 부처님의 탄생은 실화라기보다 설화에 가깝다고 할 수
있습니다. 매우 신비롭게 묘사되어 있습니다. 인도문화는 신神의
문화이고, 신의 세계는 신비로움이 가득 차 있고, 그에 대한 찬양
이 가미되어 있습니다. 그래서 우리는 설화를 사실로 받아들이는
것이 아니라 상징, 암시로서 이해를 해야 합니다.

부처님은 인도대륙의 북쪽 '카필라바스투' 라는 작은 나라의 왕자
로 태어나셨습니다. 아버지는 숫도다아나 왕, 보통 정반왕이라고
하고, 어머니는 마야데비로 보통 마야 부인이라고 합니다.

마야 부인은 그 당시 관습에 따라 해산을 하기 위해 친정으로 가다가 아름다운 봄 햇살로 눈부신 룸비니 동산에서 잠시 쉬게 되었습니다. 룸비니는 산스크리트어로 'the lovely 자비롭게'라는 뜻이라고 합니다.

따스한 봄별 속에 아쇼카 꽃들이 아름답게 피어 있는 것을 보고, 왕비인 마야가 오른팔을 들어 올려 그 꽃가지를 꺾으려는 순간 왕자가 탄생하게 됩니다. 갓 태어난 왕자는 일곱 걸음을 걸으며 한 손으로는 하늘을, 다른 한손으로는 땅을 가리키며, "하늘 위와 하늘 아래서 오직 나만 높도다. 세계가 모두 괴로움이므로, 내가 장차 편안하게 하리라."라고 선언합니다.

'천상천하 유아독존'이라는 말을 처음 들어보신 분은 없으시겠죠. 너무나 유명한 말입니다. 해석은 "하늘 위, 하늘 아래에 오직 나 홀로 존귀하다"라고 풀이할 수 있습니다.

이 의두의 핵심은 '나'라는 존재를 어떻게 규정할 것인가 입니다. 정답을 미리 말씀드리면, "나는 세상에서 가장 고귀하다."

오늘 저는 '왜 나는 세상에서 가장 고귀한 존재인가?' 그리고 '그 존귀함을 어떻게 찾을 것인가'에 대해 말씀드리겠습니다.

우리가 먼저 알아야 할 것이 있는데요. 『정전』〈의두요목〉에는 나와 있지 않은 내용이 있는데, 태어나자마자 일곱 걸음을 걸었다는 것과, 유아독존을 외친 뒤에 '삼계개고三界皆苦 아당안지我當安之'라

해서 "세계가 모두 괴로움이다. 내가 장차 편안케 하리라." 라는
선언입니다.

일곱 걸음을 옮기다

먼저 태어나자마자 일곱 걸음을 옮겼다는 뜻은 무엇일까요? 7이
라는 숫자는 서양에서는 럭키세븐이라고 해서 행운의 숫자를 말
합니다. 동양에서 7은 변화의 숫자입니다. 우리가 쉽게 알 수 있
는 7.7재식 천도재도 7이라는 숫자가 중심이 되죠.

일곱 발자국을 걸었다는 것은 인도문화에서 유래했습니다. 인간
은 그 지은 바에 따라서 가장 열악한 지옥부터 아귀, 축생, 수라,
인간, 천상 이렇게 육도를 윤회하게 되는데, 인도 당시의 문화는
인간은 복을 지어서 천상에 태어나는 것이 목표였습니다.

그러나 불교의 가르침은 육도윤회의 굴레에서 벗어나 해탈을 얻는
것입니다. 해탈이란 산스크리트어로 '비모크샤 vimoksa'인데, 이 뜻
은 "풀다"라는 의미이며, 보통 "해방"이라고도 풀이됩니다. 즉 해탈
이란 "묶여있는 것을 풀어 벗어난다."는 것입니다. 이런 뜻으로 보면
해탈은 곧 자유를 의미합니다. 부처님은 천상의 세계에 머무시는
분이 아니라 윤회를 벗어나 해탈을 성취하신 분입니다. 여섯 걸음
이 중생의 걸음이라면 일곱 걸음은 바로 부처님의 걸음입니다.

저희들 공부도 그런 것 같아요. 한 걸음 더 내딛기가 참 어렵습니
다. 항상 쳇바퀴 돌듯 반복되는 습관에 의해 움직이죠. 한 걸음을

더 내딛는 정진의 용기가 필요합니다. 한 마음 더 내는 수행심이 필요합니다. 부처로 내딛는 한 걸음이 필요합니다.

천상천하 유아독존

천상이란 하늘 위, 신들의 세계를 말합니다. 천하란 하늘 아래, 인간의 세계를 말합니다. 유아독존이란 "오직 내가 홀로 존귀하다."라고 해석됩니다. 천상천하 유아독존이란 "세상에서 내가 홀로 존귀하다"는 뜻입니다.

유아독존, "오직 내가 홀로 존귀하다." 내가 가장 잘났다는 뜻일까요? 다른 사람은 보잘 것 없는데 나만 고귀하다는 뜻일까요? 잘못 이해하면 자칫 오만한 표현으로 들릴 수 있습니다. 그런데 여기에서 '나'는 누구일까요? 문맥상으로 보면 석존, 부처님이죠. 당연히 부처님은 존귀한 분입니다. 그렇다면 이 화두가, 부처님은 세상에서 가장 존귀한 분이시니 칭송하고 받들어야 한다는 의미일까요?

그렇지 않습니다. 여기에 강조되지 않은 두 개의 숨은 그림, 힌트가 있습니다. 하나는 '탄생하사'이고, 또 하나는 '홀로 독'의 의미입니다. 의두·성리 공부의 묘미가 여기에 있습니다.

세존은 석가모니 부처님만이 아니라 우리 모두가 세존이라는 것이고요. 탄생은 석가모니 부처님의 탄생이 아니라 우리 모두의 탄생을 의미합니다. 이전까지 유아독존의 자리는 신神들의 차지였습니다. 그런데 세존의 탄생으로 유아독존의 자리가 인간으로 내려옵니다. 홀로 독獨의 의미는 '나만이', 영어로 'only'가 아니라 'for oneself 스스로'의 의미를 갖습니다. 우리가 '독립'이라는 말을 쓸 때에도 홀로 선다는 의미보다 스스로 섬을 '독립'이라고 하는 것과 같다 하겠습니다. 그리고 그 '유아'에서의 아는 나만을 가리키지 않습니다. 모든 사람, 모든 존재의 입장에서 보면 '나'이기 때문에 일체 존재를 의미합니다.

자, 그럼 왜 나는 고귀한 존재인가?

일반사회에서 말하는 인간의 고귀함은 인간의 존엄성과 관련되어 있습니다. 인간이 존엄하다는 것은 인간이기 때문에, 생명을 가진 존재로서 고귀하다는 것입니다. 요즘 우리가 인권에 대해 많은 이야기를 하는데, 인권의 출발이 인간의 존엄성에 있고, 이것은 인간의 행복추구권과도 연결되어 있습니다. 인간은 신분, 지위, 재산에 관계없이 누구나 평등한 존엄성을 갖는다는 것입니다.

천부적인 존엄성 외에도 인간은 그 모습 그대로 존재의 이유가 있습니다. 인간뿐 아니라 나무 한그루, 풀 한포기, 돌맹이 하나까지 우리가 하찮게 여기는 것까지도 세상에 존재하는 이유가 있습니다. 생태계, 자연의 질서를 위해서는 우리가 해롭다고 생각하는 것들이 꼭 있어야 할 존재라는 것이지요. 그래서 우리 원불교에서는 천지·부모·동포·법률 사은을 생명적 관계로서 절대은이라 하고, 천지만물 허공법계를 부처로 보는 처처불상處處佛像 신앙이 자리하고 있습니다.

불교나 원불교에서는 불성을 가진 존재로서의 존엄성을 말합니다. 좀 더 쉽게 말하면 모두가 부처로서 존엄하다는 것입니다. 부처를 확인하는 것, 성품을 발견하는 견성 공부, 이것이 인간존엄의 출발입니다.

그래서 수행자에게 가장 처음으로, 그러면서도 가장 중요한 화두가 뭐냐면, "나는 누구인가?"라는 화두입니다. 불교 화두 중에 "이 뭣고?"라는 화두가 있는데, 이 또한 존재에 대한 물음입니다. 서양철학에서는 이를 실존주의existentialism라고 말합니다. 실존주의는 '나는 누구인가?', '나는 어떻게 살아야 하는가?'와 같이 '나'라는 구체적인 존재를 중심에 놓고 고민하는 철학입니다. 이런 점에서 '천상천하 유아독존'의 외침은 인간실존의 외침이며, 불교 실존주의 철학의 대표적인 물음이라고 할 수 있습니다.

그러면, 나라는 존재는 어떻게 설명할 수 있을까? 크게 세 가지 모습으로 나를 설명할 수 있습니다. 육신의 나, 정신의 나, 법신으로서의 나입니다. 대체적으로 일반사람들은 육신의 나와 정신의 나를 합쳐 '나'라고 생각하며 살아갑니다.

보시다시피 외적으로 보이는 육신의 모습이 있습니다. 그리고 보이지는 않지만 이 보이는 나를 조종하는 정신적인 내가 있습니다. 불교에서는 이 외적 모습을 색色이라고 하고, 내적 모습을 수상행식受想行識이라고 말합니다.

제가 이런 모습을 하고 있고, 이렇게 말하고 생각하는 내가 있습니다. 이 몸은 지수화풍地水火風 사대四大로 이루어진 것이고, 죽으면 지수화풍 사대로 흩어져 버릴 몸입니다. 수상행식의 정신 또한 인연 따라 생겨나는 것이지 절대적인 나라고 할 것은 없습니다. 그래서 불교에서는 '제법무아諸法無我'라고 말합니다. 어떤 절대적인 것은 없다는 것입니다. 「반야심경」에서도 보면, '무색', '무수상행식'이라고 말합니다. 색도 없으며, 수상행식도 없다는 이 말은 육신도 없고, 정신도 없다는 것이 됩니다. 그리고 색수상행식 이 오온五蘊은 개공皆空이라, 모두 공했다고 가르치고 있습니다.

그리고 아주 중요한 가르침이 뭐냐면, '조견오온개공照見五蘊皆空 도일체고액度一切苦厄' 한다고 말합니다. 색수상행식 오온이 공한 것인 줄을 알면 일체의 고액을 벗어난다는 것입니다. 다시 말하면 일체의 고액이 어디서 오느냐? 바로, 몸과 마음(ego)에서 비롯한다는 것입니다. 몸과 마음에서 비롯되는 욕망, 이것이 모든 고통의 원인이라고 불교에서 가르치고 있습니다.

보통 우리가 괴로움이나 번뇌를 108번뇌라고 하는데, 왜 108일까요? 안이비설신의 육근의 6, 색성향미촉법 육경의 6. 이것이 만나서 일으키는 작용이 36. 여기에 과거 현재 미래 3을 곱해서 108이 됩니다. 따라서 이 고통에서 벗어나는 방법은 육근과 육경뿐만 아니라 그 접촉으로 일어나는 모든 분별식심이 공하다는 것을 알았을 때 괴로움에서 벗어날 수 있다는 것입니다.

우리는 자기가 아닌 것을 자기로 착각하고, 영원하지 않은 것을 영원할 것이라고 착각하며 살아갑니다. 이 몸을 내 것이라 생각하고, 젊음이 영원할 것이라 생각합니다. 내가 사랑하는 사람과 영원히 함께 할 것이라고 생각하고, 내가 가지고 있는 것이 없어지지 않을 것이라 생각합니다. 이 모든 것들이 영원할 수 없습니다. 만약 거기에 집착하고 고집하면 괴로움이 따르게 됩니다.

그렇다면 천상천하에 유아독존하는 아我는 어떤 '나'인가? 무색 무수상행식으로서의 '나'를 말합니다. 다시 말하면 이 육신을 '나'라 하지 않고, 나의 자아(ego), 사고, 관념, 가치관 등 내가 만들어 낸 정신세계를 '나'라고 하지 않는다는 것입니다. 오온이 모두 공한 '나'야말로 유아독존 한다는 것입니다.

이렇게 복잡한 말보다는 '참 나'가 청정자성임을 알게 되면 거기에는 괴로움도 즐거움도 없는 지존의 자리를 얻게 됩니다. 청정자성이 유아독존 하는 나이고, 이것이 법신으로서의 나이고, 영원한 나입니다. 이 자리를 분명히 아는 이것이 불교 공부의 핵심이고, 모든 수행의 출발이 된다는 것입니다.

저는 이 화두를 연마하다가 이런 생각이 들었습니다. 내가 부처인가? "원래가 부처"라는 말에는 현실적 모습은 부처가 아니라는 말도 된다는 것이 되죠. 다시 말하면 본래의 나와 현실의 나 사이에는 큰 간격이 있을 수 있다는 것입니다. 이런 점에서 우리는 현실의 나를 바라보는 시각이 필요하다는 생각입니다.

화두 연마와는 다소 생소하겠지만 자아존중감과 콤플렉스 complex라는 용어가 있습니다. 이 용어는 심리학에서 널리 쓰이죠. 현대사회에서 대중화된 단어입니다. 자아존중감이란 자신이 사랑받을 만한 가치가 있는 소중한 존재이고 어떤 성과를 이루어낼 만한 유능한 사람이라고 믿는 마음입니다. 특히 청소년기에 자아존중감의 형성은 매우 중요합니다. 이에 반해 콤플렉스는 '열등감'이라고 표현하는데, 이 열등감에 빠진 사람은 자기 자신을 무능하고 무가치한 존재로 여기며 무의식 속에서 자기를 부정하기도 합니다.

정도의 차이가 있을 뿐 사람이라면 누구나 콤플렉스가 있습니다. 2010년 잡코리아에서 조사한 바에 따르면, 우리나라 직장인은 외모(43.3%)에 가장 큰 콤플렉스를 느낀다고 합니다. 다음으로 20.1%가 학벌 콤플렉스, 영어(16.9%), 착한 성격(9.2%) 등이 뒤를 이었습니다. 외모 중에서도 특히 키(39.0%), 몸무게(28.6%)의 순위가 높았다고 합니다.

이러한 외적 콤플렉스 외에도 사람이 실패를 맛보게 되면 깊은 좌절감에 빠지게 됩니다. 삶을 절망하게 되고, 자신이 "나약하고 무능력하다."라고 생각하게 됩니다. 심하면 극단적으로 자살을 하는 불행한 선택을 하기도 합니다.

가까운 주위에서 계속되는 사업 실패로 깊은 좌절감에 빠진 분을 본 적이 있습니다. 거듭 실패를 하다 보니 자신감은 떨어지고 자신의 존재감에 깊은 회의가 생겼다고 합니다. '나는 노력해도 안 돼.' 사람 만나는 것이 싫고, 만사가 귀찮게 느껴집니다. 원망심도 생깁니다. 그때 이런 생각이 들었다고 합니다. '사람이 깊은 좌절감에 빠지게 되면 자살이라는 극단적인 선택을 하겠구나.'

이런 괴로움 속에서 헤쳐 나올 수 있는 방법은 무엇이 있을까요? 결국, 몸부림치고 일어서야 할 사람은 자신이죠. 그런데 그 옆에서 도와주는 사람이 있어야 합니다. 격려를 해주고, 용기를 주고 희망을 이야기해 줄 수 있는 사람이 있어야 합니다. 좌절과 절망을 용기와 희망으로 바꿔주는 사람이 필요합니다. 그렇게 옆에서 도와주고 힘을 줄 수 있는 사람이 누구라고 생각하십니까? 바로 가족이고, 도반이고, 스승님입니다. 우리는 신앙의 힘으로, 수행의 노력으로 어렵고 힘든 경계를 극복할 수 있습니다.

우리가 진실로 깨달아야 할 것은, 자신의 존재감을 세상의 기준에서 찾으려 해서는 안 된다는 것입니다. 세상의 가치, 부와 명예와 권력 이러한 것을 통해 존재감을 찾으려는 사람은 항상 굶주릴 수밖에 없습니다. 욕망을 통해서는 절대로 유아독존의 자리를 얻을 수 없다는 것입니다. 그것을 구하면 구할수록 그 자리와는 멀어지게 됩니다.

세상의 기준이 그렇습니다. 인간 본연의 모습을 보고 평가하지 않습니다. 스스로도 자신의 본래 모습을 통해 자존감을 찾는 것이 아닙니다. 밖으로 보이는 모습, 외적 성과를 통해 평가합니다. 세상의 많은 사람들이 행복을 밖에서만 구하려고 합니다. 누군가 나를 알아주고 칭찬해 주면 행복하고, 돈이 조금 더 있으면 지위가 조금 더 높아지면 행복해 합니다. 그렇지 않을 경우 '나는 불행하다.' 라고 생각합니다. 자기를 잃어버리고 온갖 경계에 이끌려 우왕좌왕하면서 살아가고 있습니다.

나의 삶을, 나의 행복을 누가 만들어 주지 않습니다. 결국 행복도 불행도 내가 만들게 되는 것이죠. 그러기 때문에 내가 존귀하다는 것입니다. 행복과 불행의 주체가 되기 때문입니다.

자신의 삶에 주인이 되는 것. 이것이 현실에 있어 천상천하 유아독존의 모습입니다. 그런데 이 유아독존의 자리를 찾는 데 가장 확실한 방법이 무엇이냐? 선과 성리 공부입니다. 칭찬, 격려, 사랑 이러한 것들이 자존감을 높여주는 데 분명 도움이 되죠. 그런데 이러한 방법은 한계가 있습니다. 근본적인 해결책이 뭐냐? 자기의 성품을 깨닫는 것, 유아독존의 참모습을 알아야 한다는 것입니다.

마지막에 '삼계개고 아당안지'라고 했습니다.
"삼계의 모든 괴로움을 내가 마땅히 편안케 하리라." 여기에 부처님의 제중濟衆의 사명감이 있습니다. 나는 자유롭게 행복해졌는데, 내 주위를 둘러보니까 아직도 많은 사람들이 괴로움 속에 헤매고 있습니다. 어떻게 해야 합니까?

괴로움의 바다와 불붙는 집에서 건져주오 살려 주오 외치는 소리가 있습니다. 어떻게 해야 합니까?

내가 얻은 이 행복의 세계로 그들을 인도해야겠지요. 그런 다짐을 해야 합니다. 먼저 자기 스스로의 행복을 찾고, 더 나아가 나만이 아니라 나와 함께 살아가는 가족, 이웃, 주변 세상도 이 자유와 행복을 누릴 수 있도록 만들어야 합니다.

내가 독존이라 생각해야 합니다. 그래서 나를 존귀하게 써야 합니다. 나만 독존한가? 남도 독존하니 나는 그를 고귀한 부처님으로 모셔야 합니다. 이것이 바로 처처불상 사사불공입니다.

유아독존은 참 나를 말합니다. 이 자리가 우리의 자성이고, 이것이 나의 참 모습이고, 영원한 나의 모습입니다. 현재의 나 또한 위대한 존재입니다. 나의 몸과 마음, 그 작용이 신비 덩어리입니다. 진공묘유 진리 그대로입니다. 내가 바로 일원상의 진리 그 자체입니다. 그 자리, 그 모습은 그 어느 것과 비교할 수 없는 순수하고 고귀한 가치를 지니고 있습니다. 그 어느 것과도 비교할 수 없고, 바꿀 수 없는 유아독존의 모습입니다.

마지막으로 대산 종사의 법문을 함께 봉독하면서 설교를 마치겠습니다.

"그런 존귀한 독존한 자리, 독생한 자리, 상독로 한 그 귀한 자리를 함부로 몇 푼 주고 팔아먹는다. 그래선 안 된다. 세계를 주어도 안 팔아야 한다. 대종사님과 부처님에게도 더하지도 않고 우리에게도 덜하지도 않는 그 자리를 왜 함부로 멸시하겠는가?"

99. 1. 26.

꽃을 드니 미소로 답하다

"세존이 영산회상에서 꽃을 들어 대중에게 보이시니 대중이 다 묵연하되 오직 가섭 존자迦葉尊者만이 얼굴에 미소를 떠거늘, 세존이 이르시되 내게 있는 정법안장正法眼藏을 마하가섭에게 부치노라 하셨다 하니 그것이 무슨 뜻인가."

〈의두요목 3〉

반갑습니다.

이 의두는 보통 '염화미소拈華微笑'로 간단히 표현됩니다. 석가모니 부처님이 꽃을 드니, 가섭 존자가 미소를 지었다는 것입니다.

염화미소는 "마음과 마음이 서로 통하다"는 의미로 '이심전심'이라 말하기도 합니다. 부처님의 마음과 가섭의 마음이 하나로 통했다는 것입니다. 하나로 통했다는 것은 부처님의 마음과 가섭의 마음이 둘이 아니라는 것이죠. 둘이 아니라 하나이기 때문에 부처님이 가섭에게 법을 전할 수 있었던 것입니다.

어려운 시험문제를 내다

교도님들! 상상의 나래를 펴서 이곳이 영산회상이라고 생각해 보세요. 석가모니 부처님이 법좌에 앉아 계시고 1,250명의 대중이 부처님의 설법을 듣기 위해 시선을 부처님께 향하고 있습니다.

그런데 부처님께서는 설법을 하지 않으시고 대신 꽃 한 송이를 드시죠. 모든 대중이 그 뜻을 몰라 어리둥절하고 있습니다. 이때 남루한 옷을 입은 수행 제일의 가섭 존자만이 그 꽃의 의미를 알고 빙그레 미소를 짓습니다.

풍경으로 보면 매우 아름다운 모습이죠. 최고의 법 잔치를 열고 있습니다. 그런데, 이 자리는 극도의 긴장감이 흐르고 있습니다. 왜냐하면 부처님께서 어려운 시험문제를 내셨기 때문입니다. 시험문제는 말이나 글로 된 것이 아니라 꽃 한 송이입니다.

그 시험을 치러야 하는 사람은 1,250명의 대중입니다. 이 시험이 중요한 것은 이 시험에 합격한 사람은 '정법안장正法眼藏'을 합격선물로 받을 수 있기 때문입니다. 정법안장은 부처님이 깨달은 진리의 내용, 진리의 정수를 말합니다.

이 시험에는 내로라하는 부처님의 제자들이 다 참여했습니다. 지혜가 뛰어난 사리불, 공도리空道理에 관한 한 일인자인 수보리, 설법에 능한 부루나, 신통력이 뛰어난 목련, 부처님의 설법을 누구보다도 많이 들은 아난도 있었습니다. 그런데 이 시험에 합격한 사람은 오직 가섭 존자뿐이었습니다.

꽃을 드니 미소로 답하다

이 의두에서 가장 핵심은 '꽃'입니다. 부처님께서 왜 시험 문제로 꽃을 드셨는가입니다. 꽃의 의미가 뭐냐는 겁니다. 그리고 꽃과 정법안장은 어떤 관련이 있을까요?

첫째, 꽃은 부처님 설법의 상징적 표현일 수 있습니다. 부처님께서 실제로 꽃을 들어 제자들에게 선문답을 했을 수도 있지만, 꽃을 들었다는 것은 실제 설법하신 것을 '꽃'이라는 상징으로 표현했다고 볼 수 있습니다. 꽃을 들었다는 것은 부처님께서 직접 설법을 하셨다는 것이고, 가섭이 미소 지었다는 것은 설법의 내용을 대중들은 알아듣지 못하고 오직 가섭 존자만이 알아들었다고 해석할 수 있습니다.

둘째, 꽃은 진리의 상징입니다. 부처님께서 설법 대신 꽃 한 송이를 드셨습니다. "이 꽃이 진리이고, 내가 설하고자 하는 법이다." 이런 말씀입니다.

좀 어려우신가요? 꽃이 그냥 꽃이지, 무슨 진리인가? 이런 의문이 드실 것입니다. 꽃이 진리의 상징이라고 말씀드렸죠. 일원상과 똑 같은 비유입니다. 소태산 대종사께서는 진리의 모습으로 일원상을 그려 보이시죠. 이와 같이 꽃 한 송이는 단순한 꽃 한 송이가 아니라 진리를 상징적으로 표현하고 있다는 것입니다.

그렇다면 왜 꽃 한 송이가 진리인가? 간단히 말씀드리면 꽃 한 송이에 진공묘유의 진리가 갊아 있기 때문입니다. 우리 원불교적 표현을 빌리자면 이 꽃 한 송이에 생생약동한 일원상의 진리가 함께 하고 있다는 것입니다. 이렇게 보면 꼭 꽃 한 송이일 필요는 없습니다. 그 어느 것을 들었다 해도 진리를 표현하는 데는 맞습니다. 그렇지만 그 자리에서 진리를 표현하는 데 가장 적합한 것이 꽃이었다는 것입니다. 이해되시나요? 부처님께서는 말과 글의 표현을 빌리지 않고 진리를 설명하려고 하셨던 것입니다.

다음은 가섭 존자의 미소에 대해 말씀드리겠습니다.
부처님께서 꽃 한 송이를 드셨는데, 가섭 존자가 화답한 것은 무엇입니까? 꽃에는 꽃이죠. 무슨 꽃입니까? 웃음꽃이죠. 그 꽃은 활짝 핀 꽃이 아니라 수줍음을 머금은 꽃입니다. 살짝 미소 지은 꽃입니다. 그래서 그 꽃이 더욱 아름답게 보입니다.
만약 박장대소, 활짝 핀 꽃으로 응답을 했다면 어울리지 않을 것입니다. 오히려 경박하게 보이겠죠. 그런데 가섭은 수제자답게 얼굴에 살짝 미소를 띠어 스승의 마음을 읽고 화답합니다. 이를 '염화미소'라고 하죠.
인류 역사상 가장 위대하면서도 아름다운 미소가 염화미소입니다. 꽃을 드니 꽃으로 답한 것입니다. 이를 우리는 이심전심이라고 하죠. 마음과 마음이 서로 전하여진 것이고, 법과 법이 서로 전해진 것입니다. 따라서 부처님께서 들어올리신 꽃은 마음의 꽃입니다. 가섭의 미소도 바로 마음의 꽃입니다.

이 상황을 우리의 마음공부와 관련시켜 보면 어떨까요?

세존, 세상에서 가장 존귀한 것은 바로 나이고, 나의 청정자성이 됩니다. 영산회상은 바로 이 자리이고, 대중에게 꽃을 들어 올렸다고 했는데, 이때 대중은 경계이고, 들어올린 꽃은 경계를 대하여 한마음이 일어났다는 것입니다. 가섭은 세존과 다르지 않기 때문에 청정자성을 말하고, 얼굴에 미소를 지었다는 것은 경계를 당하여 경계에 물들지 않고 불리자성했다는 뜻입니다. 결국, 경계를 당하여 자성을 떠나지 않고 그 마음을 썼다는 것입니다. 이해되시나요?

스승이 법을 전한다고 할 때 아무나 그 법을 가져갈 수는 없습니다. 그 법을 받을 만한 자격을 갖추어야죠. 그렇다면 수제자인 가섭은 어떤 자격, 어떤 능력을 갖췄기에 법을 받을 수 있었을까요? 가섭 존자는 금욕수행자였습니다. 가섭을 두타제일이라고 하는데, 두타란 번뇌의 티끌을 없애고, 의식주에 탐착하지 않으며, 청정하게 불도를 수행하는 것을 말합니다. 가섭은 큰 부잣집의 아들로 태어나 일찍 결혼합니다. 그러나 12세에 부모를 잃고 세속적인 욕망의 허무함을 깨닫고 아내와 함께 출가합니다. 부처님을 만난 뒤 8일 만에 바른 지혜의 경지를 깨치게 됩니다.

저는 부처님과 가섭이라는 스승과 제자 사이를 보면서 문득 소태산 대종사님과 정산 종사님이 떠올랐습니다. 부처님과 가섭의 마음이 한 마음이었듯이, 소태산 대종사님과 정산 종사님의 마음 또한 한 마음이셨죠. 부처님께서는 다른 제자들과 달리 가섭을 가까이 두지 않으셨습니다. 소태산 대종사께서도 마찬가지였습니다. 변산에 입산하기 전에는 정산 종사를 월명암으로 보내시고, 그 다음엔 만덕산으로 먼저 보내시죠. 익산총부를 건설하시고는 정산 종사를 영산에 두시게 됩니다. 수제자임에도 불구하고 항상 곁에 두신 것이 아니라는 것이죠. 그런데 어떻습니까? 소태산 대종사님과 정산 종사님의 몸은 비록 멀리 떨어져 있었지만 마음은 한마음이셨던 겁니다.

그래서 소태산 대종사께서는 『대종경』 신성품 18장에 이렇게 말씀하시죠. "내가 송 규 형제를 만난 후 그들로 인하여 크게 걱정하여 본 일이 없었고, 무슨 일이나 내가 시켜서 아니 한 일과 두 번 시켜 본 일이 없었노라. 그러므로 나의 마음이 그들의 마음이 되고 그들의 마음이 곧 나의 마음이 되었나니라." 나의 마음이 그들의 마음이 되고 그들의 마음이 곧 나의 마음이 되었다. 이심전심 했다는 거죠.

결국 이 화두의 핵심은 '이심전심'으로 정리할 수 있을 것 같습니다. 좀 더 쉽게 말하면 "마음과 마음이 서로 통하다." 이죠. 통한다는 차원을 넘어 한마음인 것입니다. 두 마음이 아니라 한마음입니다.
그러면 이심전심, 마음과 마음이 통하는 실천적인 면, 몇 가지를 살펴보겠습니다.

첫째, 꽃을 들어라

요즘 가족, 친구, 동료, 세대, 계층 사이에 소통이 아닌 불통의 시대가 되어가고 있습니다. 이렇게 막혀있는 상황에서 마음이 서로 통하기 위해 가장 먼저 해야 할 것은 내가 먼저 꽃을 드는 것입니다. 매를 드는 것이 아니라 아름다운 꽃을 들어야 합니다. 꽃을 드는 것은 손을 내미는 것입니다. 꽃을 드는 것은 관심의 표현입니다. 내가 꽃을 들 때 상대방의 마음을 움직일 수 있습니다.

내가 꽃을 들면 상대방이 언젠가 미소로 화답하겠지요. 미소라는 화답을 받기 위해서는 먼저 꽃을 들어야 합니다. 그 꽃은 선물일 수도 있고, 칭찬일 수도 있고, 기도일 수도 있고, 그 사람에 대한 배려일 수도 있습니다. 내 마음이 먼저 다가서야 합니다. 어쨌든 우리는 꽃을 들어야 합니다. 꽃 중에서도 아름다운 꽃을 들어야 합니다. 부처님께서 우리에게(대중에게) 먼저 꽃을 드셨습니다.

두 번째, 마음을 읽어라

사람의 마음을 읽는다는 것, 참 어려운 일입니다. 타심통他心通이라도 해서 다른 사람의 마음을 읽을 수 있는 능력이 생긴다면 얼마나 좋을까 이런 생각을 자주 해봅니다. 상대방이 도대체 무슨 생각을 하고 있는 걸까? 저 사람이 왜 화를 내고, 왜 저 사람이 말하지 않고 있는지 답답해서 미쳐버릴 상황이 참 많습니다.

저희 집 둘째 아이가 이제 중학생이 됩니다. 그런데 우리 아이 성격이 굉장히 내성적입니다. 말이 없어요. 자기 생각을 남에게, 특히 대중 앞에서 표현하는 것이 꽤 서투릅니다. 큰 애는 너무 말이 많아서 탈인데, 작은 애는 거꾸로 너무 말이 없어요. 그래서 당최 이 아이가 어떤 마음, 어떤 생각을 하고 있는지 알기가 참 어렵습니다. 표정으로야 어느 정도 알죠. 기분이 좋다, 나쁘다, 그저 그렇다, 그런데 속마음을 알 수가 없습니다. 생각 같아선 그 속으로 들어가 봤으면 좋겠는데, 그 속으로 들어갈 방법이 뭘까요?

말하지 않아도 알고, 눈빛만 보아도 알면 얼마나 좋겠습니까?

"그 사람을 이해하려면 그 사람의 행동을 보지 말고 그 사람의 마음을 봐야 한다." 라는 말이 있습니다.

그 사람의 마음을 읽으려면 내가 그 사람이 되는 것입니다. 그 사람이 되기 위해서는 나를 놓아야 합니다. 제가 요즘 느끼는 것은 절대 말로만 해서는 안 된다는 것입니다. 말로 가르치려고 해서는 안 됩니다. 내가 먼저 마음의 문을 열고 다가서야죠. 믿음을 얻어야 합니다. 결국 사람의 마음을 읽으려면 그 사람의 마음을 얻어야 합니다.

세 번째는 무엇을 전해 줄 것인가를 생각해야 합니다.

부처님께서는 마하 가섭에게 정법안장을 전하셨습니다. 소태산 대종사께서도 우리들에게 정법안장을 전하셨죠. 소태산 대종사께서는 그 정법안장을 우리들에게 전해주시면서 하신 말씀이 있습니다. 『대종경』 신성품 17장을 보면, "아무리 지식과 문장이 출중하고 또는 한 때의 특행特行으로 여러 사람의 신망이 높아진다 하더라도, 그것만으로는 이 회상의 종통을 잇지 못하는 것이요, 오직 이 공부 이 사업에 죽어도 변하지 않을 신성으로 혈심血心노력한 사람이라야 되나니라."

나는 나의 자손들에게 무엇을 물려줄 것인가, 가장 소중한 유산은 무엇인가, 무엇이라 생각하시나요? 저는 "신앙의 유산"이라고 생각합니다.

나에게 있는 정법안장, 내가 신앙하고 수행했던 원불교라는 유산을 우리들의 자손과 후배들에게 물려주는 것이야말로 가장 위대한 유산이 아닐까 생각해 봅니다.

설교를 마무리하겠습니다.

영산회상에 꽃이 세 송이가 피었습니다. 부처님께서 들어 올리신 꽃이 첫 번째 꽃이고, 가섭의 얼굴에 핀 미소, 웃음꽃이 그 두 번째 꽃입니다. 세 번째 꽃은 이심전심으로 피어난 법화法華, 법의 꽃이 세 번째 꽃입니다. 아름다운 세 송이의 꽃이 피어 그 향기가 온 세상에 가득합니다.

그런데 이 세 송이의 꽃은 결국 하나의 꽃입니다. 부처님과 가섭은 둘이 아닌 한 분입니다. 두 마음이 아닌 한마음입니다. 참다운 법은 마음에서 마음으로 전하는 것이고, 참다운 공부는 말과 글에 있지 않고 마음으로 증득하는 것입니다. 그리고 몸으로 실행하는 것입니다.

교도님들! 다른 사람의 마음을 얻으려거든 먼저 꽃을 드십시오. 누군가의 마음을 읽으려거든 먼저 나를 내려놓으세요. 그리고 내가 무엇을 전할 것인가? 부처님의 법, 부처님께서 들어보이셨던 그 꽃을 전하시면 됩니다. 수많은 사람들이 꽃을 들고 꽃을 전할 때 이 세상은 불국토가 되고, 광대무량한 낙원이 될 것입니다. 감사합니다.

99. 2. 23.

하나, 그것은 어디로 돌아갈 것인가

만법이 하나에 돌아갔다 하니 하나 그것은 어디로 돌아갈 것인가.

〈의두요목 5〉

반갑습니다.

이 의두는 불교의 대표적인 화두일 뿐만 아니라 우리 원불교에서
도 유명한 의두입니다. 한문으로 표현하면 '만법귀일萬法歸一 일귀
하처一歸何處'가 되죠.

소태산 대종사님 당대에는 여름 3개월, 겨울 3개월씩 선 훈련을
났는데요. 선 훈련이 끝나갈 무렵이 되면 소태산 대종사님과 제자
들이 한 자리에 모여 성리문답을 했습니다. 이때 주로 사용된 의
두가 '만법귀일' 의두였습니다.

소태산 대종사께서는 '만법귀일' 의두를 왕의두王疑頭라고 하셨다

고 합니다. 의두 중에서 왕, 제일가는 의두라는 뜻입니다. 그래서 인지는 몰라도 『대종경』 성리품에 만법귀일이 세 번이나 나옵니다. 회보 1면에 성리품에 나오는 만법귀일과 관련된 법문을 실었습니다.

음식점에 가면 코스 요리가 있죠. 애피타이저, 메인, 디저트가 차례로 나오는데요. 오늘 설교는 만법귀일 코스 법문이 되겠습니다. 만법귀일 음식 맛이 괜찮을지 모르겠습니다.

첫째, 성리품 10장의 법문말씀입니다.
큰 비가 온 뒤에, 봉래정사의 멋진 풍경이 펼쳐져 있습니다. 봉래정사는 소태산 대종사께서 원불교의 교법을 초안하기 위해 머무셨던 전라북도 변산의 한 초당을 말합니다. 봉래정사 옆에는 봉래구곡이 있는데, 직소폭포를 비롯한 기암절벽의 아름다운 계곡이 있습니다.
큰 비가 왔으니 계곡물이 불어났을 테고, 흐르는 물소리며, 포말로 흩어지는 폭포가 얼마나 아름다웠겠습니까? 소태산 대종사께서는 그 계곡의 아름다움에 빠져 감상만 하신 것이 아니라 만법귀일이라는 진리의 소식을 던지고 계십니다.

비오는 날 산에 가보신 분들은 아시겠지만, 비가 오면 수천, 수만 갈래의 작은 물길이 생기고, 그 물길들이 모여 작은 시내를 만들고, 그 작은 시내들이 드디어는 큰 계곡으로 모이게 되죠. 이러한 계곡의 물들이 모여 강을 이루고, 또 큰 바다를 이루게 됩니다. 갈래는 비록 수천, 수만 가지로 다르나 마침내 한 곳으로 모인다는 것입니다.

만법은 수천 수만 개의 작은 물길을 말하고, 귀일은 그 물들이 합해진 계곡, 강, 바다를 말합니다.

정산 종사께서는 〈견성5단계〉에서 "만법귀일의 실체를 증거하는 것"이 견성의 첫 단계라고 하셨습니다. 만법귀일, 이 자리를 알면 견성을 하였다는 것입니다.

제가 원불교학과 1학년 신입생 때, "만법귀일"의 제목으로 강연을 한 학생이 있었는데요. 그 학생의 강연이 인상 깊어 지금도 기억하고 있습니다. 그 학생이 밥을 먹으면서 문득 만법귀일에 대해 깨달았다고 합니다. "만법귀일은 우리가 밥을 먹을 때 밥도 먹고, 국도 먹고, 여러 반찬도 함께 먹게 되는데, 결국 그것들이 하나가 되어서 똥이 되는 것과 같다." 라고 했습니다. 그 자리에 있었던 모든 사람들이 배꼽을 잡고 웃었던 기억이 납니다.

전 세계 인류가 국가도 다르고, 민족도 다르고, 언어도 다르고, 종교도 다르지만 결국 '인간'이라는 존엄한 한 생명이며, 함께 어울려 사는 한 가족입니다.

인간이 태어나면 만법 속에서 살지만 죽을 때에는 돌아가는 곳이 있죠. 어디로 돌아갑니까? 원래 왔던 곳, 하나 자리로 돌아갑니다.
저 일원상 자리로 돌아가죠.

소태산 대종사께서는 대각 후 이렇게 말씀하시죠. "만유가 한 체
성이요, 만법이 한 근원이로다."

정산 종사께서는 "한 울안 한 이치에 한 집안 한 권속이 한 일터
한 일꾼으로 일원세계 건설하자."

대산 종사께서는 어떻게 말씀하시죠? "진리는 하나, 세계도 하나,
인류는 한 가족, 세상은 한 일터, 개척하자 하나의 세계."

만법귀일, 만법은 하나로 귀결됩니다. 모든 성자들의 가르침이 바
로 하나를 밝히고 있습니다.

세상만사 모든 일이 한 이치의 펼쳐짐이고, 우주만물 또한 한 근
원에서 비롯되었습니다. 육근을 통해 내가 바라보는 모든 세상,
그로 인해 생겨나는 나의 심신작용 또한 모두 내 한 마음의 작용
입니다.

만법은 현상이고, 펼쳐진 다름의 세계입니다. 하나는 본체이고 평
등의 세계입니다. 『반야심경』의 색즉시공色卽是空으로 말하면 만법
은 색이며 귀일은 공입니다. 일원상 진리로 말하면 만법은 묘유의
세계이고, 귀일은 진공의 세계입니다. 결국 만법귀일은 하나 자리
를 알아야 한다는 것입니다.

둘째, 성리품 17장의 법문말씀입니다.

배경이 또 변산 봉래정사네요. 고민이 있는 한 사람이 소태산 대종사님을 찾아옵니다. 그 사람의 고민은 무엇입니까? "저는 세상살이에서 번뇌와 망상으로 잠시도 마음이 바로잡히지 못합니다. 그 마음을 바로잡으려면 어떻게 해야 하나요?"

누구든지 이런 고민 없는 사람이 없죠. 번뇌 망상으로 잠시도 마음이 편하지 못하니 얼마나 괴롭겠습니까?

이 마음병 환자에게 소태산 대종사께서는 최고의 처방전을 내놓으십니다. 그 처방이 뭐냐면 "만법귀일 일귀하처"를 써 주시고, 이 의두를 연구해 보라 하십니다.

자, 그러면 그 써준 글귀를 부적처럼 벽에 붙여놓기만 하면 마음이 편안해질까요? 약간 도움은 될 수도 있겠지요. 그러나 그건 소태산 대종사님의 본뜻이 아니죠.

마음을 잡아 마음의 안정을 얻는 방법은 여러 가지가 있습니다. 대표적으로 나무아미타불 염불을 외운다든지, 영주나 청정주의 주문을 외울 수도 있고요. 좌선을 하여 깊은 선정삼매에 들 수도 있습니다.

그런데 소태산 대종사께서는 바로 실행하여 효과를 볼 수 있는 처방전 대신에 의두 하나를 던져주시는 거죠. 그렇다면 이 의두가 어떻게 마음을 바로잡고 마음의 안정을 가져올 수 있을까요?

우리의 마음도 만법이 펼쳐지죠. 마음은 하나인데, 오만 가지 생각을 내는 것이 우리의 마음입니다 분별과 망상으로 마음이 편할 날이 없습니다. 그래서 우리들의 마음 나라가 요란합니다.

요즘은 제가 크게 걱정 없이 편하게 잘 살고 있는데요. 4년 전에는 보통 복잡한 것이 아니었습니다. 자세히 말씀드리기는 그렇고, 간단히 말씀드리면 4년 전에 제 가족이 서울로 이사를 왔는데요. 정토가 직장도 확실하지 않았고요. 애들도 학교 전학으로 학교 적응하는 일도 큰일이었습니다. 일주일에 한 번씩 익산에서 서울로 왔다 갔다 하는 제 생활도 불안정한 상태였습니다. 여러 일들도 잘 풀리지 않아서 온갖 번뇌 망상이 저를 힘들게 했습니다.
마음을 잡아야 하는데 잘 잡히지 않았습니다. 잠시 그 상태에서 벗어날 수는 있었지만 완전히 놓을 수는 없었습니다. "만법귀일 일귀하처" 이것을 연구해 보면 마음이 잡힌다고 했는데, 잘 되지 않았습니다. 머리로는 되는데, 마음으로 놓는 것이 쉽질 않았습니다.

교도님들은 어떠세요? 마음이 복잡하고 고민거리가 많은 상황에서 마음안정 얻기가 쉽던가요? 쉽지 않습니다.
결국 요란한 마음을 억지로 없애고 놓을 것이 아니라 근본 욕심을 놓아야 편안해 짐을 깨달을 수 있었습니다. 번뇌와 망상으로 마음이 편하지 않아요. 그 원인이 무엇이냐? 내 안에 욕심이 자리하고 있다는 것입니다.

누가 나를 괴롭히는 것이 아니라 내 안에 자리하고 있는 욕심이라는 놈을 발견하고, 덜 수 있는 욕심이면 덜어내고, 털어낼 수 있는 욕심이면 털어내고, 비워낼 수 있는 욕심이면 비워야 합니다. 그래야 마음의 평화를 얻을 수 있습니다.

그 방법이 무엇이냐? 귀일, 어디로 돌아가야 하는가? 번뇌와 욕망이 끊어진 청정한 마음, 본래의 마음, 한 곧은 마음으로 돌아가야 한다는 것입니다. 그 자리가 바로 귀일, 하나의 자리입니다. 일一, 그 자리가 분별망상과 욕망과 번뇌가 끊어진 우리의 청정자성입니다. 그 자리에 돌아갔을 때, 합일했을 때 대안정을 얻을 수 있습니다.

이렇게 "만법귀일 일귀하처", 이 의두가 마음을 바로잡는 데 근본적인 처방이 됩니다. 그러나 공부가 단박에 되는 것은 아닙니다. 만법귀일이라고 했는데, 만 번을 귀일시키는 노력이 필요합니다. 백 번, 천 번 가지고는 안 되고 만 번 정도는 해야, 아니 어쩌면 백만 번, 억만 번을 해야 할지도 모릅니다.

세 번째, 성리품 24장 법문말씀입니다.

소태산 대종사께서 대중에게 묻습니다. "만법귀일이라 하였으니 그 하나로 돌아가는 내역을 말하여 보고, 일귀하처오 하였으니 그 하나는 어디로 돌아가는가를 말하여 보라."

한 제자가 대답합니다. "만법이 본래 완연하여 애당초에 돌아간 바가 없거늘 하나인들 어디로 돌려보낼 필요가 있겠나이까." 소태산 대종사 웃으시며 또한 말씀이 없으시었다.

이게 무슨 뜻일까요? 그리고 소태산 대종사님의 웃음은 어떤 의미이며, 뒤에 아무런 말씀이 없으신 것은 어떤 뜻일까요?
만법이 본래 완연하다는 것은 모두가 다 부처라는 것입니다. 이자리는 만법도 하나도 없는 자리입니다. 유라고도 무라고도 할 것도 없고, 돌고 돌아 지극하다는 것도 강연히 한 말에 불과합니다. 따라서 어디로 돌아가고 어디로 돌려보낼 수가 있을 것인가. 있는 그대로 완연하고, 있는 그대로 법신 부처님의 모습입니다.
부처가 어디에 있는가? 이 마음이 부처이고, 당신이 부처이고, 천지만물 허공법계가 다 부처입니다. 만법이 그대로 완연합니다.

산책길에 소나무 한 그루를 보았습니다. 순간적으로 "저 소나무가 만법귀일의 소식이구나."라는 느낌이 확 왔습니다. 커다란 기둥에서 뻗어나간 중간가지와 잔가지들, 그리고 잔가지들에 매달린 무수한 솔잎들.
솔잎이 바람에 흔들립니다. 그야말로 만법이 장광설법長廣說法을 하고 있었습니다. 하나의 기둥에서 수많은 가지가 뻗어 나가고, 그 수많은 가지에서 셀 수 없는 무수한 잎사귀들이 있다는 것입니다.
그런데 이렇게 드러난 세계, 만법 아래 보이지 않는 한 근원이 있죠. '근원', 그 뿌리 또한 수 천, 수 만 갈래로 흩어져 대지의 수분과 영양과 기운을 뽑어 올리고 있습니다. 결국 '소나무'라는 하나의 이름으로, 하나의 몸으로 우뚝 서 있습니다.

만법은 하나로, 하나 그것은 다시 만법으로 돌아가고 있습니다. 솔잎과 뿌리, 어느 것이 만법이고 어느 것이 귀일입니까? 뿌리 없는 솔잎이 있을 수 없고, 솔잎 없이는 뿌리 또한 생존할 수 없습니다. 서로 만법이 되기도 하고 귀일이 되기도 하죠. 따라서 어느 것을 만법이라고 하고, 어느 것을 귀일이라고 할 수 없게 되죠. 만법과 귀일이 결국 하나라는 것입니다.

만법이 하나에 돌아갔다 하니 하나 그것은 어디로 돌아갈 것인가? 그 하나는 다시 만법으로 돌아가죠. 만법귀일萬法歸一 일귀만법一歸萬法이 됩니다.

수많은 번뇌 망상을 한 마음인 청정자성에 돌이켜서, 그 마음으로 천만경계를 당할 때에 응하여도 주한 바 없이 그 마음을 내는 것입니다. 흐트러진 마음을 거둬들이는 것은 만법귀일이고, 청정한 마음을 바탕으로 마음을 쓰는 것은 일귀만법이 된다는 것입니다.

오늘의 설교를 정리하겠습니다.

소태산 대종사께서는 '만법귀일' 이 의두가 왕의두가 된다고 하셨습니다. 제가 생각해 봐도 그런 것 같습니다. 살펴본 바와 같이 이 의두 하나에 일원상의 진리, 신앙, 수행이 하나로 묶여 있습니다. "하나인들 어디로 돌려보낼 필요가 있겠는가."

이 말씀은 '하나' 자리에 묶여서도 안 된다는 것입니다. '하나' 그것마저도 놓아야 한다는 것입니다.

마지막 부분을 보면 제자의 답변을 듣고 소태산 대종사께서 웃으시죠. 제자의 당돌한 답변에 웃음으로 화답하십니다. 소태산 대종사님의 웃음은 제자의 답변에 인가를 내리신 것이고, 그 이후의 말씀이 없으심은 말에 묶이지 말라는 또 하나의 가르침입니다. "만법귀일 일귀하처" 깊은 연마와 실천을 통해 소태산 대종사님으로부터 말없는 웃음으로 인가받은 교도님들 되길 염원 드리면서 설교를 마치겠습니다.
감사합니다.

99. 3. 23.

만법과 더불어
짝하지 않은 것

만법으로 더불어 짝하지 않은 것이 그 무엇인가.

〈의두요목 6〉

반갑습니다.

이 의두의 유래에 대해 먼저 말씀드리죠. 중국에 '방 거사'라는 분이 있었는데요. 거사는 불교의 재가신자로 일반신도와는 달리 수행력이 뛰어난 사람을 말합니다. 불교에서는 대표적으로 인도의 유마 거사, 중국의 방 거사, 신라의 부설 거사가 있습니다.

하루는 방 거사가 마조 선사에게 묻습니다. "불여만법 위려자 시심마不與萬法爲侶者是甚麼, 만법으로 더불어 짝하지 않는 것이 그 무엇입니까?" 그러자 마조 선사는 "그대가 서강의 물을 한 입에 다 마시면 말해 주겠다."고 답을 합니다. 알 듯 말 듯 정도가 아니라 더오리무중으로 들어가죠.

이 의두는 소태산 대종사님과도 인연이 있는 의두입니다. 소태산 대종사께서 영산에서 혈인기도를 끝내고 변산 월명암을 찾았을 때, 이 의두가 벽에 걸려 있었습니다.

소태산 대종사께서 대각을 이룬 뒤에는 무슨 이치든지 한 생각을 넘기지 않고 훤히 깨쳐 아셨습니다. 그러나 이 의두는 즉석에서 밝아지지 않고 천천히 연마한 후에야 비로소 그 뜻이 떠올랐다고 합니다. 소태산 대종사께서는 방언공사와 혈인기도 등으로 심력을 너무 사용한 탓으로 생각하고 그 뒤에 보림保任공부에 힘썼다고 합니다.

먼저, 단어 해석을 해보겠습니다.

'만법'이라고 했는데, 사람들은 법 하면 법률law 또는 법칙을 생각하기 쉽습니다. 그런데 불교에서 말하는 만법이란 색色과 심心에 걸친 모든 차별법을 말합니다. 색은 물질, 심은 정신을 말하기 때문에 만법은 우주에 존재하는 정신적 물질적인 일체의 것, 즉 '우주만물 삼라만상' 모든 존재를 의미합니다.

'더불어 짝한다'는 것은 일체만물은 홀로 존재하지 않고 다 짝을 이루고 있다는 것입니다. 만법은 현상의 세계입니다. 보이는 현상세계는 상대적 세계입니다. 남자가 있으면 여자가 있고, 노인이 있으면 젊은이가 있고, 해가 있으면 달이 있고, 밤이 있으면 낮이 있죠. 시비, 이해, 선악, 귀천, 대소, 유무, 생사 등 어느 것 하나 짝을 짓지 않은 것은 없습니다.

내가 짝하는 것들

그런데, 이렇게 드러난 현상세계만이 서로 짝하여 있는가? 나와 만법과의 관계를 생각해 보았습니다.

제가 얼마 전에 잠을 자다가 새벽에 깼습니다. 귀에는 모기의 왱왱거리는 소리가 들리고 팔뚝은 벌써 몇 방 맞아서 따끔 따끔했습니다. 시계를 보니 4시 10분이었습니다. 제가 매일 4시 40분에 일어나는데, 4시 10분에 일어나면 좀 아깝잖아요. 이럴 땐 더 자기도 그렇고 안 자기도 그렇고 어중간하죠.

그런데 모기소리 때문에 깬 순간 문득 무의식적으로 떠오르는 말씀이 있었습니다.

"만법과 더불어 짝하지 않는 것."

의두 연마라는 것이 이렇습니다. 밥을 먹다가 떠오르고, 길을 가면서도 한 소식이 떠오르고, 심지어 자다가 꿈속에서도 한 깨달음을 얻기도 하죠.

그 깨달음의 소식이 뭘까요? '아, 내가 만법과 더불어 짝하고 있구나.' 무엇이 무엇에 짝하는 것일까요? 내 마음이 만법과 짝하는 것이지요.

우리에겐 안이비설신의 육근이 있죠. 그 육근이 짝하는 것이 무엇입니까? 눈은 색깔과 짝하고, 귀는 소리와 짝하고, 코는 냄새와 짝하고, 혀는 맛과 짝하고, 몸은 촉각과 짝하고, 마음은 법과 짝하죠.

우리 인간의 삶은 안이비설신의 육근이 색성향미촉법이라는 육경과 짝하고 사는 삶입니다. 그로 인해 무엇이 생기느냐? 바로 인생의 고통과 즐거움이 생기게 되죠. 짝한다는 것, 이제 이해되시나요?

이 의두에서 던지는 물음은 무엇입니까? 짝 하지 않는 것, 상대가 끊어진 그 무엇이 있다는 것입니다. 차별과 상대를 뛰어 넘는 그 것을 우리는 '절대' 또는 '초월'이라고 말합니다. 그렇다면 짝하지 않는 것 절대적인 것이 무엇이냐? 바로 우주만유의 근본, 제불제 성의 심인, 일체 중생의 본성 자리가 그것이라는 것입니다. 이 자 리는 천상천하 유아독존의 자리요. 일념미생전의 자리이죠.
『정전』일원상의 진리 장에 보면, "대소유무에 분별이 없는 자리, 생멸 거래에 변함이 없는 자리, 선악업보가 끊어진 자리"를 말씀 하고 있죠. 대소, 유무, 생멸, 선악 이렇게 상대가 없는 자리, 상대 가 끊어진 자리, 이 자리가 만법과 더불어 짝하지 않는 자리입니 다. 다시 말하면 일원의 진공자리요, 우리의 본래 청정자성의 자 리입니다.

선을 긋지 말라
그렇다면 왜 이 의두가 우리의 삶에 있어 필요할까요?
그 이유는 상대적 차별 세계를 벗어나야 하기 때문입니다. 많은 사 람들이 세상을 살아가면서 선을 긋습니다. 어릴 적 초등학교 때를 떠올려 보면 남자와 여자가 서로 짝꿍이 되죠. 가장 먼저 한 것이 책 상 한 가운데 선을 긋습니다. 연필이나 볼펜으로만 긋는 것이 아니라 칼로 선을 긋기도 하죠. "너, 이 선 넘어 오지 마." 기억나시나요? 우리가 세상을 살아가면서 이 선만 긋나요? 남자와 여자, 부자와 가난한 자, 공부 잘하는 학생과 공부 못 하는 학생, 호남 사람 영남 사람, 기독교인 불교인 등 갖가지 상대를 짓고 선을 분명하게 그어 버립니다. "너, 이쪽으로 넘어오면 안 돼"라고 말이죠. 겉으로 드러난 것만 그렇습니까? 선과 악, 옳음과 그름, 이로움과 해로움. 모든 가치판단을 통해 나누고 분별합니다.

우리가 사는 세상은 분명 모든 게 다릅니다. 그런데 다르다고 해서 차별하는 것은 옳지 못하다는 것입니다. 이런 상대적 차별세계는 어떤 문제가 있냐면, 그 차별로 인해 갈등과 다툼이 생긴다는 것입니다. 인간사에서 모든 갈등과 괴로움의 원인은 서로 상대를 짓고 거기에 선을 굵게 긋기 때문입니다.

스님 한 분이 제자와 길을 가다가 냇가에 이르렀습니다. 한 아름다운 여인이 내를 건너지 못해 발을 구르고 있었습니다. 그 모습을 본 스님은 선뜻 그 여인을 업고서 내를 건너 맞은편에 내려 주었습니다.

제자는 스승을 이해할 수 없었습니다. 여인을 내려 주고 길을 가면서도 제자는 수행자가 어찌 여인을 함부로 업을 수 있는가, 라는 생각에 혼란스러웠습니다. 한참을 고민하다가 뿌루퉁한 얼굴로 스승에게 따지듯이 묻습니다.

"스승님, 수행자가 어떻게 여인을 업을 수 있습니까? 정말 이해할 수가 없습니다."

그러자 스승이 이렇게 답하죠.

"나는 그 여인을 냇가에 내려놓고 왔는데, 너는 아직도 그 여인을 업고 있구나."

자, 이 어린 제자는 무엇을 구분 짓고 있나요? 남자와 여자, 그리고 성속聖俗, 성스러움과 속됨을 구분 짓고 있죠. 그러나 남녀를 떠나고 성속을 떠나면 거리낌이 없게 되겠죠.

구분 짓는 마음에서 관념과 상이 생기고, 그 관념과 상으로 죄악을 짓게 되고, 괴로움이 따르게 됩니다. 상대를 짓는다는 것은 둘을 비교한다는 것이고, 우리 인간이 이 비교의 눈을 뜨게 되면 불행의 문 또한 따라서 열리게 됩니다.

또 우리들이 내는 생각이 좋은 생각이든, 나쁜 생각이든 오래 머물면 괴로움의 종자가 됩니다. 특히 한쪽으로 치우치거나 고정된 생각은 매우 위험하지요.

선도 생각하지 말고 악도 생각하지 말라

중국 선종에서 독보적인 사람이 바로 육조 혜능입니다. 다 아시다시피 혜능은 원래 나무꾼이었고, 오조 홍인의 문하에 들어가 깨우침을 얻습니다. 그리고 스승인 홍인으로부터 선의 진수, 정법안장을 이어받게 되죠. 홍인은 다른 경박한 제자들이 혜능을 해칠까

190 | 돌이 서서 물소리를 듣다

걱정되어 멀리 남쪽지방으로 떠나게 합니다.

그런데 홍인의 제자들이 가만 있을 리가 없죠. 혜능의 뒤를 추적해서 드디어 따라잡게 됩니다. 그러자 혜능은 스승으로부터 선의 진수를 깨친 것을 증명하는 옷과 밥그릇을 옆의 돌 위에 얹어 놓습니다. 여러 제자가 그것을 갖고 가려고 했지만, 그 옷과 밥그릇은 끄떡도 하지 않았습니다. 추격자 속에는 혜명이라는 장군 출신이 있었는데, 그는 자기의 잘못을 깨닫고, 겸허한 구도자의 자세로 돌아가 혜능에게 사과하고 가르침을 청합니다.

이때 던진 혜능의 말이 그 유명한 "불사선不思善 불사악不思惡 ; 선도 생각하지 말고, 악도 생각하지 말라"고 합니다. 이 뜻은 선이라고도 생각하지 않고, 악이라고도 생각하지 않을 때 그대의 본래 모습은 어떤 것인가를 묻는 또 하나의 화두입니다.

이것은 결국 상대적인 인식을 하지 말라는 것입니다. 이 상대적인 인식은 모든 것을 선악·시비·좌우라는 식으로 대립시켜 구별해야 합니다. 그래서 어느 한쪽으로 기울어져 다른 쪽을 버리려고 합니다. 이 대립에서 여러 가지 미망迷妄이 생기게 되죠.

만법과 더불어 짝하지 않는 것, 그것은 상대적 세계와 상대적 인식을 타파하기 위한 큰 가르침입니다.

그래서 우리에겐 어느 한 생각에 머무는 것을 경계해야 합니다. 생각이 머물면 집착이 생기고 그 집착은 괴로움을 낳게 되죠. 만법과 더불어 짝하지 않는 마음, 그것이 우리의 청정 자성입니다.

우리들 마음은 본래 텅 비어 있기 때문에 생각을 놓으면 사라지고 그 집착으로 인해 생겨났던 괴로움도 사라집니다.

어울려 아름다운 세상

지금까지의 의두 해석은 짝하지 않는 그 무엇을 찾기 위한 노력이었습니다. 다시 말하면 공空자리, 절대자리를 찾는 것이 목적이었습니다. 그런데 새 시대의 새 불교인 원불교에서의 의두 해석의 표준은 진공과 더불어 묘유의 자리를 밝혀야 한다는 것입니다. 그렇다면 이 의두에서 묘유는 무엇일까요?

만법과 더불어 짝하지 않는 것이 그 무엇인가? 반어법적으로 해석하면, 이 세상에 모든 것들은 서로 짝한다는 것입니다. 짝한다는 것은 다른 말로 '어울림'입니다. 어울림은 다름을 서로 인정하여 하나가 되는 것입니다.

불단에 꽃이 있습니다. 여러 종류의 꽃, 여러 색깔의 꽃, 그 길이와 모양과 색깔이 다 다르지만 서로 어울려 아름다움을 나타내고 있습니다. 만약 한 가지 모양에 한 가지 색이었다면 저런 아름다움이 나올 수 있을까요?

따라서 어울림은 차별이 아닌 조화, 하모니입니다. 어울림은 나혼자 아니라 우리이고, 함께 하는 것입니다. 그 짝함의 모습이 함께 어울려 아름다움을 창조해야 한다는 것입니다. 그런데 그 짝함은 차별에서 나온 짝함이 아니라 진공에서 나온 짝이었을 때 어울릴 수 있는 것입니다.

가정에서는 남편과 아내, 부모와 자녀가 서로 짝하고 교당에서는 교무와 교도, 선진과 후진이 서로 짝하고, 회사에서는 노사가 서로 짝하고, 국가에서는 국가와 국민이 서로 짝하고 어울릴 때 그 속에 평화와 행복이라는 조화가 생깁니다.

우리는 현실세계를 부정하고 극락정토, 무릉도원, 유토피아, 에덴동산 등 절대적이고 이상적인 세계만을 추구하는 잘못에 빠질 수 있습니다. 지금까지는 유무를 초월하고, 선악을 초월하고, 고락을 초월하는 것이 공부의 이상적인 모습으로 인식되었습니다. 그런데 그 이상적 세계가 현실을 떠나 저 멀리 있는 것이 아니라는 것입니다. 이 자리에서 극락을 발견하고 천국을 건설할 수 있다는 것입니다.

현실세계는 유무가 있고, 선악이 있고, 고락이 있고, 생사가 있습니다. 그런데 어느 한쪽에 치우칠 경우 올바른 중도행이 될 수 없다는 것입니다.

소태산 대종사께서는 "선과 악을 초월한 자리를 지선이라 이르고, 고와 낙을 초월한 자리를 극락이라"고 했습니다. 짝하지 않는 그 자리가 초월이라고 한다면, 묘유는 선과 악을 초월한 진공의 자리에 기초해서 선악을 바라보는 것입니다. 그렇게 되면 선악에 매이지 않고 올바른 선을 행할 수 있고 악을 피할 수 있습니다. 또한 고와 낙을 초월한 자리, 진공의 자리에 기초하여 고락을 바라보는 것입니다. 그렇게 되면 고와 낙이 분명하게 보이고, 정당한 고락을 수용하고 부정당한 고락을 피할 수 있습니다.

이것이 묘유의 공부로서 주한 바 없이 그 마음을 내는 "응무소주 이생기심應無所住而生其心" 공부이고, 일원상법어에서 밝히고 있는 육근을 동작할 때, "원만구족圓滿具足하고 지공무사至公無私"하게 육근을 활용하는 공부입니다.

설교를 마무리하겠습니다.

만법으로 더불어 짝하지 않은 것이 그 무엇인가? 불교 화두의 핵심은 마음을 찾는 것입니다. 청정자성, 맑고 깨끗한 우리의 본래 마음자리를 아는 것. 이것 외에는 다른 것이 없습니다. 이 자리가 일념미생전 자리고, 천상천하 유아독존의 자리이고, 만법귀일의 자리입니다. 상대를 넘어선 절대의 세계, 진공의 세계. 그러면서도 그 진공 가운데 묘유의 세계를 실현하는 것이 우리 공부의 핵심입니다.

만법과 더불어 짝하지 않은 것이 그 무엇인가? 텅 빈 마음과 조화로운 마음, 그리고 모든 인연들과 상생의 어울림으로 살아가는 우리들이 되기를 염원하면서 저의 설교를 마치겠습니다.

감사합니다.

99. 4. 20.

만법을 통하여
한 마음을 밝히라

만법을 통하여다가 한 마음을 밝히라 하였으니 그것이 무슨 뜻인가.

<의두요목 7>

반갑습니다.

원불교의 초기교서 중 원기 12년 5월에 발행된 『수양연구요론』이라는 책이 있습니다. 『수양연구요론』은 소태산 대종사께서 친히 저술하셨는데요. 내용은 책 제목처럼 정신수양과 사리연구의 요긴한 길을 밝히고 있습니다.

그런데, 이 책의 첫 장에 매우 의미 있는 표어가 실려 있습니다. 그 표어는 바로 "통만법 명일심通萬法明一心"입니다. "만법을 통하여다가 한 마음을 밝히라."

소태산 대종사께서 『수양연구요론』이라는 책머리에 "통만법 명일심" 표어를 새긴 이유가 무엇일까요? 수양과 연구에 핵심 되는 공부가 바로 "통만법 명일심" 이라는 힌트를 준 것은 아닐까요?

지금까지 우리는 의두연마를 하면서 '만법'과 계속 씨름해 오고 있습니다. "만법이 하나로 돌아갔다 하니, 하나 그것은 어디로 돌아갈 것인가", "만법과 더불어 짝하지 않은 것이 그 무엇인가", 그리고 오늘 주제인 "만법을 통하여다가 한 마음을 밝히라 하였다하니 그것이 무슨 뜻인가?"
기억나시죠? 다 만법을 주제어로 하는 의두들입니다. 이렇게 만법이 의두의 핵심 주제가 된다는 것은 마음을 깨우치는 데 만법이 그만큼 중요하다는 뜻이겠죠.
그 전에도 여러 차례 설명 드렸지만, 만법이 뭐죠? 간단히 말하면 정신적, 물질적인 것 일체를 말하죠. 만법은 바로 일체입니다. 일체라는 말과 관련해서 우리가 또 쉽게 떠올릴 수 있는 것은 바로 "일체유심조一切唯心造"입니다.

그런데 불교학적으로 보면 일체라는 말은 안이비설신의眼耳鼻舌身意 육근六根, 색성향미촉법色聲香味觸法의 육경六境, 그리고 육근이 육경을 접하면서 일어나는 여섯 가지 앎의 작용인 육식六識을 합해 일체라고 말합니다. 존재하는 모든 것을 일체라는 말로 씁니다.

"통만법 명일심" 이 문장에는 목적과 수단이 명시되어 있습니다.

명일심, 한 마음을 밝히는 것이 목적이라면 과정, 수단은 뭐죠? 만법을 통해서 하라는 거죠.

목적지가 분명하면 가는 길이 쉬워지죠. 공부인의 목적지, 의두연마의 목적지는 무엇입니까? 네. 명일심하는 것입니다. 한 마음을 밝히는 것입니다. 마음을 밝힌다는 것은 마음을 깨치는 것입니다. 깨쳐야 밝아질 수 있습니다.

그런데 명일심한다는 것은 없는 일심을 만들어 내는 것이 아닙니다. 원래 밝은 일심을 그대로 드러내는 것입니다. 중생은 일심이 구름에 가려 어두워 보입니다. 부처는 마음을 깨달아 일심이 밝게 빛나고 있습니다. 한 마음을 밝게 한다는 것은 한 마음을 깨닫는다는 것이고, 어둔 마음을 밝게 빛나게 한다는 것입니다.

그렇다면 그 일심을 밝히면 어떻게 되는가? 이 물음은 깨달은 그 마음은 어떤 마음이냐, 라는 것입니다. 그전에 제가 우리의 본래 마음을 가장 쉽게 설명할 때 뭐라고 했었죠? '청정자성'이라고 자주 말씀드렸는데요. 기억나시나요?

맑고 깨끗한 우리의 본래 성품, 이것이 청정자성의 뜻이죠. 그런데 오늘은 우리의 본래 마음인 일심을 텅 비고, 두렷하고, 바른 모습 즉 공·원·정空圓正으로 설명 드리도록 하겠습니다.

첫째, 우리의 마음, 일심은 텅 비어 있습니다. 한문으로는 빌 공空 자인데요. 모든 생각이 멈추면 거기에 무엇이 있나요? 한 생각도 없죠. 없다는 그 마음도 없는 경지. 이 텅 빈 자리가 있기 때문에 우리네 인생사에서 벌어지는 고락, 생사, 선악 등을 벗어날 수 있습니다. 분별망상을 놓으면 그 자리가 바로 텅 빈 자리가 됩니다.

둘째, 우리의 마음은 밝다는 것입니다. 우리가 보고, 듣고, 냄새 맡고, 맛보고, 느끼고, 생각하죠. 이것은 무엇이 있기 때문입니까? 우리에겐 신령스럽게 아는 것, 영지가 있습니다. 이 영지가 있기 때문에 보고, 듣고, 냄새 맡고, 맛보고, 느끼고, 생각한다는 거죠. 이 영지의 작용은 우리의 마음이 밝다는 것입니다. 이것을 한문으로는 둥글 원圓으로 나타내는데, 둥글다는 것보다 '두렷하다', '밝다'는 표현이 더 잘 맞습니다.

셋째, 우리의 마음이 바르다는 것입니다. 우리의 마음은 뜻으로 나타나고, 뜻은 행동으로 나타납니다. 보이는 행동은 몸이 움직이는 것 같지만, 마음이 움직이는 거죠. 마음은 생생약동하게 살아 움직이죠. 그 마음은 우리들의 몸을 통해 나타납니다. 이것을 한문으로는 바를 정正으로 나타냅니다. 그런데 그 바를 정은 단순한 마음의 작용이 아니라 그 모습은 자비, 사랑, 은혜, 훈훈함으로 나옵니다.

교도님들 기억하시죠? 좌산 상사님의 종법사 취임법문이 "맑고·

밝고·훈훈하게"였습니다. 우리의 마음이 본래 맑고 밝고 훈훈하다는 것이고, 따라서 우리가 마음을 쓸 때에도 맑고 밝고 훈훈하게 써야 한다는 것입니다. 우리 마음의 본래 모습, 마음의 성격이 바로 그렇기 때문입니다. 텅 비고, 밝고, 바른 모습. 이것이 우리 마음의 모습입니다.

이 마음을 깨닫고 밝히면 이 마음을 그대로 쓸 수 있습니다. 그렇게 그 마음을 쓸 줄 아는 사람이 누구냐, 누구겠어요? 바로 부처님이시죠. 그리고 텅 비고, 밝고, 바른 그 마음 그대로가 바로 부처님 마음이고, 우리의 본성이라는 것입니다.

자, 그러면 그 마음을 깨치는 방법, 그 마음을 밝히는 방법은 무엇일까요? 당연히 "만법을 통하여"야 한다는 것입니다. 그렇다면 구체적으로 만법을 통하여 한 마음 밝히는 방법은 어떻게 하는 걸까요? 크게 두 가지가 있습니다.

첫째는 밖으로 만법을 대할 때마다 한 마음을 밝히는 것입니다.

우리에겐 만법을 가장 많이 대하는 감각기관이 있죠? 대표적으로 눈과 귀입니다. 눈을 통해서 만법을 보고, 귀를 통해서 만법을 듣죠. 5월의 아름다운 신록을 보고, 맑고 깨끗하게 들려오는 계곡의 물소리를 듣습니다. 자연뿐만 아니라 우리 인간의 삶의 모습을 보고, 귀 기울여 그 소리를 듣습니다. 그래서 그 속에 깊어 있는 자연의 원리와 질서를 알게 되고, 세상의 이치와 삶의 지혜를 배우게 됩니다. 만법을 내 마음, 내 공부와 연결시키는 것입니다. 우리 원불교의 공부법으로 말하면 감각감상이 이에 해당됩니다. 유교의 공부법으로는 '격물치지格物致知'가 이에 해당됩니다. 격물치지의 뜻은 사물의 이치를 연구하여 지식 또는 지혜를 얻는 것입니다.

그런데 만법을 통하여 한 마음을 밝히는 것은 단순히 지식을 얻고, 삶의 지혜를 얻는 정도에 그치는 것이 아닙니다. 한 마음을 밝히는 것이 되어야 합니다. 깨달음으로 직결되어야 한다는 것입니다.

제가 대학원에서 근무할 때 생활의 기쁨 중의 하나는 저녁식사 후에 산책하는 것이었습니다. 대학원을 출발해서 송대松臺 솔숲을 지나 소태산 대종사 성탑, 정산종사 성탑 등 총부 구내와 인근 마을을 한 시간 정도 산책하면 그 시간이 너무 행복했습니다.

하루는 산책을 하다가 오랜만에 반가운 분을 만나게 되었습니다. 제가 학생 때 기숙사 사감님이셨던 교산 이성택 교무님을 만났어요. 오랜만에 가까이 뵙게 되어 반갑게 인사를 올리며 제가 농담 한마디를 건넸죠.

"교산님! 멀리서 뵈니 청년인 줄 알았네요."

"자세히 보니 노인이라는 거냐?" 웃으시며 제 농담을 받아주시더군요.

간단한 인사를 마치고 제 갈 길을 가려는데, 교산님께서

"어디 가냐?" 하시는 거예요.

"네, 산책 갑니다." 아무 생각 없이 대답했고, 그렇게 발길을 옮겼습니다.

교산님과 헤어진 후 산책을 하는데, 교산님의 질문이 계속 머릿속에 맴돌았습니다.
"어디 가냐?" 내가 지금 어디를 가고 있는가?
"산책 갑니다." 너무 시시한, 너무 평범한 대답이죠.
"오던 길로 갑니다." 이 대답이었으면 어땠을까?
"온 바가 없으니 간 바도 없습니다." 이 대답이 더 적중한 답은 아니었을까?

교산님께서는 제가 가고 있는 길을 사실적으로 물었을 수도 있고, 성리문답 차원에서 저에게 그런 질문을 던졌을 수도 있습니다. 중요한 것은 내 머릿속에 "어디 가냐?"라는 물음이 예사 물음으로 들리지 않고 근원적 물음으로 다가왔다는 것입니다.
이때의 이 상황을 감각감상으로 썼는데, 일기 마지막 부분을 읽어드리겠습니다.

> 「본래의 나, 나의 성품은 오고 간 바가 없다. 온 바가 없기 때문에 갈 바도 없다. 여여히, 그대로 있을 뿐이다. 있다는 말조차 구차하다. 나의 성품은 경계에 물들지도 않고, 선악염정善惡染淨을 모두 떠나 그대로 독존하고 있다. 몸은 오고 감이 있고, 마음

또한 들고 남이 있지만 성품은 거래가 끊어져 영명靈明히 빛나고
있을 뿐이다.
"덕희야! 너 어디 가냐?" 이 물음은 "너, 무엇하러 가느냐?"는
물음이다.
생각해 본다. 나의 발걸음은 보보일체步步一切 대성경大聖經의 발
걸음이어야 한다. 성불제중成佛濟衆을 향한 발걸음이어야 한다.」

교도님들! 제가 어떤 말을 하려는지 이해되시죠? 보고 듣는 모든
것들이 내 마음을 밝히는 공부의 소재가 된다는 것입니다. 한마
디로 말하면 만법은 나의 마음을 밝히는 산 경전입니다. 나의 생
활 곳곳에서 눈을 뜨면 산 경전을 만날 수 있고, 귀를 열면 산 경
전을 들을 수 있습니다. 만법을 통하여다가 한 마음을 밝히는 것
입니다.

**둘째는 마음에서 일어나는 만법의 실체를 직관하여 한마음
을 밝히는 것입니다.**
말씀드렸다시피 우리의 마음은 만법이 펼쳐지는 장소입니다. 우
리의 마음나라에 펼쳐지는 만법의 모습은 어떠합니까? 희로애락,
시비선악이 있죠. 우리 마음나라에는 기쁨, 성냄, 슬픔, 즐거움이
있고, 옳고 그름, 선과 악, 그리고 탐욕과 욕망 등이 시시각각으로
펼쳐집니다.
그런데 이렇게 일상적으로 일어나는 우리들의 마음 작용은 참마
음이 아니라는 것입니다. 이것은 분별망상입니다. 그렇다고 해서

그 분별망상이 허망하고 아주 헛된 것은 아닙니다. 왜냐하면 이러한 마음의 근원을 찾아 들어가다 보면 나의 참 마음과 만날 수 있기 때문입니다.

만법의 실체를 직관하여 한 마음을 밝힌다는 것. 희로애락애오욕; 기쁨, 화냄, 슬픔, 즐거움, 사랑함, 미워함, 욕망, 이러한 인간의 감정들이 영원할까요? 시비선악 염정미추; 옳고 그르고, 선하고 악하고, 더럽고 깨끗하고, 아름답고 추함, 이러한 가치 판단들이 영원할까요? 이러한 것들을 우리의 참마음이라고 말할 수 있을까요? 이렇게 변화무쌍한 마음의 변화들을 직관하여 본래마음을 찾아가는 공부, 이것이 안으로 만법을 통하여다가 한 마음을 밝히는 공부입니다.

마음을 밝게 쓰라

이 의두가 목적하는 것은 만법을 통하여다가 한 마음을 밝히는 것입니다. 만법을 통해서 마음을 깨닫는 것입니다. 그렇다면 한 마음을 밝힌 사람은 어떻게 사는가? 이것이 궁금해집니다. 일반적으로 불교화두의 1차 목적은 마음을 깨닫는 것, 마음을 밝히는 것입니다. 그런데, 여기에만 머물면 안 됩니다. 그 한 마음을 밝혀서 어떻게 하라는 것일까요? 그 밝힌 마음을 잘 써야한다는 것입니다. 생활 속에서 그 마음을 잘 쓰는 것이 무엇인가요?
제가 드리고 싶은 말씀은 "마음을 밝게 쓰자는 것"입니다. 궁극적으로 마음을 밝게 쓴다는 것은 지혜로운 마음을 쓰자는 것이겠지요. 그러나 현실적으로 우리가 실천할 수 있는 실천 강령은 "마음을 밝게 쓰는 것"입니다.

만물을 대할 때, 마음을 밝게 하는 것입니다. 나무를 대할 때도, 예쁜 꽃을 대할 때도 밝은 마음을 갖습니다. 책을 읽을 때도 밝은 마음으로, 일을 할 때도 밝은 마음으로 합니다.

사람을 대할 때는 더욱 더 신경을 써야합니다. 밝은 얼굴과 표정, 밝은 말씨를 써야 합니다. 내가 먼저 밝은 마음을 가지고 대하면, 그 기운이 전달이 되죠. 버스를 타면서도 밝은 마음으로 인사합니다. 가정에서도 직장에서도 밝은 마음으로 인사하고, 밝은 마음으로 일하고, 밝은 마음으로 대화합니다. 이렇게 밝은 마음으로 살게 되면 내 자신의 삶이 밝게 될 뿐만 아니라 우리 사는 사회 또한 밝게 될 것입니다.

처음으로 돌아가서 『수양연구요론』의 서문은 이렇게 시작합니다. "인생의 요도는 수양에 있고, 수양의 목적은 연구에 있고, 연구의 목적은 혜복을 구함에 있다."

우리가 마음공부 하는 이유는 지혜와 복을 구하기 위함입니다. 지혜로움과 복된 생활, 결국 우리의 마음공부는 행복을 찾는 공부입니다.

통만법 명일심. 이 공부의 최종목표는 단순히 마음을 밝히는 공부

를 넘어서 지혜로움과 복을 장만하는 일입니다. 지혜롭고 복된 삶
이 되길 간절히 염원하면서 저의 설교를 마치겠습니다.
감사합니다.

99. 5. 11.

부모에게 몸을 받기 전 몸은

부모에게 몸을 받기 전 몸은 그 어떠한 몸인가.

〈의두요목 9〉

반갑습니다.

이 의두는 중국의 위산 영우 선사와 향엄 지엄 선사 사이에서 벌어진 선문답에서 유래합니다. 하루는 스승인 위산 선사가 제자인 향엄 선사에게 말하기를, "남에게 듣거나 경전에서 읽은 지식이 아닌, 그대가 태어나기 이전의 본래 모습이 무엇이냐父母未生前 本來面目"라고 묻습니다.

향엄 선사는 모든 지식을 동원하여 이 화두에 답하려 했으나 답할 수 없었습니다. 그동안에 배운 지식과 책으로는 자신이 태어나기 이전의 본래 모습에 대해서 알 수 없었죠.

여기서 좌절한 향엄 선사는 스승의 곁을 떠나 홀로 초막집을 짓고 이 문제에 대해 씨름합니다. 그리고 어느 날 기왓조각이 대나무에 부딪히는 소리를 듣고 깨우칩니다. 어떤 깨우침을 얻었을까요?

제 생각에 우리 교도님들은 초막집을 지을 것도 없고, 꼭 기왓조각이 대나무에 부딪히는 소리를 듣지 않아도 될 것 같은데, 어떠세요?

지금 보고 있고, 듣고 있는 그 놈. 그것을 알아채면 되지 않을까요? 그 자리를 딱 깨치면 끝이죠.

먼저 부모미생전 부터 살펴보겠습니다.

이 몸을 받기 전 나의 모습은 어떠합니까? 이 물음이 어머니 태중의 나의 모습을 묻는 것일까요? 아니면 나의 전생의 모습을 묻는 것일까요? 〈한울안신문〉을 보니까, 이 의두 해설의 제목을 "윤회의 비밀"이라고 했던데요. 이 의두는 단언컨대 윤회가 아닌 본래 면목을 밝히는 것입니다.

지금의 나의 모습은 '박덕희'라는 한 인간이 부모로부터 몸을 빌려 태어나서 48년간 만들어진 모습입니다. 외형적으로는 태아, 영아, 유아, 어린이, 청소년, 청년, 중년, 장년, 그리고 앞으로 노년의 모습으로 변화됩니다. 나의 생각, 가치관, 인생관 등도 고정되지 않고 변하죠. 그 변하는 가운데 변하지 않는 그 무엇이 있나요, 없나요?

부모미생전이라고 했습니다. 이 자리는 천지미분전天地未分前, 일념미생전一念未生前 소식과 다르지 않습니다. 부모에게 몸을 받기 전에는 그 어떠한 것도 없죠. 천지가 나누어지기 전에도 그렇고, 한 생각이 일어나기 이전에도 마찬가지죠. 부모, 천지, 일념 이것은 현상이고, 분별의 자리입니다. 따라서 현상 이전의 본질, 분별 이전의 진공의 자리를 알아야 합니다.

다음은 본래면목입니다.
얼굴의 생김새를 면목이라고 하죠. 사람들이 본래 가지고 있는 자신의 모습을 본래면목이라고 합니다. 그 본래면목은 형상이 있습니까? 지금 보이는 내 모습이 본래모습인가요? 결국 그 본래면목은 우리 각자가 가지고 있는 본래의 심성, 자성불을 말한다고 볼 수 있습니다.

보조국사 지눌은 우리의 본래면목을 이렇게 설명합니다.

> 제법(모든 것)이 꿈과 같고, 또한 환화幻化 같은 고로 망념은 본래 텅 비어 고요하고 티끌경계도 본래 텅 비어 있다. 제법(모든 것)이 모두 텅 비어 있는 곳에 신령스러운 앎이 어둡지 않으니 이 공적영지한 마음이 너의 본래면목이니라.

공적영지심, 텅 비어 고요하되 신령스럽게 아는 마음. 이것을 원불교 『정전』, 일원상의 진리 장에서는 "공적영지의 광명"이라고 했죠. 또 다른 표현으로는 "진공묘유"라고 해도 좋습니다. 이 자리는 우주만유의 본원이고, 제불제성의 심인이고, 일체 중생의 본성입니다.

이렇게 보면 본래면목은 다름이 아니라 바로 일원상이 되죠. 『정전』〈좌선법〉에서는 "무위자연의 본래면목 자리"라고 표현하고 있는데, 좌선의 진경에 가면 "무위자연의 본래면목"에 합일할 수 있다는 것입니다. 다시 말하면 본성, 불성, 자성이 나의 본래면목입니다.

우리는 이렇게 형체를 만질 수도, 모양을 볼 수도 없지만 본래면목을 가지고 있습니다. 하지만 범부중생은 이 본래면목이 있는 것조차 모르고 살아갑니다. 그저 내 몸뚱이와 나라고 하는 에고, 상相을 나의 전부라고 알고 살아간다는 것입니다. 따라서 이 의두는 우리 각자가 갖추고 있는 무궁한 보물인 본래면목을 깨달아 본래면목을 회복하자는 것. 이것이 이 의두의 핵심입니다.

그런데 이 의두에서 눈여겨 볼 부분이 있습니다. 그것은 몸에 대한 이해입니다. 이 의두에는 "몸"이라는 단어가 세 번이나 나옵니다. "부모로부터 몸을 받기 전 몸은 그 어떠한 몸인가?"

이 문장을 알기 쉽게 크게 둘로 보면, 부모로부터 받은 몸과 부모로부터 받기 이전의 몸으로 나눌 수 있죠. 우리가 누구나 쉽게 알 수 있는 것은 부모로부터 받은 이 몸이죠. 반대로 알 수 없는, 그리고 알아야 하는 몸은 태어나기 이전의 몸이죠.

우리 교도님들! 각자 생각해 보세요. 내가 태어나기 이전에 나의 모습은 어떠한가?

'몸'이라 하면 보통 육신을 말하죠. 몸을 한문으로는 몸 신身이라고 쓰죠. 일반적으로 나라는 존재를 설명할 때 정신과 육신, 마음과 몸으로 구분합니다. 그런데 이 의두에서 말하는 몸은, 몸과 마음을 구분했을 때 몸이라기보다는 '나'라는 존재 자체를 가리킨다고 볼 수 있습니다. 따라서 본래면목은 나의 본래 모습이라고 말할 수 있죠.

그러면, 이 의두에서 '몸'은 어떤 깨달음으로 다가올까요?
불교학적으로 보면, 우리 몸은 갈애와 욕망의 출발점입니다. 몸으로 인해 갈애와 욕망이 싹트고, 욕망의 집착으로 인해 죄를 짓게 됩니다.
다섯 가지 욕심, 오욕이라는 것이 있죠. 그것이 뭐냐면, 식욕, 색욕, 수면욕, 재물욕, 명예욕입니다. 이 다섯 가지 욕심은 번뇌, 괴로움을 일으키는 원인이 되기 때문에 보통 오욕번뇌라고 말하기도 합니다.
생각해 보십시오. 이 다섯 가지 욕심은 만약 이 몸이 없다면 있을 수 있을까요? 네. 당연히 이 몸이 있기 때문에 욕심도 있습니다. 그런데 이 욕심은 채우면 채울수록 커지고, 억누르면 억누를수록 더 증폭되는 성질을 가지고 있습니다. 욕심의 힘이 커지면 내 의지로 조절하기가 쉽지 않습니다.

예를 들어 식욕만 하더라도 식탐을 하는 사람에게 음식을 조절하는 것이 쉽지 않습니다. 마음으로는 "안 돼. 안 돼" 하지만 몸은 그대로 반응합니다. 아무리 이성으로, 마음으로 조절하려 해도 맘대로 되지 않습니다. 성욕, 수면욕, 재물욕, 명예욕 같은 경우에도 마찬가지입니다.

우리는 수많은 유혹의 경계에 노출되어 있습니다. 휘황찬란한 물질문명이 우리의 눈과 귀와 코와 입과 몸과 마음을 한순간에 빼앗아 버립니다.

제가 한때는 미식가, 맛객으로 불렸습니다. 익산에 있을 때, 아는 사람들로부터 "식사모임을 가지려고 하는데, 어딜 가면 좋겠느냐"는 전화를 많이 받았습니다.

어느 정도였냐면, 한 예로 원광대학교 사거리에 플래카드 광고판이 설치되어 있는데요. 거기에 음식점 개업 플래카드가 자주 걸립니다. 제가 어떻게 했겠어요? 그곳에 꼭 가보죠. 교무들이 즐기는 낙 중에 맛있는 음식 먹는 것, 좋은 것 구경하는 것. 이런 낙들이 있습니다.

어느 분에게 제 몸무게에 관한한 부증불감不增不減, 늘지도 줄지도 않는 것이 제 몸무게라고 말한 적이 있는데요. 그런데요. 제 건강을 위해서는 한 10kg 정도는 빼야 합니다. 그런데 그게 쉽지 않습니다. 몸은 무한정 편하려고 하죠. 맘대로 되지 않습니다. 그런데 그 식욕이라는 것이 식욕으로만 그치는 것이 아니죠. 비만, 지방간, 고지혈증 등 건강에 문제를 일으키죠. 또 게을러지고 대인 관계에도 악영향을 미치게 됩니다.

이렇게 내 몸은 갈애와 욕망의 덩어리인 것입니다. 따라서 이렇게 악업을 짓는 이 몸 이전의 몸, 본래면목을 찾으면 거기에는 악을 지을 것도 없고, 설사 악을 지었다 하더라도 본래면목으로 돌아가면 된다는 것입니다.

불교공부의 핵심은 단순히 욕심을 조절하자는 그런 정도가 아닙니다. 그 욕심의 근원이 원래는 없다는 것을 깨닫자는 것입니다.

그런데, 원불교적 의미에서 볼 때, 이 몸이 꼭 죄만을 짓는 것은 아니죠. 몸과 입과 마음은 복을 짓기도 하고, 죄를 짓기도 한다는 것입니다.

소태산 대종사께서는 부모은에서 이 몸을 "만사만리의 근본"이라고 하셨죠. 또한 『정전』 일원상 법어에서는 "이 원상은 안·이·비·설·신·의 육근을 사용할 때에 쓰는 것이니, 원만구족하고 지공무사한 것이로다."라고 하였습니다.

이 몸이 부정해야 할 대상이 아니라는 것입니다. 다만 욕심과 집착에서 벗어나고, 이 몸이 은혜의 덩어리임을 깨달아 보은의 도구, 복락을 장만하는 도구여야 한다는 것입니다.

왜 우리는 부모미생전 본래면목을 의두로 들어야 하는가?

첫째, 이 의두는 우리로 하여금 생로병사의 고통에서 벗어나게 할 수 있습니다.

불교에서는 인간이라면 누구나 생로병사 네 가지 고통을 받는다고 말합니다. 불교의 12연기법을 보면 현재의 고통인 늙고 죽음의 원인은 인간이 태어나기 때문입니다. 거꾸로 생각하면 태어남이 없으면 늙고, 병들고, 죽는 고통도 없게 되죠. 마찬가지로 이 몸을 받기 전 그 몸을 깨달아 알면 이 몸으로 인해 비롯된 모든 고통도 사라지게 된다는 것입니다. 불생불멸은 "생도 없고 멸도 없다"는 뜻으로 해석될 수도 있지만, "생함이 없으니 멸함도 없다"라고 해석될 수도 있습니다.

제 생각엔 생로병사 중 현재의 입장에서 가장 큰 고통은 아마도 병들었을 때가 아닌가 생각합니다. 태어남은 축복이고, 늙음은 자연스러움이고, 죽음은 당연한 거죠. 그런데 몸이 병듦으로 인해 당사자는 물론 그 주변인들이 겪는 고통은 이루 말할 수 없는 것 같습니다. 어딜 가보면 병듦이 진짜 큰 고통이란 걸 알 수 있을까요? 병원 응급실과 중환자실 가보세요. 나의 삶이 숙연해질 수밖에 없지요.

몇 년 전인가요? 행복전도사 최윤희 씨라는 분이 있었죠. 이분이

갑자기 부부동반 자살이라는 극단적인 선택을 했죠. 나중에 유서를 보니까 자살 이유가 희귀병인 루푸스 투병으로 인한 통증이 너무 심해서 자살을 했다는 것입니다. 얼마나 통증이 심했으면 그렇게 했을까 동정도 해보지만 참 안타까운 일이었죠.

나에게 병마가 찾아왔을 때, 공부인은 이때를 공부할 기회로 생각해야합니다. 이 병이 어디서 왔나? 계속 물음을 던져야 합니다. 그래서 자성, 우리의 본래면목엔 병이 없음을 알아 그 일체의 고통에서 벗어날 수 있어야 합니다.

범부중생은 몸에 집착하여 채 백년도 되지 않아 썩어 돌아갈 이 몸뚱이가 나인 줄 알고 생로병사에 괴로워합니다. 그러나 부모미생전 본래면목으로 견성을 하게 되면 병으로 인해 받는 고통에 크게 괴로워하지 않습니다. 또한 죽음이라는 경계에 휘둘리지 않고 나의 본래 성품 따라 자유롭게 갈 수 있습니다.

둘째, 아상我相에서 벗어날 수 있습니다.
부처님께서는 『금강경』에서 네 가지 상을 말씀하시죠. 사상은 아상, 인상, 중생상, 수자상인데, 만약에 보살에게 이 사상이 남아 있으면 보살이 아니라 말합니다. 若菩薩 有我相人相衆生相壽者相 卽
非菩薩

제가 중계동 아파트에 삽니다. 아파트 엘리베이터 입구 쪽에 시계가 걸려 있는데, 그 시계가 1시간 정도 늦게 가요. 저는 무심히 지나쳤는데, 저의 집 아이가 고등학교 2학년인데요. 하루는 경비 아저씨께 "시간이 안 맞는데, 잘 맞춰주시면 안될까요?" 했답니다. 그분이 어떻게 반응했을까요? "어린 놈 자식이 버르장머리 없게 어른한테 하라 마라 한다."며 화를 내셨답니다.

제 아이가 저를 닮아서 그렇게 버르장머리 없는 애가 아니거든요. 경비 아저씨의 입장에서는 누가 되었건 시계를 바로 고쳐 놓는 것이 당연한 일입니다. 그런데, 그것을 어린 학생이 요구했다고 화를 내는 것은 그분의 마음 가운데 어른이라는 상이 자리하고 있는 것이고, 그 내면에는 '내가 이런 일을 한다고 어린 놈이 무시하나.' 라는 자격지심도 자리하고 있는 거죠. 한마디로 말하면 아상이 있다는 것입니다.

그런데 요즘 세상엔 사상만 있는 것이 아닌 것 같습니다. 학벌상, 외모상, 지역상, 부자상, 명예상, 권력상 등 온갖 잘난 상들이 판을 칩니다.

이 모든 상들을 사상이라고 했을 때, 사상 중 가장 근원적인 것은 바로 아상입니다. '나'라고 하는 상이 있기 때문에 모든 상이 생기는 거죠. 나라는 것에서 비롯하여 갈애와 욕망이 생기고 그로 인해 죄를 짓습니다. 나라는 것이 있음으로 인해 모든 집착과 번뇌 망상이 생겨나고 업이 두터워집니다. 나라는 것이 있음으로 남자와 여자, 어른과 어린이, 부자와 가난한 자, 귀한 자와 천한 자로 분별하고 그에 따라 차별이 생깁니다.

이 모든 것들이 나라는 상을 내세우는 데서 나오게 됩니다.

'부모 몸에 들기 전'이라고 하였습니다. 부모 몸에 들기 전에는 지금 나라고 생각하는 것들이 있겠습니까? 남녀, 노소, 부귀, 빈천, 인종, 종교, 학벌, 외모도 없고, 거기에는 몸도 없고, 생각도 없고, 마음도 없고, 모든 물질도 없습니다.

오늘 설교를 정리하겠습니다.

몸에서 비롯되는 갈애와 욕망 그리고 집착. 우리는 거기에서 벗어나야 합니다. 부모에게서 몸을 받기 전 본래의 모습, 본래면목, 본래 성품으로 돌아가자는 것이 이 의두가 던지는 핵심 메시지입니다.

나의 본래면목은 텅 비어 고요한 가운데 신령스럽게 아는 공적영지심이고, 이러한 공적영지의 광명을 가졌기 때문에 내 마음이 바로 일원상이고 부처입니다.

본래면목을 깨닫게 되면 우리가 늙음과 병듦과 죽음에 다다랐을 때, 생로병사에 해탈을 얻을 수 있습니다. 또한 나라는 상에서 벗어나 거짓 나로 인해 생기는 모든 분별심과 차별심을 벗어나 안이비설신의 육근을 원만구족하고 지공무사하게 사용할 수 있습니다.

마지막으로 교도님들께 이 의두를 다시 던집니다.

"부모에게 몸을 받기 전 몸은 그 어떠한 몸인가?"

좀 더 쉽게 풀이하면 "몸인가, 마음인가?"
감사합니다.

99. 6. 22.

잠들어 꿈도 없는 때의 나의 영지

사람이 깊이 잠들어 꿈도 없는 때에는
그 아는 영지가 어느 곳에 있는가.

〈의두요목 10〉

반갑습니다.

지난 달 설교 때 "부모미생전 본래면목; 부모로부터 몸을 받기 전 본래의 모습은 무엇인가?"를 말씀드리면서 "공적영지심"에 대해 말씀드렸죠. 기억나시나요? 나의 본래모습은 바로 공적영지심, 공적영지의 광명이 있다는 것입니다. 오늘의 테마는 "영지靈知"가 되겠습니다.

먼저 잠과 꿈에 대해 이야기하겠습니다. 인간이라면 누구나 잠을 자고 꿈을 꾸죠. 경험을 통해 볼 때, 이것을 부정하는 사람은 한 사람도 없습니다. 그런데 항상 꿈을 꾸는 것은 아닙니다. 또한 꿈이 선명하게 기억나기도 하지만 그렇지 않은 경우는 더 많습니다.

꿈과 영지

우리가 무엇을 생각하고 인식한다는 것은 보통 뇌의 작용으로 말합니다. 현몽, 길몽, 태몽, 꿈에 대해서 여러 가지 이야기를 하고 학설이 있으나 뇌과학에서 말하는 꿈은 뇌가 만들어내는 뒤죽박죽의 허상에 불과할 뿐이라고 말합니다.

잠에 대해 말할 때, 렘수면이란 것이 있어요. 렘수면의 렘, REM은 'rapid eye movement'의 약자입니다. 빠른 안구운동이라는 뜻입니다. 렘수면 상태에서는 안구가 쉴 새 없이 빠르게 움직인다고 합니다. 이것은 잠들면 눈동자가 움직이지 않을 것이라는 생각을 깨버리는 현상입니다.

렘수면 단계가 끝나면 2단계, 3단계, 4단계를 거치면서 점점 깊은 잠 속으로 빠지게 됩니다. 한마디로 꿈도 없이 깊이 잠이 든 상태란 뇌가 깊은 휴식 상태에 있다는 것이고, 영지의 활동 또한 쉬고 있다고 볼 수 있습니다.

꿈도 없이 깊이 잠들었을 때 그 아는 영지가 어느 곳에 있는가? 우리가 깨어있을 때는 안이비설신의 육근이 쉴 새 없이 작동을 하죠. 이 육근은 색성향미촉법이라는 육경을 각각 상대하게 되는데, 이를 통해 각각의 식識, 알음알이를 얻게 되죠. 이를 육식이라고 합니다. 보고, 듣고, 냄새 맡고, 맛을 알고, 느끼고, 생각하는 것. 이것이 우리 인간이 갖는 인식작용입니다.

우리가 무언가를 인식한다는 것은 지극히 당연한 것 같지만, 참으로 신기한 일입니다. 그 신기한 조화를 부릴 수 있는 것은 우리에게 신령스러운 앎, 영지가 있기 때문입니다.

우리 인간을 생각하는 동물, '호모 사피엔스'라고 말합니다. 생각과 관련하여 데카르트의 유명한 말이 있습니다. "나는 생각한다. 고로 나는 존재한다." 인간은 부정할 수 없는 생각하는 동물입니다. "생각한다는 것을 생각한다." 우리는 그 생각의 영역을 확장시키는 능력, 생각을 깊은 차원으로까지 끌어올릴 수 있는 능력을 가지고 있습니다. 인간의 문명은 이 생각하는 능력, 이성의 능력, 사유의 능력, 달리 말하면 영지의 능력에 의해 이루어진 것이라고 해도 과언이 아니죠. 따라서 이 의두에서 말하는 "아는 영지"라는 표현은 단순히 꿈을 꾼 것을 기억한다는 그 정도의 앎의 작용은 아닐 것입니다.

공적영지

자, 이제 오늘 의두에서 가장 중요한 부분인 꿈도 없이 잠든 때에 그 아는 영지가 어디에 있는가에 대해 공부해 봅시다.

간단하게 생각해 보겠습니다. 여기에 제가 누워서 자고 있습니다. 눈, 귀, 코, 혀, 몸. 다 그대로 있죠. 잠을 자고 있는데 옆에서 이야기를 합니다. 잠자는 사람에게 그 소리가 들립니까? 음식을 하고 있습니다. 잠자는 사람이 그 냄새를 맡을 수 있습니까? 분명 소리는 있고, 냄새는 있지만 소리를 들을 수도 없고, 냄새를 맡을 수도 없습니다.

그러면 내가 죽은 것이냐? 잠자고 있을 뿐이죠. 그렇다면 깨어있을 때 내가 가지고 있던 인지 능력, 영지 이것은 어디로 갔을까요? 하늘로 솟았나요, 땅으로 꺼졌나요?

제가 지난 주에 교무훈련을 다녀왔습니다. 하루 밤을 잔 뒤 제 방의 룸메이트가 저의 동기였는데, 이렇게 말하더라고요. "덕희 교무 이가는 소리 때문에 잠을 설쳤네. 그렇게 이를 갈면 이가 다 부서져버릴 것 같은데, 괜찮아?"라고 묻는 거예요. 제가 이를 심하게 간다고 그래요.

방에서 세 사람이 잠을 자는데, 정작 저는 이 가는 소리를 전혀 듣지 못했고요. 제 바로 옆에 있는 교무님은 잠이 들면 밖에 천둥번개가 쳐도 모를 만큼 깊은 잠에 빠지니, 그 소리를 듣지 못했습니다. 그런데 가장 멀리 떨어져 있는 그 동지만 저의 이가는 소리 때문에 잠을 설쳤습니다. 똑같은 상황입니다. 그런데 누군가에는 그 소리가 들리기도 하고, 들리지 않기도 한다는 겁니다.

결국 눈이 잠자고, 귀가 잠자고, 코가 잠자는 것이 아니지요. 내 의식이 잠자고 있는 것이 맞지요. 그렇다고 해서 내 의식이 완전히 죽은 것이냐? 그것도 아니죠. 그렇다면 내 아는 영지는 어디에 있습니까?

우리가 여기에서 함정에 빠져서는 안 되는 것이, 어디라고 해서 그 어떤 다른 장소를 생각해서는 안 된다는 것입니다.

지난 달 의두연마를 통해 "부모에게 몸을 받기 전 몸은 그 어떠한 몸인가" – 부모미생전 본래면목에 대해 공부했었죠. 기억나시나요? 우리의 본래면목이 무엇이라고 했나요? 공적영지심이라고 했죠. 사람이 꿈도 없이 깊이 잠이 든 때에 아는 영지가 어느 곳에 있는 가? 이 의두도 '공적영지'로 설명될 수 있습니다. 결론적으로 말씀 드리면, 꿈도 없이 깊이 잠이 든 때에는 영지가 없는 것이 아니라 공적에 합일했다고 볼 수 있습니다.

이 내용에 대한 보충 설명으로 정산종사의 법문이 매우 유효합니다.

> "기氣가 영지靈知를 머금고 영지가 기를 머금은지라, 기가 곧 영지요 영지가 곧 기니, 형상 있는 것 형상 없는 것과 동물 식물과 달리는 것, 나는 것이 다 기의 부림이요 영의 나타남이라, 대성大性이란 곧 영과 기가 합일하여 둘 아닌 자리니라."
>
> 〈정산종사법어, 원리편 14장〉

꿈도 없이 깊이 잠이 든 상태는 아는 영지가 쉬고 있다는 것이고, 기가 영지를 머금은 상태입니다. 반대로 육근작용을 통해 육경인 색성향미촉법을 인식한다는 것은 영지가 기를 머금은 것이 되는 거죠. 다시 정리하면 꿈이 없이 깊이 잠이 든 때는 영지가 쉬어 공적의 상태에 들었다는 것이고, 깨어있는 상태는 공적에 기초하여

영지가 활동한다는 것으로 볼 수 있습니다.

정산 종사께서는 또 하나의 힌트를 주십니다.
한 학인이 묻습니다.

> "대령과 개령과의 관계는 어떠하나이까." 답하시기를 "마음이 정한즉 대령에 합하고 동한즉 개령이 나타나, 정즉합덕靜則合德이요 동즉분업動則分業이라, 사람이 죽어서만 대령에 합치는 것이 아니라 생사일여니라."
>
> 〈정산종사법어, 원리편 15장〉

꿈도 없이 깊이 잠이 든 때에는 대령에 합했다는 것이고, 육근이 활동한다는 것은 개령이 나타난 상태로 볼 수 있습니다. 마지막에 죽어서만 대령에 합치는 것이 아니라 '생사일여', 살아있을 때나 죽을 때나 같다는 것은 우리가 잠이 들었다 깨었다 하는 것이 죽고 나는 것과 같다는 의미입니다.

그렇다면 이 화두가 우리에게 던지는 중요 메시지는 무엇일까요?

첫째는 꿈에서 깨어나라는 것입니다.
중생의 삶은 꿈 속에 사는 것과 같습니다. 한 생 살다가 생을 마칠 때 지난 세월을 돌이켜 보면 꿈과 같습니다. 일장춘몽이고 나비의 꿈입니다. 꿈과 같다는 것은 허망하다는 것입니다.

우리가 70년, 80년 한 생을 살아갑니다. 짧지 않은 시간입니다. 1분은 60초이고, 1시간은 60분이고, 하루는 24시간이고, 한 달은 30일이고, 1년은 365일이라는 시간의 관점에서 보면 70, 80년의 삶이 결코 짧은 기간은 아닙니다.

그런데 마음의 세계에서 보면 그 70년, 80년이 한 순간입니다. 찰나입니다. 물거품처럼 일어났다 사라지는 일생입니다. 그때는 그것이 전부이고, 그것이 최고라고 생각했던 것들이 지내고 보면 다 꿈입니다. 꿈속에서 살면서도 그 것이 꿈인 줄 알고 사는 사람과 그 꿈속에서 헤어 나오지 못하는 사람은 다릅니다.

그렇다면 참다운 것은 무엇입니까? 꿈이 아닌, 꿈도 없는 공적영지가 참 나요, 참 나의 모습입니다. 이제 분명합니다. 우리의 삶이, 나의 삶이 헛된 꿈에서 깨어나 공적영지의 삶이 되자는 것입니다.

둘째는 생각을 끊으라는 것입니다.
제가 설교의 시작 부분에서 인간은 '생각하는 동물'이라고 했습니다. 생각이란 게 무엇입니까? 사전에서는 "헤아리고 판단하고 인식하는 것 따위의 정신 작용"이라고 말합니다. 우리가 현재 누리는 문명의 이기들은 인간이 생각함에서 출발합니다. 그런데 이 생각할 수 있다는 것이 인간의 가장 큰 특징이 될 수 있지만, 이 생각이 모든 괴로움의 원인이기도 합니다.

간단히 말하면 우리에겐 생각이 너무 많습니다. 쓸데없는 잡념과 망상에 끌려다니는 시간이 너무 많습니다. 모든 괴로움의 밑바닥에는 생각함이 자리하고 있습니다. 분별하는 마음, 집착하는 마음, 다 생각의 놀음입니다. 생각이 너무 많음으로 신경쇠약자가 되고, 생각이 너무 많음으로 화기火氣가 올라 건강을 해치게 됩니다. 모든 스트레스의 원인이 바로 '생각 많음'이라고 해도 틀리지 않는다는 것이죠.

그 번다한 생각들이 다 쉬는 때가 언제냐? 바로 꿈도 없이 깊이 잠든 상태라는 것이죠. 생각해 보면 잠잘 때만큼 편안한 것이 없습니다. 모든 것을 잊게 하잖아요. 그래서 잠은 휴식이고, 자연선自然禪입니다. 이렇게 우리가 잠을 통해 휴식을 취하듯이 번다한 생각들을 텅 비어 고요한 공적의 상태로 돌리자는 것입니다. 우리에겐 생각의 침묵이 필요합니다. 그렇게 했을 때, 우리들 마음에 안정과 평화가 찾아올 수 있습니다.

셋째는 생사가 둘이 아님을 깨달아야 합니다.
정일성이라는 제자가 소태산 대종사께 묻습니다. "죽었다가 다시 나는 경로가 어떠하나이까." 소태산 대종사께서 이렇게 대답하십니다.

> "잠자고 깨는 것과 같나니, 분별없이 자 버리매 일성이가 어디로 간 것 같지마는 잠을 깨면 도로 그 일성이니, 어디로 가나 그 일성이인 한 물건이 저의 업을 따라 한없이 다시 나고 다시 죽나니라."

〈대종경, 천도품 12장〉

비유가 참 쉽고 간단합니다. 죽었다가 다시 태어나는 경로는 잠자고 깨는 것과 같다. 잠잘 때가 죽음 사死이고, 깨어나면 다시 태어나는 생生이죠. 한 몸에서 죽음과 태어남이 함께 있습니다. 이렇게 보면 생과 사가 둘이 아니죠. 그 가운데 변함없는 한 물건, 그것이 있다는 것이죠. 그것이 공적영지로 텅 비어 고요하되 신령스럽게 아는 것, 이것이야말로 참된 주인공이고 이것에 기초해서 모든 생각과 알음알이가 나온다는 것입니다.

오늘 저의 설교를 정리하겠습니다.
사람이 깊이 잠들어 꿈도 없는 때에는 그 아는 영지가 어느 곳에 있는가?
내가 깨어 있을 때나 꿈도 없이 깊이 잠들어 있을 때나 나의 본래 모습은 공적영지 그대로입니다. 깨어 있을 때는 영지의 활동이 주가 되고, 깊이 잠들 때에는 공적의 상태에 합일합니다. 깨어 있을 때는 성성惺惺함이 주가 되고, 잠들 때에는 적적寂寂함이 주가 됩니다.

본성을 잃은 채 에고에 매달리는 중생의 심신 작용은 매일 꿈을 꾸는 것과 같습니다. 그 꿈에서 깨어나야 합니다. 분별하는 마음, 생각의 번다함으로부터 벗어나 텅 비어 고요한 침묵으로 돌아가야 합니다.
생사가 둘이 아니라고 했습니다. 잠자고 깨어나는 것과 같다고 했습니다. 변하는 가운데 변하지 않는 그 한 물건을 찾는 것이 성리 공부입니다.

지금 이 순간, 나의 눈과 귀 코와 입과 몸과 마음을 사용할 때에 공적영지심인 일원상을 굴리는 우리들이 되길 간절히 염원하며 저의 설교를 마치겠습니다.

감사합니다.

99. 7. 20.

일체는 오직 마음이 짓는 바

일체가 다 마음의 짓는 바라 하였으니 그것이 무슨 뜻인가.

〈의두요목 11〉

반갑습니다.

모든 것은 오직 마음이 짓는 것, '일체유심조一切唯心造'에 대해서는 누구나 다 들어봤고, 웬만한 사람들은 그 뜻이 무엇인 줄 대부분 알죠.

'일체유심조'에서 일체란 모든 것을 말하죠. 이 일체는 색성향미 촉법 육경과 안이비설신의 육근, 그리고 객관의 세계인 육경을 주관인 육근이 인식하는 육식의 세계, 즉 육경, 육근, 육식. 이것을 일체라고 하고, 불교의 가르침에 의하면 이것 외에는 다른 어떤 것도 없다고 말합니다. 이 일체를 어떤 절대적 신이 만들었다는 것이 아니라 오직 마음이 만들었다는 것이 일체유심조의 뜻입니다.

좀 더 쉽게 말하면, 우주만물도 다 마음이 만들어낸 것이고, 우리의 마음속에 일어나는 희로애락애오욕의 모든 감정과 모든 생각들도 다 마음이 만들어낸 것입니다. 또한 내가 선악간에 받게 되는 모든 보응報應도 다 마음이 지어서 받는 것이 됩니다. 이렇게 보면 조물주造物主가 따로 있는 것이 아니라 바로 마음이 조물주가 됩니다. 일체유심조는 크게 견성과 솔성, 두 측면에서 살펴볼 수 있습니다.

일체유심조에서의 견성

견성이란 성품, 또는 우리의 본래 마음자리를 깨닫는 것을 말합니다. 의두공부의 1차 목표가 견성이라고 볼 때, '일체유심조'를 통해 우리는 '마음'에 대한 깨달음을 얻어야 합니다.

'일체유심조'하면 대표적으로 원효스님의 예화를 떠올립니다. 명품은 언제나 명품이듯이 명품 예화의 핵심 되는 부분을 소개하고자 합니다.

원효 스님이 잠을 자다가 목이 말라 해골바가지에 담긴 물을 마시죠. 이튿날 깨어서 그 사실을 확인합니다. 그 다음은 어떻겠어요? 갑자기 스님의 뱃속이 뒤집어지고 참을 수 없는 구역질로 뱃속의 모든 것을 토해내게 됩니다. 이때 원효 스님이 한 깨달음을 얻죠.

"해골바가지의 물이 변한 것도 아닌데 한밤중에 마신 물은 어찌 달콤하였고, 지금의 이 썩은 물은 어찌 내 속을 뒤집어 놓는 것일까? 이것은 마음 탓일까? 물 탓일까? 아하! 이 모든 것이 마음이 지어낸 것이구나."

일체유심조에서 견성, 마음을 깨닫는다는 것은 일체자리를 통해 본래자리인 마음을 찾는 것입니다. 겉으로 드러난 모습이 아니라 본래의 주인을 찾는 것입니다.

원효 스님은 정확하게 무엇을 깨달았다는 것일까? 본래 마음에는 염정, 미추, 시비, 선악이 없다는 것입니다. 경계에 물들지 않은 마음, 청정심, 공적영지심이 우리의 본래 마음입니다.

에고의 삶에서 보는 현상계의 모든 것, 즉 보고 듣고 느끼는 감정 등이 모두가 마음이 만들어 놓은 허상이고, 보이는 현상계 모두가 환영일 뿐입니다. 그런데 중생은 이것을 참 나로 알고 영원할 것이라는 무지와 집착 속에서 살기 때문에 괴로움이 생긴다는 것입니다.

이 무상·무아의 진리를 깨닫는 것. 달리 말하면 변하는 가운데 변하지 않는 참된 성품, 진리를 깨닫는 것이 일체유심조에서의 견성이라고 말할 수 있습니다.

그렇다면 그 마음이라는 것이 도대체 무엇입니까? 마음이 무엇이기에 일체를 만들어 낸다는 것입니까?

마음, 그것은 지극히 미묘하여 잡으면 있어지고, 놓으면 없어진다고 했습니다. 마음은 깊고 고요하고, 맑고 평화하여 그 모양을 잡을 수 없습니다. 마음을 크다고 하면 어느 구석진 곳에도 그 마음이 있고, 작다고 하면 어느 큰 것도 감싸지 못함이 없습니다.

있다고 하면 한결같은 모습이 텅 비어있고, 없다고 하면 만물이 이로부터 나옵니다. 그래서 무어라 이름 할 수 없지만, 강연히 '마음'이라 부르는 것입니다.

이 마음을 깨달은 자를 부처라 하고, 이 마음이 어두운 자를 중생이라 말합니다. 모든 부처와 성인이 이 마음을 깨달으신 분이시고, 중생은 이 마음을 깨닫지 못했기 때문에 괴로운 가운데 윤회합니다.

일체유심조의 솔성

솔성은 마음을 잘 사용하는 공부입니다. 일체유심조에서 솔성, 용심법의 핵심은 뭐냐? "마음먹기에 달려있다." 라는 것입니다.

"세상사 모든 것 마음먹기에 달려있다." 이 말에 긍정하십니까? 마음을 어떻게 먹느냐에 따라 똑같은 상황과 조건임에도 나타나는 것은 다르게 나타납니다. 마음을 어떻게 먹느냐에 따라 행과 불행이 갈릴 수 있습니다. 이것이 바로 일체유심조의 원리입니다. 어떻게 마음을 먹느냐? 이것이 중요하다는 것입니다.

그리고 또 중요한 것은 마음이 조건과 상황과 환경을 바꿀 수 있다는 것입니다. 조건과 환경을 새롭게 개척할 수 있는 힘이 어디서 나오느냐? 바로 마음에서 나온다는 것입니다. 마음이 변하면 세상은 변합니다. 세상의 모든 변화는 마음에서 비롯됩니다. 그래서 우리의 마음이 참 신기하면서도 위대합니다.

살다보면 크고 작은 사건들이 우리 앞에 많이 일어납니다. 남편이 다니던 직장에서 실직을 하고, 사랑하는 아내가 어느 날 암 선고를 받고, 시부모님의 시집살이, 오르지 않는 아이의 성적, 취직 못하는 자녀, 직장 상사로부터 받는 스트레스. 피할 수 없는, 그리고 거부할 수 없는 현실과 우리는 마주칠 수 있습니다.
이때 어떻게 해야 합니까? 그 현실 앞에 내가 어떤 마음을 먹느냐에 따라 전혀 다른 반응을 할 수가 있습니다. 이 사실을 깨닫는다는 것만 해도 우리는 삶에 새로운 통찰을 얻을 수 있습니다. 힘들고 어려운 일이 닥쳐도 긍정적으로 생각하고, 희망으로 살아가다 보면 힘들고 어려운 경계를 모두 이겨낼 수 있습니다.

영화 '명량'에서 이순신 장군은 절체절명의 위기 속에서 이렇게 말합니다.
"두려움을 용기로 바꿀 수 있다면!"
만약 두려움이 용기가 되면 그 용기는 몇 배가 되죠. 극한 상황에서 단련된 용기이기 때문입니다. 아무런 고난 없이 순경에서 크는 사람과 역경 난경을 이겨낸 사람의 법력과 행복의 크기는 다릅니다. 그런데 이러한 현실을 받아들이는 것은 쉬운 일은 아닌 것 같습니다. 내 마음인데도 그 마음을 잘 사용하기가 어렵죠. 습관과 업력 때문이기도 하고요. 욕심에 사로잡히면 빈 마음을 내기도 어렵습니다. 마음의 힘이 없으면 하고 싶어도 그렇게 되지 않는 게 우리의 마음입니다. 특히 큰 경계가 찾아올 때 내가 내 마음의 주인이 되어 마음먹은 대로 실행하기가 어렵습니다.

가정에서 애들 키우는 것도 부모 맘대로 되지 않습니다. 며칠 전 저의 정토가 그러더라고요. 애들 뜻 받아주려고 하니 이렇게 하다간 몸에서 '사리'가 나오겠대요. 애들이 자기 공부시켜 주는 선생이래요. 애들 입장에서도 마찬가지죠. 애들도 자기들 맘대로 안 되는 거예요. 제 마음인데도 감정 컨트롤이 안 되는 거죠. 학교 공부도 제 맘대로 되면 얼마나 좋겠어요. 그런데 이게 어렵잖아요. 교화도 그런 것 같습니다. 교무 맘대로 되지 않아요. "교무님, 이번 주에는 꼭 가겠습니다." 와요, 안 와요? 앞에서 들어오고 뒤에서는 빠져 나갑니다. 다른 사람의 마음을 움직이고 변화시킨다는 것이 쉽지 않습니다. 연로하신 교도님께서 이런 말씀을 하시더라고요. "교무님. 맘대로 안 돼요. 이젠 몸이 말을 안 들어요."
아직 때가 되지 않았고, 나의 정성이 부족하다고 생각하긴 하지만 교화, 내 맘대로 되질 않습니다.

'일체유심조' 모든 것은 오직 마음이 짓는 바라 했으면, 마음먹은 대로 모든 일도 잘 되어야 하지 않나요? 그런데 여기에 유의할 바가 있어요. 우리의 마음은 인과의 이치에 통제를 받게 되어 있다는 것입니다. 내가 복을 짓지 않았는데, 복을 원한다고 해서 내 맘대로 복을 받을 수는 없습니다. 마음이 일체를 만들어내기도 하지만, 반대로 일체가 마음에 영향을 끼치기도 합니다. 현재 나타난 모습, 일체는 내 마음이 지은 결과입니다. 내가 마음을 통해 뿌리는 씨앗과 거둬들이는 열매는 인과율에 의해 통제되고 있다는 것입니다.

지난 월요일에 우리 원남교당의 등산모임인 원남트래킹에서 설악산을 다녀왔습니다. 원래 저도 함께하기로 했었는데, 교당에 초상이 나는 바람에 갈 수 없었습니다. 모처럼의 등산이라 1주일 전부터 체력 훈련도 하고, 등산화도 빨아놓고, 배낭도 챙기고 했는데 꽝이 되어버린 겁니다.
설악산을 갈 덕이 부족한 건지, 아니면 나중에 더 멋진 등산을 위해 아껴둔 것인지, 아니면 돌아가신 분이 저를 필요로 했던 건지는 잘 모르지만 아무튼 이번 일을 경험하면서 '아, 맘먹은 대로 다 되는 게 아니구나.' 이런 감상을 얻었습니다.

맘먹은 대로 다 되면 얼마나 좋겠습니까? 그런데 그게 어렵습니다. 아무리 좋은 생각을 하고, 선한 마음을 냈다 하더라도 맘대로 다 실행되지는 않습니다.
맘먹은 대로 다 되긴 어렵겠지만, 그나마 내 마음의 힘이 세지면 이루어지는 일도 많을 것입니다. 그 마음의 힘은 깊은 수양을 통해 얻어지고, 밝은 지혜를 통해 얻어지고, 좋은 공덕을 많이 쌓아서 얻어질 수 있습니다. 이렇게 마음의 힘을 쌓아가다 보면 우리가 얻는 행복의 개수도 많아질 것입니다.

이인의화와 일체유심조

지금 당장 되지않는다고 '일체유심조'를 부정해서는 안 됩니다. 원불교인이라면, 공부하는 사람이라면 모든 것은 마음이 짓는 바이고, 모든 것은 마음먹기에 달려있다는 굳은 믿음이 있어야 합니다.

"일체가 다 마음의 짓는 바라 하였다 하니 그것이 무슨 뜻인가?"
아래 법문이 그 해답의 열쇠가 될 수 있습니다.

> 인의화 여쭙기를 "어떤 사람이 너희 교에서는 무엇을 가르치고 배우느냐고 묻는다면 어떻게 대답하오리까." 대종사 말씀하시기를 "원래 불교는 일체유심조 一切唯心造 되는 이치를 스스로 깨쳐 알게 하는 교이니 그 이치를 가르치고 배운다고 하면 될 것이요, 그 이치를 알고 보면 불생불멸의 이치와 인과 보응의 이치까지도 다 해결되나니라."
>
> 〈대종경, 교의품 27장〉

이 법문에 나오는 이인의화 선진에 대해 잠깐 말씀드리겠습니다. 법호는 대타원이시고, 법위는 종사위이십니다. 이 분이 소태산 대종사님을 만난 것은 원기 21년, 당신 나이 57세 때입니다. 그런데, 이 분이 특별한 것은 깊은 수행을 통해 영통을 얻으셨고, 교단 1대 내 유일한 생전 법강항마위로 정산 종사의 특인을 받은 도인이셨다는 겁니다. 대타원님은 영통을 하셨기 때문에 정산 종사님과 함께 소태산 대종사님을 모시고 공부하고 즐기던 과거 전생 이야기를 나누었다고 합니다. 이분은 16세에 결혼해서 29세에 남편과 사별하고, 34세에는 다시 재혼하여 음식점과 여관을 운영하기도 했습니다. 한마디로 세상 풍파를 다 겪은 분입니다.

이 법문에 의거할 때, 대타원 이인의화 선진은 재가교도로서 '일체유심조' 공부를 해서 항마도인, 영통도인이 되었다는 것입니다. 그것도 57세의 늦은 나이에 입문해서 15년 정도의 수행적공으로 이뤄냈다는 것이 놀라운 일입니다. 대단한 일입니다.

저의 설교를 마무리하겠습니다.

소태산 대종사께서는 일체유심조의 이치를 알고 보면 불생불멸의 이치와 인과보응의 이치까지도 다 해결될 수 있다고 하셨습니다. 불생불멸의 이치와 인과보응의 이치, 바로 일원상의 진리이죠. 이렇게 보면 일체유심조를 깨치는 것은 바로 일원상의 진리를 깨닫는 것입니다.

일체유심조, "모든 것은 오직 마음이 만든다." 행과 불행은 환경이나 조건이 아니라 결국 마음에 달려 있습니다. 그것도 다른 사람의 마음이 아니라 내 마음에 달려있습니다. 따라서 나에게서 어떤 마음이 일어나든지 내가 스스로 책임져야 합니다. 다 내가 짓고 내가 받는 것입니다.

세상을 살다보면 때론 어렵고 힘든 경계와 마주하게 됩니다. 이러한 막막하고 어두운 현실 속에서 가장 중요한 것은 뭐냐? 이러한 상황을 받아들이고, 어떤 마음을 먹고 어떤 자세로 살아가느냐 하는 것입니다. 현재의 모든 고통은 내가 지은 것이고, 어쩌면 나를 더 키우고, 더 큰 행복으로 이끌기 위한 진리의 큰 뜻이고 은혜입니다.

미움과 원망, 불평과 불만으로 그 상황을 볼 것이냐, 아니면 사랑과 감사와 만족과 희망으로 볼 것이냐에 따라 우리들의 삶의 가치, 행복의 가치가 달라집니다.

일체유심조. 모든 것은 오직 마음이 짓습니다. 그 모든 것을 만들어내는 신비하고 위대한 마음을 깨닫고, 현실 경계 속에서 마음을 잘 먹고 마음을 잘 사용해서 무궁한 복락을 누리시는 우리들이 되길 염원하면서 저의 설교를 마치겠습니다.

감사합니다.

99. 8. 31.

마음이 부처이다

마음이 곧 부처라 하였으니 그것이 무슨 뜻인가.

〈의두요목 12〉

반갑습니다.

불교를 '마음의 종교', 또는 '깨달음의 종교'라고 말합니다. 마음과 깨달음이라는 단어를 통합해 보면, 불교는 "마음이 부처임을 깨닫는 종교"라고 정의해 볼 수 있습니다. 특히 선불교의 핵심 중의 핵심은 "마음이 부처即心是佛"라는 것입니다.

마음이 곧 부처이다. '곧' 이라고 했는데, 곧은 '바로'의 의미입니다. '바로'는 다른 것이 아니라, "바로 이것이다." "이것 외에는 없다." 라는 것을 강조하는 말이 됩니다. "부처를 딴 곳에서 찾지 마라. 마음이 바로 부처이다."라는 뜻이죠.

오늘 이 의두에서 우리가 풀어야 할 것은 너무도 분명합니다. "마음이 곧 부처이다."고 했으면, 부처는 누구이고 왜 마음이 부처인지를 알아야 하겠죠.

먼저, 부처란 누구인가입니다. 우리가 인식하는 부처의 모습은 다양합니다. 대산 종사께서는 학력에 따른 비유로 부처를 매우 쉽고 적절하게 설명하고 있습니다. 회보 1면에 그 법문이 나와 있는데요.

> "등상불이 부처인 줄 아는 사람은 초등학생 수준이요, 삼천 년 전 석가모니 부처님만이 부처인 줄 아는 사람은 중학생 수준이요, 저 사람도 깨치면 부처요 나도 깨치면 부처인 줄을 아는 사람은 고등학생 수준이요, 우주 만상이 다 부처의 화신임을 아는 사람은 대학생 수준이요, 나의 자성이 부처인 것을 깨친 사람은 대학원생 수준이니라."

우리 교도님들은 어느 수준이십니까? 최소 대학생 정도는 되지 않을까요? 자, 대학원생 수준에서 바라보는 부처는 무엇입니까? "나의 자성이 부처인 것을 깨친 사람"이라고 했습니다. 나의 자성이라고 했으면, 내 마음이 부처이고, 내가 부처라는 것이죠. 그래서 대산 종사께서는 이어서 이렇게 말씀하십니다.

> "우리가 공부할 때 밖에서만 구하지 말고 안으로 돌려 자성이 부처인 것을 깨치면 항마도 되고 출가도 되고 여래도 되나니, 자기를 업신여기거나 포기하지 말고 자성불을 깨치는 데 적공해야 하느니라."

우리의 공부 목표가 무엇입니까? 항마를 하고 출가위, 여래위에 오르는 거죠. 다시 말하면 부처가 되는 것입니다. 부처되는 방법은 밖에서 구할 수 없고, 오직 안으로 돌려, 자성이 부처인 것을 깨쳐 아는 데서 출발합니다.

자기를 업신여기거나 포기하지 말라 하십니다. 나를 못난 중생이라고 업신여기지 말고, 나는 부처가 될 수 없다고 포기하지 말라는 것입니다.

생각해 보십시오. 나는 지금까지 부처로 살아왔는가?

과연 나는 내 마음의 주인공으로 진실로 당당히 살아왔는가?

이 말은, 내가 부처임을 당당히 선언하라는 것입니다.

"마음이 곧 부처이다" 그 의미를 세 가지로 말씀드리겠습니다.

첫째, 마음 외에 따로 부처가 없습니다.

절의 대웅전에 모셔져 있는 부처님도 부처님이고, 석가모니 부처님도 부처님이고, 깨치면 부처이고, 우주의 삼라만상도 부처님의 화신으로서 부처님이죠. 그런데 부처를 밖에서 구하지 말라고 합니다.

극단적으로 말하면, 절에 모셔져 있는 부처님도 부처가 아니고, 석가모니 부처님도 부처가 아니고, 깨친 사람도 부처가 아니고, 우주의 삼라만상도 부처가 아니라는 것이죠. 오직 나의 마음, 나의 성품만이 참 부처입니다.

부처를 멀리서 찾는 어리석은 자들이 있습니다. 마음 밖에서 부처를 찾으려는 것은 소를 타고 있으면서 소를 찾는 격이고, 아이를 업고 있으면서 아이를 찾는 것과 같다고 했습니다.

보조 스님이 쓴 『수심결』을 보면, 마음 밖에서 부처를 구하는 것은 모래로 밥을 짓는 것과 같다고 했습니다. 쓸모없고, 아무 소용없다는 것입니다. 어떻게 모래로 밥을 할 수 있습니까? 물을 붓고, 밑에서 불을 땐들 그 모래가 밥이 될 수가 없는 거죠. 아무리 애를 써서 수행 정진해도 마음이 바로 부처라는 것을 모르고 수행하면 모래로 밥을 짓는 것과 같다는 것입니다. 기왓장을 갈아 거울로 만들려하는 것과 같습니다. 기왓장을 백 날 갈아보세요. 그게 거울이 됩니까?

소태산 대종사께서도 "마음이 곧 부처"라고 말씀하시죠. 소태산 대종사께서는 우리의 마음, 본성이야말로 참 진리요, 참 부처라고 말씀하십니다. 일원상의 진리 장에 "일원은 법신불이니, 우주만유의 본원이요, 제불제성의 심인이요, 일체중생의 본성이다."라고 밝혀져 있죠.
저 일원상은 부처님의 마음입니다. 심인, 본성이라는 것은 마음이 법신불, 부처님이라는 선언입니다. "부처를 밖에서 찾지 마라. 내 마음이 바로 부처이다."라는 것입니다.

소태산 대종사께서는 과거 등상불을 불성佛性 일원상으로 바꾸십니다. 『조선불교혁신론』에서 소태산 대종사께서는 등상불을 가을 들녘의 '허수아비'로 비유하여 설명하고 있습니다. 허수아비가 어떻습니까? 새들이 처음에는 진짜 사람인 줄 알고 그 위력을 생각하겠죠. 그런데 시간이 좀 지나고 나면 그것은 사람이 아니라 허수아비라고 알게 되고, 그 다음엔 그 허수아비에게 와서 쉬면서 놀다 가게 된다는 것입니다.

어쩌면 이것은 매우 극단적인 비유이고, 당시 민중들이 생각하는 부처님의 능력과 위력을 생각할 때 매우 혁신적인 내용입니다. 한 마디로 말하면 등상불은 부처로서의 위력이 없다는 것입니다. 그래서 소태산 대종사께서는 인격부처님이 아닌 마음 부처님, 심불心佛로서의 일원상을 그 자리에 모시게 된 것입니다.

둘째, 그러면 왜 마음이 부처인가에 대해 말씀드리겠습니다. 크게 두 가지 측면에서 살펴볼 수 있는데요. 하나는 마음이 진리 그대로이기 때문이고, 또 하나는 마음이 모든 죄복의 출처이기 때문입니다.

마음이 부처라고 했을 때, 그 마음은 희로애락애오욕의 감정을 말하는 것이 아닙니다. 그러한 감정이 나오기 이전의 마음, 즉 우리의 본래 성품이 부처라는 것입니다.

예를 들어 드러난 행위에서 보면 내 마음이 착한 마음일 수도 있고, 악한 마음일 수도 있죠. 이때 나타난 착한 마음, 악한 마음이 부처는 아닙니다. 그 마음들이 일어나게 하는 근본마음, 이 마음이 부처입니다. 눈을 감고 깊은 호흡으로 들어가 보면 맑고 고요한 본래마음, 부처님 마음과 만날 수 있습니다.

그 근본 되는 마음, 우리의 자성의 모습을 소태산 대종사께서는 공, 원, 정이라고 말씀해 주셨죠. 텅 빈 마음, 밝은 마음, 공정한 마음. 이 마음이 바로 부처입니다. 이 마음이 제불제성의 심인이고, 일체중생의 본성인 것입니다.
이 마음이 바로 진리입니다. 법신불이요, 진여요, 무극입니다. 이 마음에 무궁한 묘리와 무궁한 보물과 무궁한 조화가 가득 차 있습니다. 이 마음이 여의주이고, 신이고, 하나님입니다.

마음이란 게 얼마나 신기하고 위대합니까? 보고, 듣고, 냄새 맡고, 맛보고, 느끼고, 생각하는 것. 무엇이 있어 가능합니까? 마음이 있어서 가능합니다. 우리가 누리고 있는 과학문명, 무엇이 만들어낸 것입니까? 마음이 만든 것입니다. 지금의 나의 모습, 누가 만든 것입니까? 마음이 만든 것입니다. 마음이 있어 행복하기도 하고 불행하기도 하죠. 무궁한 묘리와 무궁한 보물과 무궁한 조화가 다 갖추어져 있는 것이 우리의 마음입니다. 우리의 마음은 진리 그대로의 모습, 일원상 마음입니다.

다음은, 마음이 모든 죄복의 출처이기 때문입니다.

모르는 사람은 죄 주고 복 주는 권능이 법당에 모신 부처님에게 있다고 생각하죠. 그런데 깨달은 사람은 어떻습니까? 천지 부모 동포 법률 사은에 죄복의 권능이 있다고 알고 있죠.

그래서 실상사 부처님께 불공하러 가는 노부부에게, "그대들의 집에 있는 며느리가 참 부처이다."라고 하죠. 며느리가 부처라는 것은, 정확히 말하면 며느리의 마음이 부처라는 거죠. 그렇지 않나요? 며느리가 어떻게 마음을 쓰느냐에 따라, 또 노부부가 마음을 어떻게 쓰느냐에 따라 죄와 복이 갈리고 행과 불행이 결정되죠.

자, 마음이 바로 부처라고 했으면 우리는 어디에 불공을 해야 합니까? 당연히 마음에 불공을 해야 하죠. 어떻게 불공합니까? 내 마음을 부처로 만들고, 상대방의 마음을 부처님으로 모시는 것이 바로 마음에 불공하는 것이 되죠.

셋째는 "현재의 이 마음이 부처"입니다.
내 마음이 곧 부처입니다. 내 마음이 부처라는 것은 "현재의 이 마음이 바로 부처이다." 라는 뜻이 되죠.

『수심결』을 보면 불성이 작용하는 데 있다고 했습니다. "눈에 있어서는 보는 것이요, 귀에 있어서는 듣는 것이요, 코에 있어서는 냄새 맡는 것이요, 혀에 있어서는 말하는 것이요, 손에 있어서는 잡는 것이요, 발에 있어서는 걸어다니는 것이다."
불성이 어디에 있느냐? 우리의 육근동작에 불성이 있습니다. 따라서 즉심시불이라는 것은 바로 지금 이 마음, 현재의 이 마음이 부처라는 것이 되죠. 지금 이 마음이 부처라는 것은 부처의 마음으로 항상 깨어 있으라는 것입니다. 깨어있다는 것은 자성을 떠나지 않는다는 것이고, 자성을 떠나지 않는 공부가 참다운 수행이 된다는 것입니다.

중국 당나라 때 유명한 마조 도일이라는 선사가 있었습니다. 마조 스님은 남악 회양 선사에게서 법을 받고 중국 선종의 황금기를 열었던 뛰어난 선승이었습니다. 이 스님의 대표적인 말씀이 "즉심시불卽心是佛, 마음이 곧 부처이다."였습니다.

평소에 마조 스님은 "현재의 이 마음이 부처다."라고 가르쳤고, 이 마음을 알면 모든 공부를 다 한 것이라고 가르쳤다고 합니다. 당시 법상 스님이라는 분이 있었는데, 그 스님은 마조 스님에게서 '즉심시불卽心是佛', 이 법문을 듣고 한 깨달음을 얻습니다. 그러고선, 이제 '더 이상 공부할 것이 없다'고 생각하고 다른 곳으로 떠나게 됩니다. 몇 해가 지난 뒤 마조 스님은 다른 제자를 시켜서 법상 스님의 공부를 점검합니다.

법상 스님을 찾아간 제자가 "스님은 여기서 무슨 공부를 하며 지내십니까?"라고 묻습니다. 법상 스님은, "예전에 마조 스님이 '현재의 이 마음이 부처다卽心是佛'라고 했는데, 나는 그렇게 알고 살 뿐이네."라고 대답합니다.

다시, 제자가 "마조 스님의 요즘 법문은 다릅니다. 요즘은 '마음도 아니고 부처도 아니다非心非佛'라고 하십니다."라고 말하니까, 법상 스님은 "그 노인장이 '마음도 아니고 부처도 아니다'라고 하든 말든 나는 현재의 이 마음이 부처다." 라고 말합니다.

제자는 들은 대로 가서 마조 스님에게 말씀드리죠. 그러자 마조 스님은 "매실이 참 잘 익었구나."라고 인가합니다. 법상 스님이 사는 그 산 이름이 큰 대 매화 매, 대매산大梅山이었다고 합니다. 그 산 이름을 빌어서 법상 스님의 도가 높은 것을 인가한 것이죠. 그 후 법상 스님을 '대매 법상'이라 부르게 되었다고 합니다.

현재의 이 마음이 부처라는 것은 우리의 육근동작이 모두 활불活佛이 되어야 한다는 뜻입니다.

마음이 부처라는 말을 오늘 처음 듣는 것이 아닙니다. 수없이 들었을 것입니다. 그런데도 여전히 부처를 다른 곳에서 찾고 있습니다. 어째서 그럴까요? 믿음이 없기 때문이죠. 자기 확신이 없기 때문입니다. 확고한 마음은 내적인 체험, 깨달음을 통해서 얻어집니다. 말로 아는 것, 글로 아는 것은 다 관념이고 허상입니다. 자기 안에서 큰 울림이 있을 때 내 것이 됩니다.

『대종경』변의품 13장을 보면, 옛날에 무식한 짚신 장수 한 사람이 수도에 발심하여 한 도인에게 도를 묻죠. 그 도인은 "즉심시불"이 도라고 알려주죠. 짚신장수는 무식한 정신에 즉심시불인데 "짚신 세 벌"이라 하는 줄로 알아듣고 여러 해 동안 "짚신 세 벌"을 외고 생각합니다. 그런데 하루는 문득 정신이 열려서 "마음이 곧 부처인 줄을 깨달았다."라는 이야기가 있습니다.

『화엄경』에 '믿음은 도의 근원이요, 공덕의 어머니다.'라고 가르치고 있습니다. 확고한 믿음이 내적인 체험을 거쳐야만 공덕의 꽃이 피고 열매가 맺습니다. 단지 믿는다고 되는 것은 아닙니다. 자기 체험이 있어야 합니다. 그렇게 믿고 정성껏 행하면 체험을 하게 됩니다.

오늘 저의 설교를 마무리하겠습니다.

부처가 어디에 있습니까? 법당에 모셔져 있는 부처님이 참 부처입니까?

마음이 바로 부처입니다. 마음이 조물주이고 죄복의 권능자입니다. 마음을 깨달아야 참 부처를 본 것입니다. 마음이 부처임을 알아야 비로소 부처의 마음이 됩니다.

마음은 온갖 묘리와 광명과 조화가 갖추어진 여의보주입니다.

마음 밖에 따로 부처가 없습니다.

온갖 조화 부리는 마음 부처님. 그 분이 참 부처입니다.

감사합니다.

99. 9. 28.

윤회와 해탈의 원인

중생의 윤회되는 것과 모든 부처님의 해탈하는 것은
그 원인이 어디 있는가.

〈의두요목 13〉

반갑습니다.

윤회와 해탈, 아주 어려운 문제입니다. 삼세를 관통하는 혜안, 깨
달음이 있어야 이 문제를 제대로 풀 수 있겠죠. 그런데 이 의두요
목을 아주 단순하게 분석해 보면 중생은 윤회된다는 것이고, 부처
님은 해탈한다는 것입니다. 부처님은 윤회의 승강에서 벗어나 해
탈을 얻은 분입니다. 궁극적으로 마음의 자유, 생사의 자유, 죄복
의 자유를 얻으신 분이 바로 부처님입니다.

오늘의 의두연마는 먼저 윤회와 해탈의 기본적인 의미를 살펴보고,
그 다음엔 이 의두에서 묻고 있는 윤회되고 해탈하는 원인이 무엇인
지, 특히 궁극적 목표인 해탈의 삶에 대해 공부해 보도록 하겠습니다.

중생은 윤회된다고 했는데, 윤회가 무엇입니까? 윤회輪廻란 "생명이 있는 것은 죽어도 다시 태어나 생이 반복된다."는 것입니다. 윤회는 산스크리트어 '삼사라samsāra'를 번역한 말로, 생사, 재생再生이라고도 합니다.

윤회는 한자로 수레바퀴 윤輪, 돌 회廻인데요. 뜻은 수레바퀴가 굴러서 끝이 없는 것과 같이 중생의 번뇌와 업에 의해서 생과 사를 끊임없이 돌고 돌아 그치지 않는 것을 말합니다.

불교에서는 윤회의 범주로서 지옥·아귀·축생·아수라·인간·천상의 여섯 세계를 제시하고 있습니다. 이를 육도六途라고 합니다.

육도의 세계를 간단히 살펴보면,

첫째,　　지옥은 육도 중 가장 고통이 심한 곳으로 분노심을 일으켜 남에게 해를 입힌 사람이 태어나는 곳.

둘째,　　아귀는 굶주림과 목마름으로 상징되는 세계로 생전에 욕심을 부리고 보시를 하지 않은 사람이 태어나는 곳.

셋째,　　축생은 고통이 많고 낙이 적은 곳으로 어리석은 짓을 많이 한 사람이 태어나는 동물의 세계.

넷째,　　아수라는 지혜는 있지만 싸우기를 좋아하는 세계.

다섯째, 인간은 탐욕·분노·어리석음이 잠재되어 있어 불법을 수행하는 데 가장 적합한 곳. 인간에는 고통도 있지만 이곳에서만 수도를 할 수 있고 열반을 성취할 수 있음.

여섯째, 천상은 모든 욕망이 충족되고 모든 즐거움이 온전히 갖추어진 세계이지만 아직 열반의 세계에는 이르지 못하는 세계입니다.

사실 이 육도 세계 중 인간과 축생은 확실하지만 나머지 세계는 있는지 없는지는 잘 알 수 없습니다. 다만 이 육도 세계는 죽음 이후에만 있는 것이 아니죠. 우리의 마음나라에도 육도 세계가 펼쳐져 있고, 우리의 생활에도 육도 세계가 있습니다. 하루에도 무수히 육도의 세계를 왔다 갔다 합니다. 오늘은 천상계에서 살다가 또 내일은 지옥의 삶을 살기도 합니다. 내가 그렇게 살고 싶어서가 아니라 어쩔 수 없이, 그렇게 살 수밖에 없다는 것입니다.

다음엔 해탈에 대해 알아보겠습니다. 해탈解脫은 산스크리트어로 '모크싸moksha'인데, 이는 '해방'이라는 뜻을 갖습니다. 한문으로 보더라도 풀 해解, 벗어날 탈脫이 해탈인 것을 보면, 해탈은 어떠한 굴레, 묶임으로부터 벗어나 자유를 얻는 것을 말합니다.
불교적 의미에서 해탈은 "인간의 영혼이 윤회의 속박으로부터 벗어나는 것"을 말합니다. 영혼이 일단 육체 속에 들어간 뒤에는 해탈을 이루는 완전함이나 깨달음에 도달할 때까지 윤회를 계속하게 됩니다.
자, 처음으로 돌아와서 이 의두의 제목이 뭐였죠? 중생이 윤회되는 것과 모든 부처님이 해탈하는 것은 그 원인이 어디에 있는가? 이 말은 어떻게 하면 인생의 궁극적인 목표인 해탈을 얻을 수 있는가 라는 물음과도 같습니다. 어떻게 하면 윤회를 벗어나 해탈을 얻을 수 있을까요?

이 문제를 해결하기 위해 우리는 『대종경』 천도품 38장을 참고할 필요가 있습니다. 이 법문에 의하면, 탐진치에 끌렸느냐 아니면 탐진치를 조복받았느냐에 따라 윤회와 자유가 결정된다는 것입니다. 윤회와 해탈을 여기에 대입시키면, 탐진치에 끌린 영은 그 착심으로 인해 거래에 자유가 없고 육도윤회가 쉴 날이 없이 무수한 고를 받게 됩니다. 반대로 탐진치를 조복받은 영은 이 착심에 묶인 바가 없기 때문에 업에 끌리지 않고 생사에 자유하고 해탈을 얻을 수 있습니다.

대산 종사의 〈십이인연법문〉에 의하면 우리가 사는 세계는 크게 두 세계가 있다고 합니다. 하나는 집착의 세계이고, 또 다른 하나는 해탈의 세계입니다. 집착의 세계는 탐진치가 지배하는 세계입니다. 이 탐진치가 밝은 정신을 어둡게 하며, 순일하고 온전한 정신을 흩어버립니다. 그래서 내일은 어찌 될지언정 오늘만 좋게 하려는 죄짓는 재미로 사는 중생의 세계입니다.

해탈의 세계는 계·정·혜가 지배하는 세계입니다. 정신을 차리고 흐트러진 정신을 모으고, 어두운 정신을 밝힙니다. 그래서 오늘은 괴로우나 내일을 위해서 복 짓는 재미로 사는 불보살의 세계입니다.

결국 윤회되고 해탈하는 원인은 탐진치에 끌리느냐, 끌리지 않느냐의 차이인 것입니다. 이렇게 보면 집착의 세계인 중생계를 벗어나 해탈의 불보살의 삶을 살자는 것이 우리 공부의 목표입니다.
그렇다면 우리는 현실에서 어떻게 해탈의 삶을 살 수 있을까요?
윤회는 죽음 이후의 일입니다. 윤회에서 해탈하는 것도 죽음 이후
에나 가능한 일이 되죠. 그런데 저는 이 문제를 좀 더 진리적이고
사실적으로 접근해야 한다고 생각합니다. 죽음 이후의 윤회와 해
탈을 논하는 것보다, 지금 내가 윤회의 삶을 사는가, 해탈의 삶을
사는가? 이것이 더 중요하다는 것입니다.
오늘 나의 모습은 어제의 결과이고, 오늘 나의 삶은 내일의 삶을
결정하지요. 내가 현생을 살아갈 때에 윤회의 삶을 사느냐, 해탈
의 삶을 사느냐에 따라 죽음 이후에도 윤회의 속박에 얽매이는가,
아니면 해탈의 자유를 얻게 되는가가 결정됩니다.
그렇다면 우리가 육도 윤회에서 벗어나 어떻게 해탈의 삶을 살 수
있을까요?

**첫째는, 결단코 청정자성을 깨달아 자성을 여의지 않는 삶을
사는 것입니다.**

소태산 대종사께서는 『대종경』 천도품 11장에서 "윤회를 자유 하
는 방법은 오직 착심을 여의고 업을 초월하는 데에 있다."고 말씀
하십니다. 죽음 이후에 영은 먼저 착심을 쫓아가기 때문에 청정일
념을 챙기는 것이 무엇보다 중요하다고 말합니다. 그 다음엔 업에
의해서 윤회하게 되는데, 그 업을 초월하라는 거죠.
그렇다면 업을 초월하는 방법은 무엇일까요? 이에 대한 답이 『정

전』참회문에 분명히 밝혀져 있습니다. "업은 본래 무명인지라 자성의 혜광을 따라 반드시 없어지나니" 자성의 혜광을 밝히면 업은 반드시 없어진다고 했습니다.

결국 해탈, 윤회의 자유를 얻는 것은 자성을 깨달아 그 빛을 밝히는 것이고, 자성을 깨닫기 위해서는 선 공부를 끊임없이, 오래 오래 계속해야 한다는 것이 되죠. 무시선법에 분명히 밝혀져 있습니다. "선을 오래 오래 계속하면 생사자유, 윤회해탈, 정토극락"이 다 이 문으로부터 나온다고 했습니다.

그 문이 어떤 문이냐? 자성문自性門이라는 겁니다. 우리의 청정자성은 불생불멸한 자리, 생과 사가 없는 자리이기 때문에 생과 사로 인해 생기는 육도윤회도 없는 자리가 바로 자성입니다. 맑고 깨끗하고, 텅 비어 두렷한 그 자리는 언제 어느 곳에서나 밝게 빛나기 때문에 머물거나 묶이지 않게 되죠.

그래서 『정산종사법어』 원리편 22장에서 정산 종사께서는 "마음이 허공같이 비고 보면 윤회의 승강을 벗어나나니, 이 빈 마음을 근본하면 항상 진급이 되고, 이 빈 마음을 기초하여 상相을 떠나면 항상 은혜를 입게 된다."고 하셨습니다. 그래서 『정산종사법어』 경의편 45장을 보면 자성을 깨달아, 자성을 떠나지 않는 수행을 하는 불보살들은 "모든 업을 지음은 있으되 그 업에 주착하는 마음은 있지 아니하나니, 그러므로 일체 모든 업이 청정하여 윤회에 미혹되지 아니하고 윤회를 능히 초월" 한다고 하셨습니다.

정산 종사 법문에 의하면, 우리가 열반을 앞두고 갖추어야 할 보물 세 가지가 있다고 합니다. 공덕과 상생의 선연과 청정한 일념인데 그 중 가장 중요한 것이 청정일념이라고 말씀하십니다. 그러시면서 아무리 공덕을 쌓고 선연을 맺었다 하더라도 평소에 공부없는 사람은 이것이 다 아상이나 착심의 자료로 화하기 쉽다고 합니다. 결국 최후 일념을 청정하게 하는 것이 제일 큰 보배가 된다고 말씀하십니다.

둘째는 착 없는 마음으로 착 없는 행을 하는 것입니다.

천도재에 많은 공을 들여도 영가가 천도를 얻지 못하는 경우도 있습니다. 유달리 착심이 강한 경우입니다. 자기가 집착한 재물이나 명예 또는 애욕이나 원한으로 업보를 받아 버리기 때문입니다. 그래서 천도와 관련해서 많이 들어본 예화가 뭐냐면, 가족에 대한 착심이 많아서 그 집의 개로 태어난다는 이야기도 있고, 재물에 대한 탐착이 많이 남아 있어 그 집을 떠나지 못하고 구렁이로 태어난다는 이야기가 그런 것들입니다.

죽어갈 때에 착 없이 길을 떠나는 것이 천도에 있어 중요하듯이 평상시에는 착 없는 마음을 갖는 것이 중요합니다. 견성을 했어도 번뇌와 착심은 바로 없어지는 것이 아니라고 했습니다. 따라서 착심을 없애는 데 점차로 노력하고 수행해야, 그 착심이 옅어지고 없어지게 된다고 했습니다.

크게 착심을 말할 때 애착, 탐착, 원착을 말하죠. 사랑하는 것에 착하고, 욕심에 착하고, 미워하는 것에 착하는 거지요. 이러한 착심의 원인이 뭐냐? 바로 탐진치 삼독심입니다.

저의 모습만 봐도 그렇습니다. 좋아하는 것과 싫어하는 것, 하고 싶은 것과 하기 싫은 일이 명확합니다. 좋아하는 사람이 있는 반면, 싫어하는 사람도 있습니다. 그런데 이것이 무서운 것은, 단지 좋아하고 싫어하는 수준을 넘어서 착심이 된다는 것입니다. 딱 붙어서 결코 뗄 수 없게 된다는 것입니다.

『대종경』 수행품 21장에 애착심과 관련된 법문이 있습니다. 이청춘이라는 제자가 소태산 대종사께 묻습니다. "큰 도인도 애착심愛着心이 있나이까." 소태산 대종사께서 "애착심이 있으면 도인은 아니다."라고 말씀하시죠. 다시 그 제자가 "정산鼎山도 자녀를 사랑하오니 그것은 애착심이 아니오니까?" 정산 종사는 영봉, 승봉의 두 따님이 있으셨죠.

이에 대해 소태산 대종사께서는 어떻게 말씀하시죠? "청춘은 감각 없는 목석을 도인이라 하겠도다." 그러시면서 "애착이라 하는 것은 사랑에 끌리어 서로 멀리 떠나지를 못한다든지 갈려 있을 때에 보고 싶은 생각이 나서 자신 수도나 공사公事에 지장이 있게 됨을 이름한다."라고 말씀하시죠.

여기서 우리는 사랑, 애착, 집착을 생각해 볼 수 있습니다. 부모가 자녀를 사랑하는 것은 당연한 거죠. 그런데 사랑에 끌려 다른 일을 못하게 되면 그것은 애착이 됩니다. 더하여 애착을 넘어 집착이 될 경우 어떻게 될까요? 집착은 병적인 상황을 말합니다. 오직 그것 밖에 보이지 않는 거죠. 예를 들면 스토커와 같은 거겠죠. 부모가 자식에 집착하는 경우도 마찬가지입니다.

그렇다면 우리는 사랑에 관해 어떻게 해탈의 마음을 가질까요? 사랑하지 않는 것이 해탈입니까? 사랑하되 빈 마음이어야 합니다. 보답을 바라는 마음이 없어야 합니다. 감정에 이끌려 주는 사랑이 아니라 그저 사랑함으로 사랑하는 것입니다. 애착과 집착이 아닌 진정한 사랑은 바로 부처님의 자비이고 하나님의 사랑입니다. 그것이 바로 착이 없는 마음, 착이 없는 행이라 말할 수 있습니다.

죽을 때에 왜 착심을 없애라고 했는가? 우리가 이 육신을 가지고 있을 때는 사실 많은 제약이 따르죠. 예를 들어 제가 제주도로 가기 위해서는 시간과 과정이 필요하죠. 그런데 어떻습니까? 마음으로는 당장 제주도 감귤농장으로 갈 수 있죠. 바로 설악산 대청봉에서 떠오르는 아름다운 일출을 감상할 수 있습니다.

그런데 죽게 되면 그 영은 육신의 제약을 받지 않습니다. 생각한 대로, 맘 먹은 대로 바로 가게 되는 거죠. 그래서 보는 것이 전도되어 함부로 탁태가 되기 때문에 무서운 것입니다. 자기가 지은 업보다 더 먼저 반응하는 것이 착심에 끌리는 것입니다.

평소 우리의 마음작용도 그렇습니다. 원근친소에 끌리는 것도 내 마음속에 하나의 착심이 있기 때문입니다. 착심에 끌려 곧바로 반응하게 됩니다. 그 착심으로 인해 죄를 짓게 됩니다.

볼 때도 착 없이 보고 들을 때에도 착 없이 들어야 하는데 그게 어렵습니다. 따라서 평소에 착 없는 마음으로 착 없는 행을 할 때에 죽어갈 때에도 착 없이 길을 떠날 수 있습니다.

오늘 설교를 마무리하겠습니다.

중생은 윤회되고 모든 부처님은 해탈하는 것은 그 원인이 어디 있는가?

중생은 탐진치에 묶여 살고 부처님은 탐진치를 조복 받아 자유의 삶을 사는 분입니다.

해탈의 세계가 육도를 벗어나 따로 존재하는 것이 아닙니다. 우리의 삶속에 해탈이 있습니다. 내가 평소 착 없는 마음과 착 없는 행을 닦으면 그것이 해탈의 삶이고, 청정자성을 깨달아 자성을 여의지 않는 공부가 바로 해탈공부입니다. 이렇게 해탈자유의 삶을 살다가 생을 마치면 육도 윤회에 끌리지 않고 완전한 해탈을 얻을 수 있습니다.

우리 교도님들 모두 해탈 자재하는 삶 되길 기원하면서 설교를 마치겠습니다.

감사합니다.

99. 10. 26.

자성을 떠나지 않는 공부

잘 수행하는 사람은 자성을 떠나지 않는다 하니
어떠한 것이 자성을 떠나지 않는 공부인가.

〈의두요목 14〉

반갑습니다.

불리자성의 공부가 원불교 초기교서에 처음 언급된 것은 원기 12
년에 발간된 「불법연구회규약」입니다. 그 책의 속표지에 "불리자
성왈공 不離自性日工 응용무념왈덕 應用無念日德"이라는 표어로 나타나
고 있습니다. 자성을 떠나지 않는 것이 공부요, 응용무념하는 것
이 덕이 된다는 의미입니다. 둘의 관계는 자성을 떠나지 않으면
바로 응용무념의 덕을 실천한다는 의미로 해석될 수도 있습니다.
"잘 수행하는 사람은 자성을 떠나지 않는다." 여기서 "잘 수행하는
사람은"이라고 했죠. 이 표현을 빌리면 수행의 핵심은 자성을 떠
나지 않는 것, 불리자성공부라고 말할 수 있습니다. 오늘 공부순

서는 자성이 무엇인가에 대해 간략히 알아보고 본 주제인 어떠한 것이 자성을 떠나지 않는 공부인가를 알아보겠습니다.

먼저, 자성이란 무엇인가입니다.
원래 자성은 산스크리트어 '스바하바svabhāva'를 번역한 말입니다. '스바하바'는 "다른 것과 혼동되지 않으며, 변하지도 않는 독자적인 본성"을 의미합니다. 자성은 "인간에 갖추어진 본성"이라는 의미로 성품, 불성 등과 다르지 않습니다. 인도불교의 전통에서 봤을 때 자성은 여러 해석들이 있지만, 원불교에서 사용되고 있는 자성의 개념은 선불교의 육조 혜능의 사상에 연원을 두고 있습니다.
육조 혜능은 특유의 자성청정론을 통해 본래 청정한 자성을 깨달아 성불한다는 종지를 세우게 됩니다. "자성이 미혹되면 중생이요 자성이 각성되면 부처自性覺則是佛 自性迷則是衆生"라는 관점입니다.

우리 원불교에서 쓰이는 자성의 용례를 살펴보면, 『정전』〈염불법〉에서는 "우리의 자성은 원래 청정"하다고 했고, 〈무시선법〉에서는 "공적 영지의 자성"이라고 표현하고 있고, 〈참회문〉에서는 "적적 성성한 자성"이라고 했습니다. 특히 〈일상수행의 요법〉 1,2,3조에서는 마음의 요란함, 어리석음, 그름을 없게 하는 것으로서 "자성의 정·혜·계"를 세울 것을 강조하고 있습니다.
먼저, '청정자성'은 맑고 깨끗한 본래 마음을 말하죠. '공적영지의 자성'이란 텅 비어 고요한 가운데 신령스럽게 빛나는 지혜를 말합니다. '적적성성한 자성'이란 자성이 고요하면서도 초롱초롱한 모습이라는 것입니다. 이 모두가 다 자성을 설명한 좋은 표현이지만, 제가 판단하기에 가장 적절한 표현은 '공적영지의 자성'으로 "텅 비어 고요한 가운데 신령스럽게 빛나는 지혜"입니다. 이를 일원상의 진리 장에서는 '공적영지의 광명'이라고 했습니다.

사실 자성에 대한 확인은 그렇게 어려운 것이 아닙니다. 지금 내가 보고 듣고 생각하고 있는 본래 주인공이 무엇인가를 찾는 것입니다. 텅 비어 있는 가운데 신령스럽게 보고 듣고 알고 있죠. 내가 아는 것이 아니라 저절로 알게 되는 것이 있습니다. 그런데 이걸 가지고 자성을 확실히 깨달았다고 하기는 어렵습니다. 깊은 선정을 통해 자성에 대한 확실한 체험이 필요합니다.

출가 후 저도 매일 좌선을 하고 있고, 좌선을 통해 편안함과 행복을 느끼고 있지만 선미禪味, 선의 참된 맛을 통해 더 없는 즐거움을 갖기는 쉽지 않습니다. 매일 아침 좌선이 중요하고 생활 속에서 실천하는 무시선 공부가 있지만 수도인은 특별히 적공하는 시간도 필요합니다. 적공을 통해 깊은 체험을 하게 되면 공부에 큰 탄력이 생기고 큰 진전이 있는 것 같습니다.

아주 오래전, 제 나이 30대 초반의 일입니다. 제가 맘먹고 영산성지 삼밭재에서 혼자 하루 밤을 자면서 적공한 적이 있습니다. 깊은 산속에서 밤에 혼자 있는 것이 쉬운 일이 아닙니다. 어둠이 찾아오고, 밤이 깊어 가면 자연스레 따라오는 게 있습니다. 두려움 과 무서움입니다. 그 때가 초여름이었는데요. 하늘에 별이 초롱초 롱 빛나고 낮에는 들을 수 없었던 바람소리, 새소리, 동물 우는 소 리, 풀벌레 소리들이 들려옵니다.

제가 마당바위에 딱 좌정하고 앉았죠. 처음에는 머리카락이 쭈뼛 서는 그런 기분입니다. 진짜 귀신이라도 나와서 잡아갈 것 같은 그런 느낌이었습니다. 그때 어떻게 합니까? 호흡에 집중합니다. 다른 어떤 때보다도 더 집중합니다. 일심의 강도가 세집니다. 차 차 마음이 안정되고 처음에 느꼈던 두려움과 무서움이 사라지고, 주변에서 들렸던 소리들이 들리지 않습니다. 기운과 마음을 오직 단전에 주합니다. 일심이 지속됩니다. 텅 비어 고요함 속에 들어 갑니다. 그 가운데 알 수 없는 상쾌한 기분, 초롱초롱함을 느낄 수 있습니다. 온 우주와 내가 하나 되는 선경의 상태로 들어갑니다. 천지의 신령스러운 기운이 내 마음과 하나 됩니다. 천지영기아심 정天地靈氣我心定이죠. 천지와 내가 한 몸이 됩니다. 천지여아동일체 天地與我同一體입니다.

이런 상태를 가장 적절하게 표현한 노래가 있습니다. "조그마한 우주선에 이 한 몸 던지고서 다북 찬 호연대기 노 삼아 저어가니 아마도 방외유객은 나뿐인가 하노라." 이 노래는 당시 25세 청년 이었던 대산 종사께서 '사공沙工'이란 제목으로 지은 시이고, 〈원불 교성가〉 111장에 수록된 노래입니다.

이렇게 한 번 그 맛을 보면, 그러한 체험을 통해 나의 자성이 우주의 법신과 다르지 않음을 확인할 때 우리는 대인이 될 수 있고, 큰 공부를 할 수 있습니다.

이제, "어떠한 것이 자성을 떠나지 않는 공부인가"에 대해 말씀드리겠습니다.

먼저 왜 자성을 떠나지 않아야 하는가? 그거야 간단하죠. 자성은 바로 자성불이죠. 부처가 다른 것이 아니라 우리의 청정 자성이 바로 부처라는 것입니다. 따라서 자성을 떠나지 않는 것은 부처님으로 사는 것이고, 자성을 떠나 경계에 끌리는 것은 중생으로 사는 것이죠. 자성불로 사는 것은 지혜와 복이 충만한 행복한 삶이고, 중생으로 사는 것은 어둠과 죄악으로 괴로움이 따르는 불행한 삶을 살기 때문입니다.

그러면 어떠한 것이 자성을 떠나지 않는 공부인가?

자성을 떠나지 않는 공부는 크게 두 단계로 나눌 수 있습니다. 첫 번째 단계는 경계를 맞이하기 전 단계이고, 두 번째 단계는 경계를 당해서 불리자성하는 공부입니다.

먼저 경계 전에는 마음을 잘 챙기고 잘 알아차리는 공부를 하는 것입니다. 이렇게 하려면 정신이 활짝 깨어 있어야 하죠. 다시 말하면 공적영지의 자성이 주인이 되어 경계를 맞이해야 합니다.

어떻습니까? 주인이 집을 비우면 도둑이 들기 쉽죠. 주인이 딱 하고 집을 지키면서 경계라는 손님이 왔을 때 들여보내 줄지, 다음에 오라고 할지, 내쫓을지를 판단해야죠. 그러려면 항상 정신을 차려야 하는데, 그 정신의 촉수가 밝으면 밝을수록 자성의 정과 자성의 혜와 자성의 계를 바로 바로 세울 수 있습니다. 특히 평소 염불과 좌선을 통해 자성을 확실히 확인했을 때 경계를 당하여 불리자성하는 공부를 할 수 있습니다.

두 번째 단계는 요란함과 어리석음과 그름의 경계를 당해서 자성의 정과 혜와 계를 세우는 공부입니다.

첫째, 요란한 경계를 당해서 우리는 마음의 고요함을 유지해야 합니다. 우리들의 일상을 살펴보면, 물질의 강한 유혹이 왔을 때, 내 마음이 진정되지 않습니다. 이 뿐만 아니죠. 정신적 욕구가 불만족일 때도 우리의 마음나라는 요란합니다. 누군가 나의 자존심을 긁거나 화나게 할 경우 매우 요란해집니다. 이 때 요란한 경계에 끌려가는 것이 아니라 청정한 자성으로 돌아가 고요함을 유지해야 합니다. 고요한 자성으로 돌아가 경계를 바로 보면 그 경계가 확연하게 보이게 됩니다. 우리의 마음이 맑고 고요해서 외부 경계에 흔들리지 않는 것이 자성의 정입니다.

둘째, 어리석은 경계를 당해서 지혜의 빛을 밝히는 것입니다. 세상에서 가장 어리석은 것은 자기의 마음이 부처인 줄을 모르는 것이지요. 그 다음엔 일과 이치 간에 옳고 그름을 분간하지 못하는 어리석음입니다. 욕심은 요란하게도 하지만 욕심에 가리면 어리석음을 면하기도 어렵습니다. 그런데 우리의 자성은 본래 지혜의 광명을 갖추고 있습니다. 그 지혜의 광명을 비추면 일과 이치 간에 밝은 지혜를 얻을 수 있습니다. 이것이 자성의 혜입니다.

셋째, 그름의 경계를 당해서 올바름을 행하는 것입니다. 세상에는 하지 말아야 할 것이 있고, 해야 할 일이 있습니다. 그런데 어리석은 중생은 하지 말아야 할 것을 하고 싶어하고, 꼭 해야 할 일을 하지 않으려 합니다. 원불교 교리적으로 보면 계문은 하지 않아야 하고, 솔성요론은 해야 할 일들입니다. 보은은 당연히 해야 하고, 배은은 하지 말아야 합니다. 그런데 그런 경계들을 당해서 옳은 일, 정의를 실행하고 그른 일, 불의를 하지 않는 실행력을 갖추어야 합니다. 그 실행의 힘은 우리 각자 각자가 다 가지고 있는 자성의 계를 세우면 실행할 수 있다는 것입니다.

그렇다면 실제 한 예를 통해 자성을 떠나지 않는 공부를 해보겠습니다. 3주 전에 제가 익산에서 KTX를 타고 서울로 올라오는 길이었습니다. 늦은 저녁시간이라 기차에서 쉬고 가야겠다고 맘을 먹었는데, 제대로 쉴 수가 없었습니다. 왜냐하면 제 뒷자리에 앉은 승객이 계속 휴대폰으로 통화를 하는 것이었습니다. 곧 끝나겠지 했는데 통화가 계속 이어지는 거예요.

처음엔, 내가 거기에 마음을 두지 말아야겠다고 생각했죠. 그런데 신경이 계속 쓰였습니다. 조금 지나니 내 마음에 짜증이 나면서 요란해졌습니다. '그래. 내가 그래도 명색이 수도인인데 좀 참자. 곧 끝나겠지.' 했는데 이렇게 1시간이 훌쩍 지나가더군요. 주위 사람들을 살펴보니 얼굴 표정이 영 아닌 거예요. 이 때 누군가 나서서 "통화는 밖에서 해주세요." 라고 했으면 편할 텐데, 그렇게 용기 내는 사람은 없고, 제 마음은 계속 불편해져 갔습니다.

그런데 제가 마냥 화가 나고 짜증이 나고 한 상태가 아니라 그 순간 제 마음의 상태를 바라보는 거죠. 내가 저 사람의 전화통화 소리 때문에 요란하구나 알고 있는 거죠. 그러면서 마음에서 일어나는 요란함을 가라앉힙니다. 어느 정도 마음의 안정을 가진 뒤에, 그러면 이 상황을 어떻게 하는 것이 현명하게 취사하는 것일까 생각해 봅니다. 제가 어떻게 했을까요?

승무원에게 조용히 이 상황을 전달하고 이에 따른 조치를 취해달라고 요구했습니다. 그러자 이 상황이 간단하게 해결되더군요. 승무원이 그 사람에게 정중히 요청했고, 그 말을 들은 사람은 바로 복도 칸으로 가서 통화를 했습니다. 그리고 기차 내에서는 휴대폰 사용을 자제해 달라는 안내 방송이 곧 나왔습니다.

만약 제 마음이 요란한 상태에서 지혜롭지 못하게 바로 그 사람에게 항의를 했다면 어떻게 되었겠습니까? 그 사람도 자기가 잘못했지만 기분은 나빴을 것입니다. 저도 괜히 얼굴 붉히며 싫은 소리 하지 않아서 다행이지요. 이것이 다, 크게 요란하지 않고 마음의 안정을 얻은 상태에서, 어떻게 하는 것이 가장 현명할까를 궁리했고 실천했기 때문이죠.

겉으로 보이는 모습에 있어서는 다른 누구도 그렇게 했을 것입니다. 그런데 여기서 중요한 것은 공적영지의 본래마음, 즉 자성을 여의지 않고 했느냐, 그렇지 않았느냐의 차이입니다. 똑같이 밥을 먹고, 길을 걷고, 말을 하더라도 그냥 습관적으로 하는 것과 공부심을 챙겨서 자성을 떠나지 않고 하는 것은 다르다는 것입니다.

자성을 떠나지 않는 공부는 경계를 바라보며 내가 경계에 끌리는지, 끌리지 않는지 살피는 재미가 있습니다. 〈무시선〉에서 밝힌 것처럼 경계를 대하되 싸우는 정신을 놓지 않고 힘써 행하는 것입니다. 이렇게 마음이 차차 익어가면 마음을 마음대로 하는 지경에 이를 수 있습니다. 어느 때 어느 곳에서나 자성이 중심을 세우고 경계에 동하지 않는 마음의 자유를 얻게 된다는 것입니다.

오늘 설교를 정리하겠습니다.
우리 자성의 모습은 공적영지입니다. 공적하다는 것은 자성의 청정심을 말하고, 영지는 자성이 발하는 지혜의 빛을 말합니다. 따라서 불리자성공부는 천만경계 속에서 '공적영지의 광명'이 항상 빛나는 것을 말합니다.

잘 수행하는 공부인은 자성을 떠나지 않고 경계를 능히 부려 쓰는 사람입니다. 분별주착과 망상에서 일어나는 마음 작용이 아니라 본연의 성품, 자성에서 발하는 마음을 쓰기 때문에 육근동작이 다 공적영지의 자성에 부합되고, 따라서 지혜롭고 복된 삶을 살아갈 수 있습니다.

소태산 대종사께서는 『대종경』 변의품 10장에서 "성품의 본래 이치를 오득하여 마음이 항상 자성을 떠나지 아니하면 길이 극락 생활을 하게 되고 지옥에 떨어지지 아니한다." 라고 말씀해 주셨습니다.

자성불이라고 했습니다. 내 안에 부처를 모시고 내가 부처로 사는 것, 이것이 우리 공부의 핵심입니다. 경계를 대할 때마다 고요함을 잃지 않는 것, 경계를 대할 때마다 밝은 자성의 광명을 밝히는 것, 경계를 대할 때마다 올바름을 실행하는 것이 자성을 떠나지 않는 공부입니다.

우리 모두 자성을 떠나지 않는 공부를 잘 하여서 부처님과 같이 지혜와 복이 충만한 극락생활 하시길 기원드리며 저의 설교를 마치겠습니다.

감사합니다.

99. 11. 23.

무엇이 같고 무엇이 다른가

마음과 성품과 이치와 기운의 동일한 점은 어떠하며
구분된 내역은 또한 어떠한가.

〈의두요목 15〉

반갑습니다.

오늘 제목이 다소 어렵고 복잡합니다. 그런데 교도님들은, 특히 저 뒤쪽에 앉아있는 젊은 교도님들은 쉽고 단순한 걸 원합니다. 그래서 저 또한 이 의두를 어떻게 풀어낼까 고민을 많이 했습니다.

이 주제가 어렵고 복잡하다는 것은 '심성이기心性理氣'가 굉장히 철학적인 주제이고, 논리적인 설명을 필요로 하기 때문입니다. 그런데 의두 성리는 어떻습니까? 분석이 아닌 직관의 세계입니다. 복잡해서는 안 되고 최대한 단순화해야 합니다.

'파격破格'이라는 말이 있습니다. 격을 깨뜨린다는 말인데, "일정한 관례나 격식을 과감히 깨뜨림"을 뜻합니다. 사실 의두성리는 파격입니다. 틀과 형식, 기존의 고정관념을 사정없이 쳐내야 합니다. 오늘 저의 설교는 약간의 파격을 시도할까 합니다.

마음과 성품, 이치와 기운을 한문으로 표현하면 '심성이기'라고 하고, 짝을 지으면 심성과 이기로 짝을 지을 수 있습니다. 동일한 점과 구분된 내역이라고 했는데, 이는 같은 점과 다른 점은 무엇인가를 묻는 질문입니다.
논문을 쓸 때, 비교논문이라는 것이 있습니다. 비교는 "견주어 공통점이나 차이점, 우열을 살피다."는 뜻입니다. 간단하게 생각하면 원불교와 불교를 두고 같은 점은 무엇이고 다른 점은 무엇인가를 알아보는 거죠. 우리는 비교를 통해 대상을 확실히 파악할 수 있습니다.

우리 교당에 어린이 쌍둥이 자매가 있죠. 희원과 원희인데요. 지난 주 감상담을 한 임선정 님의 예쁜 두 딸이고, 임선각 김공원님의 사랑스런 손녀딸들이죠. 그런데 말이죠. 저는 그 애들을 보면, 누가 희원이고 누가 원희인지 분간을 못합니다. 이름도 희원, 원희 좀 헷갈리죠.
그런데 이 두 애들이 다 똑같지만은 않고, 또 다 다르지만은 않죠. 쌍둥이면서 같은 점과 다른 점이 있다는 거죠. 우리같이 가끔 한 번씩 보면 그 애가 그 애 같은데, 어떻습니까? 부모님은 분명히 구분하죠. 누가 원희이고, 희원인지. 생김새, 성격, 행동, 같은 점과 다른 점을 확실히 안다는 것입니다.

심성이기의 동이同異

마음과 성품과 이치와 기운, 이제 그 동일한 점과 구분된 내역을 살펴보겠습니다.

먼저 심성이기에 대한 기본적인 이해로 들어가겠습니다. 일반적으로 심성이기는 유교 성리학의 범주설입니다. 성리학에서는 인간과 우주 자연의 생성변화를 심성이기라는 개념을 통해 설명합니다. 심성론은 인간 존재의 본질·구조·존재 근거에 대한 물음에 답하고자 하는 이론이며, 이기론은 이와 기로서 우주 자연과 인간 만물의 생성 변화를 설명한 이론을 말합니다.

심성이기를 학문적으로 접근하면 도대체 무슨 소리인지 잘 알 수가 없습니다. 최대한 쉽게 심성이기를 설명해 보겠습니다.

자, 나라는 존재를 가지고 심성이기로 설명해 보겠습니다. 먼저 '심성'으로 설명합니다. 보통 "그 사람 심성이 좋다", 또는 "심성이 착하다." 라는 말을 쓰죠. 이때 심성은 한 단어로 "본디부터 타고난 마음씨"를 말합니다. 마음으로 설명하고 있지만 "타고난 마음씨"라고 했듯이 일상적으로 일어나는 마음을 가리킨다기보다는 마음 씀씀이의 근원을 말하고 있습니다.

다음은 심과 성을 나누어서 설명하면, 마음은 사람이 지각하고 사유하고 추론하고 판단하는 성性·정情·의意·지志를 포함하는 주체로 심신, 몸을 주재하는 마음입니다. 이에 반해 성품은 타고난 그대로의 본성으로 본래 마음, 근본 마음과 같은 의미로 사용됩니다.

우리 인간에겐 감정이라는 것이 있지요. 그 감정을 일곱 가지로 말하는데, 기쁨, 노여움, 슬픔, 두려움, 사랑, 미움, 욕망이 있습니다. 어떤 대상을 만나 그러한 상황이 되었을 때, 이러한 감정들이 일어납니다. 우리가 항상 이러한 감정의 노예 속에서 살아가는 것은 아닙니다. 때로는 평화한 마음, 어떠한 감정도 일어나지 않는 담담한 마음을 유지하기도 합니다.

그런데 이러한 감정이 쉬어지고 완전히 텅 빈 그 마음, 마음이라고도 할 수 없는 그 상태가 있다는 거지요. 이것을 근본 마음, 성품이라고 말합니다. 따라서 우리의 마음은 성품과 감정 사이를 왔다 갔다 합니다. 마음이 성품에 합일하기도 하도, 감정으로 나타나기도 한다는 것입니다. 그래서 이것을 심통성정心統性情, 마음이 성품과 감정을 통솔한다고 말합니다.

원불교에서는 본래의 성품은 청정하다고 합니다. 그런데 "마음이 동하되 정한 가운데 동하면 동하여도 부동이라 그대로 밝고, 동하는 가운데 요란하게 동하면 무명이 생하여 어둡게 된다."고 『정산종사법어』 원리편 16장에서 말씀하셨습니다. 대체로 성품에는 변화가 없지만, 마음엔 변화가 생긴다는 입장입니다. 이렇게 보면 성은 체가 되고 심은 용이 됩니다. 좀 더 쉽게 말하면 우리 마음의 원래 주인은 성품이라는 것입니다.

다음은 '이기'에 대해 설명하겠습니다. 앞에서 말씀드렸다시피 이

기론은 이와 기로서 우주자연과 인간 만물의 생성 변화를 설명한 이론을 말합니다. 기는 만물을 이루는 질료적 의미의 형이하적 존재로 보통 음양오행으로 표현됩니다. 이는 기가 운동 변화하는 이법 또는 원리로서 형이상적 성격을 지닙니다.

좀 더 쉽게 이기에 대해 설명하겠습니다. 가을이 오면 초목들이 낙엽이 되고 봄이 오면 다시 잎이 피죠. 이것은 형상도 없고 잡을 수도 없는 한 기운의 조화입니다. 우리가 생로병사를 면할 수 없는 것도 무형한 한 힘이 들어서 그렇게 됩니다. 우주가 성주괴공 되는 것도 형상 없는 한 기운의 작용에 의하여 변화합니다. 그래서 형상 있는 것을 지배하는 것은 곧 형상 없는 힘이라고 말할 수 있습니다.

여기에 제가 있습니다. 이 모습을 하고 있는 저는 기의 덩어리입니다. 가장 기본적으로 이 몸을 움직이는 데 있어 필요한 것은 들숨과 날숨 호흡이죠. 호흡을 통해 생명을 유지하고 있습니다. 내 몸 또한 음기운과 양기운의 끊임없는 순환작용을 통해 이 몸을 움직입니다. 제가 이렇게 말을 하고, 손을 움직이고 하는 것이 다 기의 부림입니다. 그런데, 이렇게 제가 이 몸을 동작하는 데는 그 변화하는 이법 또는 원리가 있다는 것입니다. 이것을 '이理'라고 말합니다.

단순하게 생각해 보면, 우리의 몸은 생로병사의 이치에 따르게 되어있지요. 생로병사가 자연의 이치임과 동시에 이 몸이 행하는 이치입니다. 또한 이 몸에 인과의 원리가 그대로 작동하고 있지요. 음식을 많이 먹으면 살이 찌고요. 술, 담배를 많이 하면 건강을 해치게 됩니다. 눈은 보는 이치가 있고, 귀는 듣는 이치가 있고, 입은 말하게 하는 이치가 있지요. 이와 같이 이 몸이 움직인다는 것은 기의 부림이고, 그 움직임 속에는 다 그렇게 되는 이치가 있다는 것입니다.

자, 이제 심성과 이기의 관계를 말씀드리겠습니다. 결론부터 말씀드리면 천지자연과 인간이 하나이듯이 심성과 이기 또한 하나라고 볼 수 있습니다. 다시 말하면 성性은 이理이고 사유, 감정에 해당하는 정情, 포괄적으로 마음은 기氣에 해당합니다. 심성이기를 구분하는 입장에서 본다면 마음心은 성품의 작용이고 성품性은 마음心의 체이며, 이理는 만물을 주재하는 근본 되는 이법理法이고 기氣는 활동의 근원이 되는 보이지 않는 힘, 생명력, 에너지, 기운을 말합니다.

우리가 심성이기를 나누어 설명할 경우와 합하여 설명할 경우가 있는데, 경우에 따라 심心 하나로 뭉칠 수 있고 성性 하나로 뭉칠 수 있고 이理 하나로 뭉칠 수도 있고 기氣 하나로 뭉칠 수도 있습니다.

각산 신도형 종사께서 이에 대해 이렇게 말씀하십니다.

"무엇을 골똘히 생각하는 순간은 마음心 하나로 귀일歸—하고, 선禪의 진경眞境에 들면 성性으로 귀일歸—하고, 꿈도 없이 깊이 잠들었을 때는 이理로 귀일歸—하고, 무거운 물건을 들거나 기합을 넣을 때는 기氣로 귀일歸—한다."

소태산 대종사께서 이렇게 질문하십니다.

"사람 하나를 놓고 심·성·이·기 心性理氣로 낱낱이 나누어도 보고, 또한 사람 하나를 놓고 전체를 심 하나로 합하여 보기도 하고, 성 하나로 합하여 보기도 하고, 이 하나로 합하여 보기도 하고, 기 하나로 합하여 보기도 하여, 그것을 이 자리에서 말하여 보라."

〈대종경, 성리품 28장〉

마음과 기운은 하나

그런데 저는 이 의두를 연마하면서 심성이기를 하나로 통합할 수 있는 단어가 무엇일까를 생각해 봤습니다. 그게 과연 뭘까요?

저는 심성이기를 설명하면서 '사람'을 예로 들었습니다. 다시 말하면 '나'라는 존재가 심성이기의 덩어리라는 것이며, 심성이기를 똘똘 뭉치면 내가 된다는 것입니다. 원불교적 표현으로 하면, 심성이기는 바로 일원상입니다. 일원상이 바로 마음이고, 성품이고, 진리이고, 기운이죠. 그렇지 않나요? 그 일원상을 또 다른 표현으로 하면 진공묘유라고도 하는데, 성품과 이치가 진공의 측면이라면, 마음과 기운은 묘유의 측면이라는 것입니다.

오늘 저는 마음과 성품, 이치와 기운의 같은 점과 다른 점을 공부하면서 이 의두의 핵심 포인트가 무엇일까 고민했습니다. 고민 끝에 내린 결론은 "마음이 가는 곳에 기운이 간다."는 것이었습니다. 이 말은 "마음과 기운은 하나이다." 라는 의미입니다.

제가 교도님들께 몇 가지 질문을 하겠습니다.

사람의 마음이 천지기운의 영향을 받습니까, 안 받습니까? 받죠. 날씨가 맑고 상쾌하면 우리들 마음도 맑고 상쾌한 기분이 됩니다. 반대로 날씨가 음울하면 우리의 마음도 침울하기 쉽죠. 이와 같이 천지의 기운에 따라 인간의 마음이 변합니다. 마음과 마음이 통하고 기운과 기운이 서로 응하기 때문입니다.

두 번째 질문, 사람에게 그 사람이 풍기는 기운이 있습니까, 없습니까? 있죠. 어떤 사람은 화기로운 기운이 있어 그 사람만 보면 마음이 편해지고 기분이 좋아지죠. 그런데 어떤 사람은 차가운 기운이 있어서 참 쌀쌀맞은 사람이 있죠. 찬바람이 휙 불죠. 선한 기운, 악한 기운, 탁한 기운, 맑은 기운 등 사람의 외형을 통해 나타나는 기운이 있습니다.

세 번째 질문, 그러한 기운은 무엇이 만드는 것일까요? 천지의 기운은 우주의 변화에 따라 나타나는 자연스러운 현상이라면 인간의 기운은 마음에 따라 기운이 나타납니다. 다시 말하면 우리가 마음을 어떻게 먹고 어떻게 사용하느냐에 따라 기운이 결정된다는 것입니다.

『정전』〈좌선법〉에서도 기운과 마음에 대해 분명히 말씀하시죠. "대범, 좌선이라 함은 마음에 있어 망념을 쉬고 진성을 나타내는 공부이며, 몸에 있어 화기를 내리게 하고 수기를 오르게 하는 방법이니, 망념이 쉰즉 수기가 오르고 수기가 오른즉 망념이 쉬어서 몸과 마음이 한결같으며 정신과 기운이 상쾌하리라."
수기 화기는 기운을 말하고 망념과 진성은 마음에 관련되어 있죠.

우리 원남교당은 어떠한 기운을 품고 있습니까?
살리는 기운입니까, 죽이는 기운입니까?
따뜻한 기운입니까, 차가운 기운입니까?
화합의 기운입니까, 시기, 질투, 미움의 기운입니까?

내가 먼저 따뜻한 기운을 가질 때 남도 따뜻하게 해줄 수 있습니다. 내가 먼저 화한 기운, 은혜로운 기운일 때 내 주위는 물론 이 세계를 훈훈하게 할 수 있습니다.
말에도 기운이 있습니다. 기운이 있기 때문에 상대방에 그 말이 전달되면 상대방의 기분을 좋게도 하고, 기분을 나쁘게 합니다. 기운이라는 것은 움직이는 힘입니다.

기운을 받고 자란다

우리 원불교에서 "기운을 받고 자란다."는 표현을 자주 씁니다. 모든 식물들은 천지자연의 기운을 받아 자라듯이 중생들은 성현의 기운을 받고 자라며, 제자는 스승의 기운을 받고 자라죠.

저는 대산 종법사님 세대입니다. 학생 때 방학이 되면 종법사님을 배알하기 위해 완도, 만덕산, 삼동원, 익산 왕궁영모묘원으로 항상 인사를 다녔지요. 야단법석이 펼쳐지고, 특히 왕궁영모묘원 비닐하우스 대중접견실은 세간에 유명하죠. 그 때 법문을 듣고, 박수를 치고, 노래를 부르면서 종법사님의 기운을 듬뿍 받으면 우리들 서원의 키, 마음의 키가 쑥쑥 커지는 느낌이었습니다.

종법사님의 기운이 특별한 것은 특별한 법문을 받들지 않았어도 종법사님 성안만 뵙는 것으로도 사심 잡념이 녹고, 근심 걱정이 사라진다는 거죠. 성현의 기운으로 스스로 답을 찾고 오는 그런 큰 기운이 있었다는 것입니다.

불교는 인과의 진리를 핵심 진리로 삼는 종교죠. 그렇다면 유교에서는 인과가 없을까요? 유교에서는 인과를 기로 설명합니다. 어떤 기를 받았느냐에 따라 그 결과가 달라진다는 것입니다. 예를 들어 사람이 품부稟賦 받은 기운에 따라 선하기도 하고 악하기도 합니다. 즉 천지의 좋은 기운을 받고 태어나면 선한 사람이 되고, 악한 기운을 받아 태어나면 악한 사람이 되고, 부자인 것과 가난한 것, 머리가 뛰어난 것과 어리석은 것, 이 모두가 어떤 기운을 받아 태어났느냐에 따라 결정된다는 것입니다.

그래서 유교의 수양은 본연지성本然之性을 지키고 기질지성氣質之性을 어떻게 바꾸느냐 하는 것입니다. 이렇게 보면 불교의 인과가 마음에 있는 것이라면 유교의 인과 설명은 다분히 기운을 중심으로 설명된다는 것을 알 수 있습니다. 그래서 소태산 대종사께서는 "인과보응의 이치가 음양상승과 같이 되는 줄을 알며"라고 말씀해 주신 것으로 봅니다.

오늘 설교를 정리하겠습니다.

오늘의 의두요목 제목이 무엇이었습니까? 마음과 성품과 이치와 기운의 동일한 점은 어떠하며, 그 구분된 내역은 또한 어떠한가 입니다.

한 수행자가 선사를 찾아와서 묻습니다.

"부처가 뭡니까?"

"마른 똥막대기다."

이때 수행자는 이렇게 생각하겠죠.

'왜 마른 똥막대기 라고 했을까?'

'부처가 마른 똥막대기 라는 것은 무슨 뜻일까?'

"부처가 뭡니까?"라고 묻는 자는 이미 '나는 부처가 아니다'라는 관념을 갖고 있으며 그러니 부처가 뭔지 알려달라는 것이며, 부처를 찾는 방법을 가르쳐 달라는 뜻이 내포되어 있습니다.

그래서 선사들은 '부처가 뭡니까' 라고 묻는 것을 제일 싫어합니다. 그렇게 묻는 네 놈이 바로 부처인데 어디서 부처를 찾느냐는 것입니다. 속된 표현으로 하면, "무슨 개소리야." 그 말입니다.

"마른 똥막대기"라는 말을 들었을 때 질문자는 갑자기 말문이 막히게 되어 있겠죠. 갑자기 모든 생각이 끊어지겠죠. 아무것도 모를 뿐인 상태가 됩니다.

그때, 생각과 의심이 다 끊어진 자리에서 오는 텅 빈 고요한 자리, 그 자리에서 부처를 만납니다.

누구나 말하고, 생각하고, 밥을 먹고, 잠을 자고, 배설하고 다합니다. 그것을 무엇이 하느냐? 불성이라는 놈이 있어 그렇게 하는 것입니다. 그 놈을 봐라. 그런데 그 놈은 생각이 끊어진 자리에서 볼 수 있다. 그러니 생각을 끊으라는 것입니다.

마음과 성품과 이치와 기운의 동일한 점은 어떠하며 구분된 내역은 또한 어떠한가?

선문답으로 보면 이 물음은 하나의 깊은 함정입니다. 생각 속으로, 분석으로 들어가게 하는 유혹의 손길입니다.

"끊어라. 놓아라. 그러면 보일 것이다. 바로 그것이다."

감사합니다.

99. 12. 21.

우주만물의 시작과 끝

우주만물이 비롯이 있고 끝이 있는가. 비롯이 없고 끝이 없는가.

〈의두요목 16〉

반갑습니다.

우주 만물 하니까, 딱 생각나는 분이 있습니다. 바로 소태산 대종사님입니다. 소태산 대종사님은 어릴 적에 우주자연과 인생에 대해 의문을 갖고 궁리하시죠.

"저 구름은 어디서 와서 어디로 흘러가는 것인가?"

"부모님과 나는 어떤 인연으로 만나게 되었는가?"

이런 의문이 비롯이 되어 마침내 우주와 인생을 관통하는 일원상의 진리를 깨달으시죠.

"우주만물이 비롯이 있고 끝이 있는가, 비롯이 없고 끝이 없는가?"

이 물음은 궁극적으로 변과 불변, 유와 무, 인과와 불생불멸에 대한 물음, 즉 일원상 진리에 대한 깨달음과 통합니다. 소태산 대종사님은 스케일이 굉장히 크시죠. 우주를 논하시잖아요. 일원상의 진리의 첫 시작이 바로 "일원은 우주만유의 본원이요." 입니다.

기독교의 천지창조

우주만물의 시작과 끝을 말할 때 우리는 기독교의 창조론을 떠올립니다. 창조론이야말로 기독교 교리의 핵심이고, 유일 절대의 창조주인 하나님 신앙의 근간이 된다고 볼 수 있죠. 『구약성경』 창세기 1장 1절에 "태초에 하나님이 천지를 창조하시니라."로 시작하죠.

그런데 천지의 창조를 다루는 창세기는 하나의 의문을 낳게 합니다. 그 의문은 천지창조 이전의 상태는 무엇인지, 창조주인 하나님은 어떤 존재인지 하는 철학적·신학적 논쟁을 안고 있습니다. 또한 시작이 있으면 끝이 있다는 창조와 종말의 관점에서 볼 때 그 끝, 종말은 언제 올 것인가라는 것입니다.

전체적으로 보면 시작과 끝, 그것을 주관하시는 분은 전지전능한 하나님이고, 그분의 역사이며, 그러기 때문에 하나님이 위대하다고 말합니다.

반야심경의 불생불멸

시작과 끝을 말할 때, 우리는 "시작도 없고, 끝도 없다."는 불교 〈반야심경〉의 '불생불멸'을 생각하게 됩니다. 불생불멸의 뜻은 모든 존재는 "생겨나지도 않고, 멸하지도 않는다."라는 것이죠. 현상에서 보면 생과 멸이 분명히 있습니다. 그런데 불생불멸하다고 합니다.

부처님의 가르침에 의하면, 불생불멸한 이유는 일체법이 공하기 때문입니다. 우리 눈앞에 보이는 존재는 단지 인연에 의해 모였다 흩어졌다 합니다. 그 존재자체가 영원하지는 않습니다. 또한 생멸이 끝없이 반복하기 때문에 생함도 멸함도 없다고 말하는 것입니다. 따라서 불교 가르침의 핵심은 집착에서 벗어나라는 것입니다. 반야심경에서 말하는 공사상은 아무 것도 없다는 공을 말하는 것이 아니라 생에 대한 집착과 멸에 대한 집착을 벗어나라는 것이죠.

현실의 세계는 상대의 세계가 펼쳐집니다. 생이 있으면 멸이 있고, 태어남이 있으면 죽음이 있습니다. 그런데 거기에 집착하게 되면 고통이 따릅니다. "조견오온개공照見五蘊皆空 도일체고액渡一切苦厄" 오온, 즉 물질과 정신이 모두 공한 것을 깨치면 일체의 고통으로부터 벗어날 수 있다는 것이 불교 가르침의 핵심입니다. "시작도 없고 끝도 없다." 이와 관련해서 『열반경』 성행품에는 다음과 같은 유명한 설화가 나옵니다.

어느 날 한 부잣집 남자가 절세의 미인을 만납니다. 그 여인의 이름은 공덕천功德天인데, 이 여인은 재물을 불리는 구실을 한다고 했습니다. 남자는 뛸 듯이 기뻐하며 그 여자를 신부로 맞아들였습니다.

그 후 또 한 여인을 만났는데, 이번에는 매우 추악한 모습을 하고 있었습니다. 이름이 흑암천黑闇天인데, 이 여인은 재물을 소멸시키는 구실을 한다고 했습니다. 이 말을 듣고 남자는 기겁을 해서 흑암천을 쫓아버리려 했죠.

그러자 흑암천이라는 여인이 하는 말이 "당신은 참 어리석군요. 앞서 맞이해간 여자는 내 언니입니다. 나는 늘 언니와 함께 있어야 합니다. 나를 쫓아내려면 우리 언니도 같이 쫓아버려야 합니다."라고 말합니다. 그래서 이 남자는 언니인 공덕천에게 그것이 사실인지 물었더니 사실이라고 말합니다. 남자는 한참을 생각하다가 공덕천과 흑암천 둘 다 쫓아버리게 됩니다.
그 후 그 두 자매는 다시 어느 집을 찾아가게 됩니다. 그 집은 가난한 집이었는데, 그 집 주인은 두 명 모두를 기쁘게 맞아들입니다.

이 비유가 무엇을 나타낸 이야기입니까? 언니는 생을 나타낸 것이고, 동생은 죽음을 상징한 것입니다. 생이 있는 곳에 사가 있죠. 생사는 서로 떠날 수 없습니다. 또한 이 비유는 생만 원하고 사를 싫어하는 그릇된 견해를 바로잡고자 한 법문입니다.

자, 가난한 집 주인은 두 명 모두를 기쁘게 맞아들였다고 했습니다. 이것이 무슨 뜻일까요? 가난한 집 주인은 수도인, 공부인을 말합니다. 생과 멸, 시작과 끝에도 집착하지 않는다는 것입니다.

우리들은 자신의 생명, 건강, 재물들이 끝까지 계속되는 양 착각하고 살아갑니다. 그런데 어느 날 그것들이 없어지게 되면 괴로움에 몸부림치며 울부짖게 됩니다. 이것이 무명의 얼굴입니다.

부처님은 죽음의 실상이나 탐욕으로 모은 재물이 허망하다고 말씀하십니다. 그것을 깨달아야만 어떠한 재앙이 닥치더라도 거기에서 오는 괴로움에서 벗어날 수 있다고 하십니다.

일원상 서원문의 유상과 무상

우주만물이 비롯이 있고 끝이 있는가, 비롯이 없고 끝이 없는가? 이 의두에 대한 명확한 답을 제시하고 있는 원불교 교리가 있는데요. 그것이 무엇인지 아시나요? 짐작하셨겠지만 〈일원상서원문〉의 유상과 무상이 그것입니다.

"유상으로 보면, 상주불멸로 여여자연하여 무량세계를 전개하였고, 무상으로 보면 우주의 성주괴공과 만물의 생로병사와 사생의 심신작용을 따라 무량세계를 전개하였다."라고 하죠.

유상은 상주불멸을 말하고, 무상은 생로병사 하는 생멸을 말하죠. 유상은 불변의 세계이고, 무상은 변화의 세계입니다. 유상은 불생불멸이고, 무상은 인과보응입니다. 유상은 무시무종이고, 무상은 유시유종입니다.

불생불멸의 이치와 인과보응되는 이치가 서로 기초하여 한 두렷한 기틀인 일원상의 진리가 되죠. 이와 같이 유상과 무상, 불변과 변의 진리가 각각 나눠진 것이 아니라 하나의 진리로서 작용한다는 것입니다.

교도님들! 오늘 우리가 연마하는 의두 제목이 뭐였죠?
"우주만물이 비롯이 있고 끝이 있는가? 우주만물이 비롯이 없고
끝이 없는가?"이죠. 자, 이제 물음에 어떻게 답하시겠습니까?
저의 답은 비롯이 있고 끝이 있기도 하고, 비롯이 없고 끝이 없기
도 합니다.

먼저, 우주 만물은 비롯이 있고 끝이 있습니다.
유시유종이라고 하죠. 우리는 시작과 끝을 시간으로 인식합니다.
우주의 역사는 150억 년이라고 하고, 지구의 나이는 약 40억 년,
인류의 출현은 20만 년이라고 합니다.

별도 생겨났다가 언젠가는 사라집니다. 인간도 태어남이 있으면
죽음이 있습니다. 꽃도 피면 지고, 봄이 오면 어느새 여름 가을 겨
울로 이어집니다. 한해도 시작과 끝이 있고, 이처럼 우주의 만물
에는 그 시작과 끝이 있습니다. 이 마이크도 분명 그 시작과 끝이
있고, 이 법회도 시작과 끝이 있습니다.

나타난 현상의 세계에서는 시간의 길고 짧음의 차이가 있긴 하지
만, 분명히 시작이 있고 끝이 있습니다. 우리의 마음도 파도처럼
마음이 일어났다 사라졌다 하죠. 마음도 생멸이 있습니다. 이 생
각 저 생각이 일어나고, 또 그 생각이 계속 머물지 않고 사라집니
다. 만약 나쁜 생각이 계속 생겨나기만 한다면 그 사람은 미쳐버

릴 것입니다.

다음은 우주만물은 비롯이 없고 끝이 없습니다.
우선, 진리를 정의할 때 이런 명제가 있습니다. "모든 것은 변한다." 다음이 중요합니다. "모든 것이 변한다는 사실은 변하지 않는다." 이해되시나요? 쉬운 것 같지만 골똘히 생각해 봐야 합니다.
현실에 있어 시간과 공간은 상대적입니다. 그 상대적 세계를 떠나 절대적 세계, 시공간을 초월한 세계에서는 시작과 끝, 작고 크다는 분별과 인식의 세계를 벗어나게 됩니다. 시작과 끝, 작고 크다는 것은 우리 인간이 규정한 생각의 틀입니다. 진리 스스로는 그렇지 않다는 것이죠.
하루살이에게 하루는 일생이지만, 인간에게 하루는 80년, 90년의 생애 중 아주 짧은 한 순간에 불과합니다. 객관적 시간은 주관적 인식에 따라 달라집니다. 사람이 느끼는 심리 상태에 따라 하루 24시간이 1분 같이 느껴지기도 하고, 하루가 1년 같이 느껴지기도 합니다.

지난 해 말 천만 관객을 동원한 과학 영화가 있었죠. 크리스토퍼 놀란 감독의 '인터스텔라' 인데요. 영화 중 외계 행성 1시간이 지구의 7년에 해당한다는 내용이 나옵니다. 아인슈타인의 상대성이론에 근거한 것인데요. 중력이 시공간을 왜곡하기 때문에 그런 가설이 가능하다는 것입니다.

인간이 갖는 작은 인식의 세계를 벗어나 우주적 시각, 그것을 넘어선 대우주적 시각에서 보면 우주 만물의 시작과 그 끝을 말한다는 것은 하루살이가 1년을 알지 못하는 것과 같다고 할 것입니다. 나타난 현상, 분별의 세계에서는 시작과 끝이 있지만 절대의 세계, 본체의 세계에서는 시작과 끝을 말할 수 없습니다. 진공의 세계에서는 상주불멸로 여여자연하게 무량세계가 전개됩니다. 만약 진리가 멈춰버리거나 멸한다면 어떻게 되겠습니까?

나의 본래 마음도 불생불멸로 여여자연합니다. 우리의 자성에는 생멸이 없습니다. 이 자리를 알면 성리를 알았다고 말할 수 있습니다. 일상에서 일어나는 마음의 일어남이 참된 마음이 아닙니다. 이것은 일어났다 사라지는 분별 작용이고, 참마음은 생함과 멸함도 없이 여여자연한 그 자리입니다. 이 자리를 깨친 사람은 거짓 인연에 끌려 다니지 않고, 분별시비심에 얽매이지도 않고, 자성을 떠나지 않게 됩니다.

대종경 법문
우주만유의 생멸에 관해 쉽게 설명한 소태산 대종사님의 법문이 있습니다.

> 대종사 말씀하시기를 "세상의 유정有情 무정無情이 다 생의 요소 가 있으며 하나도 아주 없어지는 것은 없고 다만 그 형상을 변해

갈 따름이니, 예를 들면 사람의 시체가 땅에서 썩은즉 그 땅이 비옥하여 그 근방의 풀이 무성하여질 것이요, 그 풀을 베어다가 거름을 한즉 곡식이 잘 될 것이며, 그 곡식을 사람이 먹은즉 피도 되고 살도 되어 생명을 유지하며 활동을 하게 될 것이니, 이와 같이 본다면 우주 만물이 모두 다 영원히 죽어 없어지지 아니하고 저 지푸라기 하나까지도 백억 화신을 내어 갖은 조화와 능력을 발휘하나니라. 그러므로, 그대들은 이러한 이치를 깊이 연구하여 우주 만유가 다 같이 생멸 없는 진리 가운데 한량 없는 생을 누리는 것을 깨쳐 얻으라."

〈대종경, 천도품 15장〉

이 법문은 우주만물을 하나하나로 보지 않고 한 몸, 전체로 보는 입장입니다. 사람이 죽는다고 해서 없어지는 것이 아니라 풀이 되고, 거름이 되고, 곡식이 되어 다시 피도 되고 살이 되어 생명을 유지한다고 했습니다. 그 형상은 변하지만 생멸 없는 진리 가운데 한량없는 생을 누린다고 했습니다. 변하는 가운데 변하지 않는 모습을 밝히고 있습니다.

설교를 정리하겠습니다.
우주의 진리는 원래 생멸이 없이 길이 돌고 돈다고 했습니다. 불생불멸의 진리를 깨닫는 것은 영원한 생명을 얻는 것입니다. 우리의 몸은 생멸이 있지만 자성은 생멸이 없기 때문에 무량수無量壽입니다. 이런 사람은 백 년을 살아도 길다하지 않고, 하루를 살아도 짧다하지 않을 것입니다.

이 생멸이 없는 세계에서 보면 하루도 영원입니다. 하루도 영원이기 때문에 찰나찰나 순간순간을 영원처럼 소중하게 삽니다. 하루의 생명도 영원의 생명으로 알기 때문에 항상 감사 보은생활을 합니다. 이러한 생활이 지속되면 생사해탈에 이를 수 있습니다.

우리는 일원상을 바라봅니다. 어디가 시작이고 어디가 끝인지 모릅니다. 끝이 없는 길입니다. 돌고 돌아 무궁합니다.
우리는 끝 없는 길을 걸어가고 있습니다. 삶과 죽음의 길, 그리고 또 다른 삶의 길이 펼쳐집니다. 우리는 끝 없는 길, 불멸의 길을 갑니다. 이렇게 불생불멸의 진리 속에서 살면서도 우리가 간과하지 말아야 할 것은 시작과 끝이 있는 현실의 삶에도 충실해야 한다는 것입니다. 우주 만물에는 시작과 끝이 있습니다. 시작도 없고 끝도 없다는 생각에만 머물러 있는 사람은 현실을 도외시하게 됩니다. 잘못하면 모든 것을 무상으로 바라보고 현재에 충실하지 못하는 삶을 살아갈 위험성이 있습니다.

우리의 결론은 분명합니다. 불생불멸의 영원한 진리가 있습니다. 그 가운데 끊임없이 반복되는 생멸의 세계, 인과의 세계가 우리 눈앞에 펼쳐집니다. 둘 다 진리임을 깨닫고, 둘 다 우리의 삶으로 받아들일 때 우리의 삶은 더욱 행복할 것입니다.
감사합니다.

100. 1. 25.

만물의 인과 보복

만물의 인과 보복되는 것이 현생 일은 서로 알고 실행되려니와 후생 일
은 숙명 宿命이 이미 매하여서 피차가 서로 알지 못하거니 어떻게 보복이
되는가.

〈의두요목 17〉

반갑습니다.
인과 보복, 현생, 후생, 숙명. 이러한 단어들이 나오는 것을 보면
이 의두는 삼세 인과를 묻고 있음이 분명해 보입니다. 대부분의
사람들은 현생 인과도 잘 모르죠. 그런데 전생·현생·후생 삼생에
대한 인과를 안다는 것은 깨달음을 얻은 자만이 가질 수 있는 지
혜일 것입니다.

포수와 산돼지
오늘의 이 의두는 『대종경』에 나오는 소태산 대종사님의 법문으
로 시작해 볼까 합니다. 소태산 대종사께서 변산 봉래정사에 계실

때 일입니다. 하루는 포수가 봉래정사 인근 산에 들어와 산돼지를 잡게 되었습니다. 총에 맞은 산돼지의 울부짖는 비명소리가 매우 처량하게 들렸습니다. 그 소리를 듣고 소태산 대종사께서 직접 그 자리에 가 보시며 이렇게 말씀하십니다.

"한 물건이 이로움을 보매 한 물건이 해로움을 당하는도다."

포수는 산돼지를 얻지만, 산돼지는 생명을 잃게 되지요.

소태산 대종사께서는 이어서 제자들에게 이렇게 말씀하시죠. 이 부분이 매우 중요합니다.

"산돼지의 죽음을 보니 전날에 산돼지가 지은 바를 가히 알겠고, 오늘 포수가 산돼지 잡음을 보니 뒷날 포수가 당할 일을 또한 가히 알겠도다."

교도님들! 이 이야기를 어떻게 생각하십니까?

산돼지와 포수가 과거 전생에 어떤 관계였는지는 정확하게 알 수 없습니다. 그런데 분명한 것은 죽고 죽임을 당하는 상극의 관계였다는 것이고, 다음 생에도 그러한 인연과보는 이어질 것이라는 거죠. 또 이 예화에서 우리가 알 수 있는 좀 더 명확한 사실은, 자기가 지은 대로 받게 된다는 인과의 진리는 조금도 틀림없이 실행된다는 것입니다.

전생과 후생의 가늠자는 현생

우리가 살아가면서 때로는 자신의 전생에 대해 궁금해 합니다. 이런 말들을 하곤 하죠. "내가 전생을 무슨 죄를 지었기에 이 고생을 해야 하나?" 또 "저 사람은 전생에 도대체 어떤 복을 지었기에 저런 복을 받을까?" 우스갯소리로 "전생에 나라를 구했나." 말하기도 하죠.

정산 종사께서는 이렇게 말씀하십니다.

> "사람 사람이 전생 일과 내생 일이 궁금할 것이나 그것은 어렵고도 쉬운 일이니, 부처님께서 "전생 일을 알려거든 금생에 받는 바요 내생 일을 알려거든 금생에 짓는 바라"하신 말씀이 큰 명언이시니라. 자기가 잘 지었으면 금생에 잘 받을 것이요, 잘못 받으면 전생에 잘못 지은 것이라, 아는 이는 더 잘 짓기에 노력하고 모르는 이는 한탄만 할 따름이니라."
>
> 〈정산종사법어, 원리편46장〉

전생과 후생의 가늠자가 어디에 있습니까? 바로 현생에 있습니다. 현생은 전생에 지은 결과이고, 내생은 현생에 지은 것이 나타나게 되죠. 또한 이 말씀은 인과를 어찌할 수 없는 숙명으로 받아들일 것이 아니라, 더 잘 짓기에 노력하는 것이 중요하다는 것을 가르치고 있습니다. 신세 한탄만 할 것이 아니라 현재의 모습을 인과로 받아들이고 미래를 개척하라는 말씀입니다. 그 미래는 현재의 노력에 달려 있다는 것이죠.

현생의 인과 보복도 다 아는가?

이 의두가 "만물의 인과 보복되는 것이 현생 일은 서로 알고 실행이 되려니와"로 시작되고 있는데요. 소태산 대종사께서도 개벽시대, 밝은 시대에는 인과가 소소 영령하여 내생까지 가지 않고 현생에 받을 것은 다 받는다고 하셨죠.

게으른 사람이 부자 되기가 어렵고, 열심히 공부하지 않는 학생이 좋은 성적 받기가 어렵죠. 복을 지으면 복을 받고, 죄를 지으면 벌을 받는 것은 당연합니다.

그런데 말이죠. 인과 보복되는 것이 현생 일은 서로 알고 실행이 된다고 했는데, 그렇지 않은 것도 있는 것 같아요. 모르고 짓는 죄가 있다는 것입니다. 나에게 돌아오는 우연한 고락에 대해서는 그 원인을 잘 알 수 없습니다. 특히 인연과보로 얽혀진 일에 대해서는 그런 일이 있었다 하더라도 나는 모르는 경우가 많이 있습니다. 상대방은 기억하는데 나는 기억 못하는 것이 있지요.

예를 들어 돈을 빌린 사람은 잘 기억하지 못하지만, 돈을 빌려 준 사람은 꼭 기억하죠. 인연과보도 이와 마찬가지라고 봅니다. 내가 누군가에게 나도 모르는 상극의 업을 지을 수도 있다는 것입니다. 이렇게 되면 상대방은 그 인연과보를 행하지만 나는 내가 받는 인연과보에 대해서는 까맣게 모르게 되지요. 이해되시나요?

도무지 알 수 없는 인연과보에 대해 우리는 어떤 생각을 해야 할까요? 내가 짓지 않았다고 억울해 해야만 할까요? 모든 탓을 주위 인연에게 돌리고, 세상에 대해 원망만 하는 것이 맞을까요?

현생에 그럴 원인이 없었다는 것은 결국 그 과보의 출발이 어디에 있다는 것입니까? 전생에 내가 지었기 때문에 그 과보를 지금 받는다는 것이죠. 그래서 인과는 '감수불보^{甘受不報}', 달게 받고 갚지 말라 하신 것입니다. 더 나아가 '선업결연^{善業結緣}', 앞으로 좋은 인연을 맺기 위해 노력하라는 것입니다.

전생이 있는가?

현재의 알 수 없는 고락에 대해서 그것이 과거 전생이 원인이라면 우리는 여기서 "전생이 있느냐?"라는 질문을 던지지 않을 수 없습니다.

교도님들! 전생이 있습니까?

전생이 있다는 것을 믿는 것과 전생을 기억하는 것은 다르다고 생각합니다. 전생을 기억하는 사람은 거의 없지만 전생이 있다는 것, 후생이 있다는 것을 믿는 사람은 많습니다. 전생의 나의 모습과 내가 행한 인연과보를 모른다고 해서 나의 전생이 없다고 말할 수 있습니까?

생각해 보십시오. 다섯 살 때 이전의 기억이 있나요? 저는 기억이 없습니다. 그렇다면 기억이 나지 않는다고 해서 다섯 살 이전의 나의 삶이 없었던 것인가요? 아니죠. 분명히 있었죠. 그런데 우리는 그 시절을 기억할 수 없습니다.

자, 과거 전생을 기억하지 못한다고 해서 과거 전생이 없다고 말할 수 있을까요? 내가 모르는 것이지 과거 전생이 없다고 말할 수 없다는 것입니다.

전생이 있음을 믿는 것은 후생, 죽음 이후에 다음 생이 있음을 믿는 것이고, 후생이 있음을 믿는 것은 영생이 있음을 믿는 것이고, 이것은 불생불멸의 진리를 믿는 것입니다.

교도님들 중에서 자신의 전생을 아시는 분 있습니까? 제 생각엔 모르고 사는 것이 훨씬 좋을 것 같습니다. 예를 들어 과거 전생에 자신이 아주 커다란 죄를 저질렀어요. 전쟁터에서 사람을 수천 명 죽였다, 그런 것을 알고 사는 것이 좋겠습니까? 혹은 전생에 공주였다든지, 왕자였다든지 하여 화려한 삶을 살았는데, 지금은 가난하게 산다면 지금의 삶에 대해 만족할 수 있을까요?

어쩌면 전생은 잊어버리는 것이 나을 수도 있습니다. 자신이 영적으로 발전하고, 이 세상에서 순수한 상태로 다양한 체험을 하기 위해서는 전생의 기억을 잊어버리는 것이 훨씬 좋다는 것입니다. 과거를 다 기억하면, 과거에 매여 자신을 진취적으로 개벽시키기가 쉽지 않습니다. 그래서 우주자연의 섭리는 전생을 망각하게 되어있는 줄도 모릅니다.

삼세 인과 보복에 대한 부처님의 법문

전생, 현생, 후생의 삶은 결국 윤회하는 삶을 이야기 합니다. 모든 인간의 존재양태가 다른 것은 자신의 업, 자기가 지은 바에 의해 그 모습 그대로 다시 태어나기 때문입니다.

불교 『법구비유경』에 이런 이야기 실려 있습니다.

옛날 부처님 당대에 한 비구가 오랜 병으로 어떤 절에 누워 있었습니다. 몸은 야위고 더러워 아무도 돌보아주는 사람이 없었습니다.

부처님은 제자들을 데리고 그곳에 가서 그 환자를 차례로 보살피게 하였습니다. 그러나 제자들은 역한 냄새 때문에 환자를 천대하면서 돌보려하지 않았습니다.

부처님은 손수 더운물을 떠다가 앓고 있는 비구의 몸을 씻어 주었습니다. 그러시면서 부처님은 이렇게 말씀하십니다.

> "여래가 이 세상에 온 것은 이와 같이 보살펴 주는 이 없이 가난하고 재난을 당한 사람들을 구해주기 위해서다. 병들고 약한 사람이나 수행자, 그리고 가난하고 외로운 노인에게 공양하면 그 복은 한량이 없어 무엇이나 뜻대로 되느니라. 마치 다섯 강물이 흘러 바다로 들어가듯이 복이 오는 것도 그와 같아서 공덕이 쌓이고 쌓여 마침내 깨달음을 얻게 될 것이다."

곁에 있던 제자가 부처님께 사룁니다.

"부처님. 이 스님은 전생에 무슨 죄를 지었기에 여러 해를 두고 병으로 고생하면서 낫지 못합니까?"

부처님께서 이 병든 스님의 전생에 대해 말씀하십니다.

옛날에 악행惡行이라는 왕이 있었는데, 이 왕은 나라를 다스리는 일이 몹시 거칠고 사나웠습니다. 이 왕 밑에는 힘센 장사가 있었는데, 채찍을 가지고 왕의 말을 따르지 않는 사람을 치는 일을 하였습니다. 그런데 이 장사는 뇌물을 좋아했는데, 뇌물을 바치지 않으면 채찍질이 사나웠고, 뇌물을 주면 가볍게 채찍질을 하는 것이었습니다.

한번은 어떤 선량한 사람이 터무니없는 모함을 당해 채찍질을 받게 되었습니다. 억울한 그 사람은 장사에게 사정을 합니다.

"나는 정법을 믿는 사람으로 아무 죄도 없는데 남의 모함을 받았습니다. 그러니 너그럽게 봐주십시오."

힘센 장사는 그가 정법을 믿는다는 말을 듣고, 손을 가볍게 놀려 채찍이 몸에 닿지 않게 때리는 시늉만 했습니다.

시간이 흘러 그 장사는 죽게 되었는데, 어떻게 되었을까요? 죽은 뒤 지옥에 떨어져 갖은 고통을 받다가 죄보가 끝난 뒤 축생의 몸을 받아 5백 생을 두고 채찍을 맞는 과보를 받았다고 합니다. 그 뒤 사람으로 태어나서는 늘 중병을 앓으면서 고통이 떠나지 않았다고 합니다.

그때 채찍질을 하던 장사가 바로 병을 앓고 있던 그 비구였고, 그 장사가 베푼 관용으로 채찍질을 당하지 않았던 선량한 사람이 부처님의 과거 전생이고, 그 은혜를 갚기 위해 손수 부처님께서 이 병든 비구를 씻어주게 되었다는 것입니다.

그러시면서 부처님께서 "사람이 선이나 악을 행하면 복과 재앙이 그림자처럼 그 몸을 따르는데 그 과보는 생을 달리하더라도 면할 수 없는 것이다."라고 말씀하십니다.
병든 비구는 부처님으로부터 자신의 전생 일을 듣고 자신의 죄업을 스스로 깊이 참회합니다. 그 후 그 비구는 곧 병이 나아 몸이 편안하고 마음이 고요해져 아라한도를 증득하였다고 합니다.

전생을 환히 볼 수 있는 영통
때론 전생을 환히 볼 수 있는 영통을 얻었으면 하는 생각을 할 때가 있습니다. 부처님 당대에도 과거 전생에 대해 궁금해 하는 제자가 있었나 봅니다. 〈사십이장경 13장〉에 나오는 부처님 말씀입니다.
한 제자가 부처님께 묻습니다. "어떻게 해야 전생을 알겠나이까?"
"오직 뜻을 지켜 마음이 청정한 후에야 도를 얻을 것이요, 도를 얻게 되면 전생 일을 알게 될 것이다. 비유하여 말하면, 거울에 있는 때만 닦아 버리면 스스로 밝은 빛이 나타나는 것과 같나니라."

이 법문에 의하면, 순서가 이렇습니다. "마음이 청정하면 도를 얻게 되고, 도를 얻게 되면 전생 일을 알게 된다." 이것이 공부의 순서라는 것입니다.

정산 종사님께서는 영혼과 인과를 부정하는 제자에게 "너의 마음이 맑고 고요해져서 두 시간 정도는 거래가 끊어지고, 그런 상태를 3개월 정도는 계속할 수 있는 지혜라야 영혼과 삼세 인과를 판단할 수 있다."고 말씀하십니다.

전생 일을 안다는 것은 신통묘술을 부리는 것이 아닙니다. 스스로 밝은 빛, 마음이 지극히 맑고 깨끗해지면 전생 일도, 자신이 행한 인연과보도 환히 볼 수 있는 지혜가 열린다는 것입니다.

오늘의 설교를 마무리하겠습니다.

오늘의 의두 제목이 뭐였죠? "만물의 인과 보복되는 것이 현생 일은 잘 알고 실행이 되려니와 후생 일은 숙명이 이미 매하여져서 피차가 서로 알지 못하거니 어떻게 보복이 되는가."

죽음 이후에는 나도 상대방도 기억할 수 없습니다. 그러나 진리는 다 보고 있고, 진리는 다 알고 있습니다.

인과 보복은 내가 하는 것이 아니고, 상대방이 하는 것도 아닙니다. 착한 일을 하면 복을 받고 죄를 지었으면 벌을 받는 것이 다 소소 영령한 인과의 작용입니다.

내가 모르는 것이고, 우리가 모르는 것이지, 인연과보는 전생·현생·후생 삼세를 통해 쉬지 않고 유전되는 것입니다. 전생과 금생과 후생을 더 쉽게 말하면 어제가 전생이고, 오늘이 현생이고, 내

일이 후생입니다.

우리는 내일이 있기 때문에 오늘을 희망차고 진실 되게 살아갑니다. 우리는 내생에 있기 때문에 현생을 값 있고 복되게 살아가려고 노력합니다.

이 설교를 마무리 하면서 우리가 유념해야 할 중요한 내용이 있습니다.

선禪은 시간과 처소를 잊고 물아의 구분을 잊고, 오직 원적무별한 진경의 자리에 주해있는 것이 선이죠. 그러면, 이 진경의 상태에서는 인과가 있습니까, 없습니까?

전생, 현생, 후생 삼세는 시간의 흐름이죠. 인과라고 하는 것은 어디에서 형성이 되냐면 시간과 공간 속에서 작용입니다. 그래서 인과는 변화의 세계입니다. 인과를 통해서 고락영고苦樂榮枯가 생기죠. 그런데 원적무별한 진경, 우리의 청정자성엔 고락이 끊어지고 선악업보의 차별이 끊어진 자리라는 것입니다. 그래서 이 자리는 고락을 초월한 극락의 자리이고, 선과 악을 초월한 지선의 자리입니다. 다시 말하면 인연과보가 행해지지 않는 자리라는 것입니다.

이 자리를 알면 인과에 끌려다니는 삶이 아니라 인과를 내 스스로 주체적으로 만들어가는 삶이 될 수 있습니다. 이 자리를 알면 인과를 개척하고 창조하는 삶이 될 수 있다는 것입니다.

이 의두가 우리에게 던지는 핵심 메시지가 무엇일까를 다시 생각해 봅니다.

그것은 바로 "나는 영생과 인과를 확실히 믿는가?" 입니다.

감사합니다.

100. 2. 22.

천지는 앎이 없으되 안다

천지는 앎이 없으되 안다 하니 그것이 무슨 뜻인가.

〈의두요목 18〉

반갑습니다.

"천지는 앎이 없으되 안다." 앎이 없는데 어떻게 안다는 것일까요? 논리적으로 따지면 말이 안 되죠. 이 표현은 앞뒤가 맞지 않는 모순 같지만, 하나의 역설적 표현입니다.

"아아, 님은 갔지마는 나는 님을 보내지 아니하였습니다." 만해 한용운 님의 「님의 침묵」에 나오는 시어詩語이죠. 이별에 대한 애틋함을 역설적으로 표현한 것입니다. 갔는데 보내지 아니하였다는 것입니다.

천지는 앎이 없으되 안다는 것은 논리의 형식을 파괴한 비논리의 논리입니다. 천지의 앎은 우리가 생각하고 상상하는 차원을 뛰어

넘는 앎을 가졌다는 것이고, 진실로 아는 것은 천지같이 앎이 없는 가운데 아는 것이고, 이렇게 되었을 때 모든 것을 안다고 말할 수 있다는 것입니다.

이 의두는 '천지의 식識'에 대한 물음입니다. 이 의두에 대한 명확한 답이 『대종경』 변의품 1장에 밝혀져 있습니다. 소태산 대종사께서 선원 경강 시간에 출석하시어 선원생들에게 묻습니다. "그대들은 천지에 식이 있다고 하는가, 없다고 하는가?" 이 물음에 구타원 이공주 선진께서 "천지에 분명한 식이 있습니다."라고 대답하죠.

또 다시 소태산 대종사께서 이공주에게 묻습니다. "무엇으로 식이 있는 것을 아는가?" 이공주 선진이 답하기를 "사람이 선을 지으면 우연한 가운데 복이 돌아오고 악을 지으면 우연한 가운데 죄가 돌아와서, 그 감응이 조금도 틀리지 않으니 천지가 식이 없다면 어찌 그와 같이 죄복을 구분할 수 있겠습니까?"라고 하죠.

소태산 대종사께서 또 다시 묻습니다. "그러면 그 구분하는 증거 하나를 들어서 아무라도 이해할 수 있도록 말하여 보라." 이에 대해 이공주 선진은 그러한 신념만 있을 뿐 증거를 들어 설명할 수는 없다고 대답합니다.

이에 대해 소태산 대종사께서 친절하게 설명해주고 있는데요. 『대종경』 변의품1장 법문이 그것입니다. 다 함께 중간부분부터 읽어보실까요?

"그러나, 종자가 땅의 감응을 받지 아니하고도 제 스스로 나서 자랄 수가 어디 있으며, 땅의 감응을 받지 아니하는 곳에 심고 거름하는 공력을 들인들 무슨 효과가 있겠는가. 뿐만 아니라, 땅에 의지한 일체 만물이 하나도 땅의 감응을 받지 아니하고 나타나는 것이 없나니, 그러므로 땅은 일체 만물을 통하여 간섭하지 않는 바가 없고, 생·멸·성·쇠의 권능을 사용하지 않는 바가 없으며, 땅뿐 아니라 하늘과 땅이 둘이 아니요, 일월 성신과 풍운 우로 상설이 모두 한 기운 한 이치어서 하나도 영험하지 않은 바가 없나니라. 그러므로, 사람이 짓는 바 일체 선악은 아무리 은밀한 일이라도 다 속이지 못하며, 또는 그 보응을 항거하지 못하나니 이것이 모두 천지의 식이며 천지의 밝은 위력이니라. 그러나, 천지의 식은 사람의 희·로·애·락과는 같지 않은 식이니 곧 무념 가운데 행하는 식이며 상 없는 가운데 나타나는 식이며 공정하고 원만하여 사사가 없는 식이라, 이 이치를 아는 사람은 천지의 밝음을 두려워하여 어떠한 경계를 당할지라도 감히 양심을 속여 죄를 범하지 못하며, 한 걸음 나아가 천지의 식을 체 받은 사람은 무량 청정한 식을 얻어 천지의 위력을 능히 임의로 시행하는 수도 있나니라."

<대종경, 변의품 1장>

자, 어떠세요? 천지의 식에 대해 분명한 답이 되셨습니까?
천지는 단순히 우리 눈에 보이는 하늘과 땅이 아닙니다. 천지는 바로 진리입니다. 천지의 식은 바로 일원상 진리가 가지고 있는 공적영지의 광명을 말합니다. 겉으로 보이는 천지는 침묵하여 말

이 없죠. 그러나 말없는 가운데 천지가 행하는 것을 보면 바로 진리 그대로의 모습입니다.

우리가 천지를 말할 때, 하늘과 땅, 해와 달, 별 등 이렇게 유형한 하늘과 땅의 모습만을 천지라 하지 않습니다. 낮과 밤, 춘하추동 사시의 변화, 천지의 모든 운행과 질서, 그것을 가능케 하는 이법, 이치를 통틀어 천지로 인식하죠. 그래서 예로부터 동양에서는 천지신명天地神明이라 했죠. 하늘과 땅을 신령으로 보았습니다. 천지신명을 한 단어로 말하면 '하늘님'이 되죠. 소태산 대종사께서는 이를 '천지은'으로 밝혔고, 천지에는 여덟 가지 도가 있고, 이 여덟 가지 도가 행함에 따라 천지의 덕이 나타난다고 했습니다.

그 천지팔도는 밝은 도, 정성한 도, 공정한 도, 순리자연한 도, 광대무량한 도, 영원불멸한 도, 길흉이 없는 도, 응용무념한 도이죠. 이 천지의 여덟 가지 도가 운행됨에 따라 천지의 덕, 은혜가 나와서 우리 인간뿐만 아니라 만물이 그 은혜를 입어 생명을 지속할 수 있고, 그 모습을 보존할 수 있다고 하셨습니다.

자, 여기서 문제 하나 내죠. 이 여덟 가지 도 가운데 천지의 식과 가장 가까운 것이 무슨 도일까요? 이 여덟 가지 도가 다 천지의 식에 갊아 있지만, 그 가운데도 가장 가까운 것은 '천지의 밝은 도'라고 말할 수 있습니다. 천지의 '밝은 도'에서 밝다는 것은 현상적으로 밝다는 것이 아니라 잘 안다, 아는 능력이 뛰어나다는 의미입니다. 그렇기 때문에 천지보은의 조목에 보면 "천지의 지극히 밝은 도를 체 받아서 천만 사리事理를 연구하여 걸림 없이 알 것이요."라고 했습니다.

그런데, 이 천지의 식, 천지의 밝음은 사람의 희·로·애·락과는 같지 않은 식이라는 거죠. 천지의 식은 곧 무념 가운데 행하는 식이며, 상 없는 가운데 나타나는 식이며, 공정하고 원만하여 사사가 없는 식이라고 말씀하십니다. 그래서 의두 제목인 "천지는 앎이 없으되 안다"는 의미는 무념 가운데 행하는 식, 상 없는 가운데 나타나는 식, 공정하고 원만하여 사사가 없는 식을 말합니다.
이렇게 해서 우리는 "천지는 앎이 없으되 안다"는 의두를 알아보았습니다. 그렇다면 이렇게 이 의두가 완전히 해결된 것입니까? 교도님들! 해결되셨나요? 결국은, 이 의두가 우리에게 어떤 의미가 있는 것일까요? 다시 말하면 이 의두를 통해 우리는 무엇을 배울 수 있을까요?

첫째, 천지의 밝음을 두려워하라.
천지는 가운데 해와 달의 밝음이 있죠. 해와 달로 비쳐주기 때문에 만물이 제각각 모습을 드러냅니다. 일월의 밝음을 통해 만물의 형체를 분간하고 만물 또한 제 모습과 제 색깔을 띨 수 있습니다. 그러나 일월이 밝다 하여도 일월은 보이는 현상만을 밝게 비추지만 보이지 않는 세계를 밝히는 것은 천지의 밝음입니다. 천지의 밝음은 보이지 않지만 인과의 진리 작용을 그대로 나툰다는 것입니다. 따라서 천지의 밝은 도는 인과의 진리작용이라 말할 수 있습니다.

천지는 모든 것을 알고 있기 때문에 진리를 속이고 양심을 속여서는 안 됩니다. 죄 주고 복 주는 권능이 호리도 틀림이 없기 때문에 천지의 식, 천지의 밝음을 두려워하여 인과를 확실히 믿고 깨닫는 삶이 되어야 한다는 것입니다.
공자님 말씀에도 "착한 일을 하는 사람은 하늘이 복을 주고 악한 일을 한 사람에게는 하늘이 재앙을 내린다."는 말이 있습니다. 사람이 보지 않았다고 해서 복을 짓고 죄를 짓는 것을 아무도 모르는 것이 아닙니다. 진리는 그대로 보고 있고 알고 있다는 것이죠.

둘째, 천지의 무량청정한 식을 얻으라.
우리의 자성, 성품엔 일원상 진리의 공적영지의 광명이 자리하고 있고 있습니다. 텅 비어 고요하기 때문에 신령스러운 지혜의 광명이 나오게 됩니다.
천지의 식과 일원상 진리의 공적영지의 광명은 같습니다. 따라서 우리 또한 천지의 식과 공적영지의 광명을 체 받아서 무념 가운데 행하는 식, 상 없는 가운데 나타나는 식, 공정하고 원만하여 사사가 없는 식을 체 받아야 하겠습니다.
천지는 끊임없이 언제 어디서나 항상 맑고 깨끗한 식을 가지고 있습니다. 그래서 바르게 보고, 바르게 듣고, 바르게 알게 됩니다. 우리가 단지 지식을 쌓는 사람이 아니라 천지와 같이 밝은 지혜를 갖는 것, 이것이 진리를 공부하는 사람의 목표일 것입니다.

셋째, 앎을 놓아라.
천지의 밝음을 두려워하고, 천지의 식을 체 받는 공부가 근본적으로 중요한 공부라면, '나의 앎을 놓는 공부'야말로 생활 속에서 실천하는 마음공부의 방법이라고 생각합니다.
내가 알고 있는 것이 정확히 알고 있는 것일까요? 교도님들! 하늘의 색깔이 무슨 색입니까? 대부분 파란 하늘을 말합니다. 그런데 하늘의 색이 파란색입니까? 파랗게 보이는 것이지요. 태양의 빛 때문에 그렇게 보이는 것이고, 원래 하늘색은 까만색이라고 합니다.
우리가 알고 있는 과학적 사실이라는 것도 현재까지 유효한 사실일 수 있습니다. 종전까지 사실이라고 여겼던 것이 폐기 처분해야 할 사실이 되기도 합니다. 또한 지금껏 내가 사실이라고 알고 있었던 것이 잘못 알고 있는 것일 수 있다는 것입니다.

한 쌍의 부부가 유람선을 타게 되었습니다. 그런데 그 유람선이 사고로 침몰하는 상황이 되었습니다. 남은 구명정 자리는 딱 하나, 부부 중 한 명만 탈 수 있습니다. 그런데 남편은 부인을 남겨 두고 혼자 구명정에 올랐습니다. 부인은 침몰하는 배 위에서 남

편을 향해 소리쳤습니다. 뭐라고 소리쳤을까요? 답은 나중에 말
씀드리죠.

배는 침몰했고 당연히 아내는 죽게 되었습니다. 남편은 남겨진 딸
을 잘 키웠고, 몇 년 후 남편도 병으로 죽게 됩니다. 딸이 아빠의
유물을 정리하던 중 아빠의 일기장을 발견하게 됩니다. 아빠의 일
기에는 이렇게 쓰여 있었습니다.

"그 때 나도 당신과 함께 바다 속에서 죽고 싶었지만, 그럴 수가
없었지. 우리 딸 때문에."

유람선을 탔을 때 아내는 고칠 수 없는 중병에 걸려있었습니다.
침몰하는 배위에서 아내가 남편에게 소리쳤던 것은 "여보, 아이를
잘 부탁해요." 라는 말이었습니다. 딸은 아빠의 일기를 보고서야
왜 아빠가 엄마를 깊은 바다 속에 남겨두고 혼자 살아나왔는지 알
게 되었습니다.

겉으로 보이는 모습이 아닌 속 모습까지 우리가 알기가 어렵습니
다. 우리가 알고 있는 것이, 내가 알고 있는 것이 과연 제대로 알
고 있는 것일까요? 사실을 잘못 알고 있는 경우도 있고, 오해하고
곡해하는 경우도 참으로 많습니다. 제대로 알지도 못하면서 넘겨
짚기도 하죠.

많은 사람들이 자기가 보고 싶은 대로 보고, 듣고 싶은 대로 듣고,
생각하고 싶은 대로 생각하려고 합니다. 그래서 우리의 앎이 왜곡
되고 굴절되는 것이죠.

2주 전에 청년법회를 마치고 저녁식사를 하는데, 이런 저런 담소가 이어졌습니다. 우리 청년회장이 저에게 "원준이가 첫째죠?"라고 묻는 거예요. 그런데 제가 어떻게 대답했는지 아세요? "아냐. 우리 원준이 천재 아냐."라고 대답을 했던 겁니다.

지금 생각해도 우스운데요. 청년회장은 "원준이가 첫째, 큰 아들이죠?"라고 물었던 건데, 제 귀는 '천재'로 듣고 싶었던 것입니다. 진짜 천재가 아니라 하더라도 누군가 자기 아들을 천재라고 불러주면 싫어할 사람이 있겠어요? 저도 저의 아이가 어릴 때에는 진짜 천재인 줄 알았어요. 그런데 크면서 보니까 천재는 아니더라고요. 그래도 저에게 사랑스러운 아들인 것은 분명합니다.

우리는 평소에 이런 표현들을 자주 씁니다. 알아보다, 알아듣다, 알아먹다, 보는 것, 듣는 것, 먹는 것. 우리의 육근동작은 다 아는 것으로 연결됩니다. 그런데 보이는 것이 다는 아닙니다. 들리는 것이 다는 아닙니다. 생각하는 것이 다는 아닙니다. 그것을 통해 아는 것이 다 올바로 아는 것은 아닙니다. 우리는 거짓을 진실로 알고 있고, 허위를 사실로 착각할 수도 있습니다. 나의 익혀온 습관과 업력으로 인해 그렇게 보이고, 그렇게 들리고, 그렇게 생각하게 됩니다.

우리는 이렇게 내가 직접 보고 듣는 것조차도 잘못된 지식일 수 있다는데 수긍해야 합니다. 하물며 남들이 한 말과 글을 아무런 여과 없이 곧이곧대로 알고, 믿고, 또 다른 사람에게 전달하는 어리석음을 범하지 말아야 하겠습니다. 잘못 알고 있는 '카더라'가 사람을 죽게 만들 수도 있다는 것입니다.

따라서 우리는 내가 알고 있다는 것을 과감히 놓을 줄 알아야 합니다. 앎에 대해 단순히 겸손하라는 것이 아닙니다. 세상에 지식이 넘쳐납니다. 인터넷을 뒤지면 웬만한 지식을 다 얻을 수 있는 지식의 홍수 시대에 우리는 살고 있습니다. 이렇게 앎이 넘쳐나는 시대에 살면서 내가 겉 지식만 긁어모으는 데 애쓰고 있는가, 아니면 진짜 알아야 할 것을 모르고 있지는 않은지 반성해 보아야 할 것입니다.

우리는 안 알아도 될 것을 애써 알려고 합니다. 쓸데없는 곳에 에너지를 낭비하고 지식 쌓는 것을 자랑으로 삼는 사람들이 있습니다. 샘물처럼 솟아나는 지혜는 오히려 지식을 놓았을 때 생겨날 수 있습니다.

또 저는 이런 생각을 해보았습니다. 우리가 삶을 살아가면서 때로는 알아도 모른 척하고, 모른 척 속아주는 것도 필요하다는 것입니다. 일일이 다 옳고 그름을 따지는 것보다 여유로운 마음으로 기다릴 줄 아는 삶의 지혜가 필요합니다. 특히 부모가 자식을 키울 때 어떻습니까? 알고도 모른 척해 줘야 할 때가 많죠. 또 우리가 알면 얼마나 알겠습니까! 자기의 앎에 대해 '나는 잘 모른다.'

라고 겸양할 수 있어야 합니다.

오늘의 설교를 정리하겠습니다.
천지는 앎이 없으되 안다 하니 그것이 무슨 뜻인가?
천지는 앎을 다투지 않습니다. 천지는 앎을 자랑하지 않습니다.
그래서 천지의 식은 앎이 없으되 안다는 것입니다.
앎이 없으되 알고, 함이 없으되 하고, 다스림이 없으되 다스리는 것.
이것이 천지가 하는 일이고, 불보살 성현들이 갖춘 능력입니다.
"무념 가운데 행하는 식, 상 없는 가운데 나타나는 식, 공정하고
원만하여 사사가 없는 식."
나는 그런 식을 갖추고 있는가? 저에게 던지는 물음이고, 우리 교
도님들께 던지는 물음입니다.
감사합니다.

100. 3. 15.

열반을 얻은 사람은

열반을 얻은 사람은 그 영지가 이미 법신에 합하였는데, 어찌하여 다시 개령個靈으로 나누어지며, 전신前身 후신後身의 표준이 있게 되는가.

〈의두요목 19〉

반갑습니다.

용어들이 생소할 것 같아 용어해설을 먼저 해야 할 것 같습니다.

먼저 열반涅槃은 보통 돌아가신 것을 열반하셨다고 하는데, 불교에서 쓰이는 원래의 의미는 "일체의 번뇌나 고뇌가 소멸된 상태"를 말합니다.

영지靈知는 신령스럽게 앎. 신령스러운 지혜를 말합니다. 우리에겐 '공적영지'라는 말이 익숙한데요. 마음이 텅 비어 고요한 가운데 신령스럽게 앎이 나타나게 됩니다.

법신法身은 화신이 모양으로 나타난 부처님의 모습이라면 법신은 항상 진리로 존재하는 '영원의 몸'을 말합니다.

개령個靈은 우주만물 하나하나가 갖고 있는 개별적인 영靈 또는 혼魂을 말합니다.

마지막으로 전신前身, 후신後身은 사람이 죽게 되면 이전의 몸을 전신이라 하고, 다음 생에 받게 될 몸을 이후의 몸, 후신이라고 말합니다.

이 의두는 두 가지 측면에서 그 의미를 살펴볼 수 있는데, 하나는 몸과 영혼을 중심으로, 또 하나는 마음과 생각을 중심으로 그 의미를 살펴볼 수 있습니다.

먼저 우리 몸과 영혼을 중심으로 살펴보겠습니다.

열반은 보통 세상 말로 죽음을 의미합니다. 인간은 태어남이 있으면 반드시 죽음을 맞이할 수밖에 없습니다. 우리는 태어나면서 갖추고 나오는 것이 있죠. 눈, 귀, 코, 입, 몸, 마음. 이 육근이 있기 때문에 우리는 보고, 듣고, 냄새 맡고, 맛보고, 느끼고, 생각을 하게 됩니다. 인간으로서 살아간다는 것은 단순히 몸이 있어 살아갈 수는 없죠. 몸이 있음과 동시에 영혼이 존재합니다.

영혼은 영지를 가지고 있고, 영지의 작용을 통해 모든 것을 분별할 수 있게 됩니다. 생각한다는 것, 안다는 것. 이러한 앎의 작용은 궁극적으로 영혼이 있기 때문에 가능하죠. 그런데 그 영혼이라는 것이 각자의 것이기 때문에 내가 내 몸과 마음을 사용할 수 있지만 남의 몸과 마음을 내가 조종할 수는 없습니다. 다시 말하면 각자의 영혼, 개령은 나라는 존재를 나타낸다는 것입니다.

이렇게 이 몸을 가지고 70년, 80년을 살게 되면 어떻습니까? 육신은 병들고, 드디어 죽음을 맞이하게 되죠. 죽는다는 것은 육신에 있어서는 지수화풍 사연이 흩어지는 것이고, 내가 쌓아왔던 모든 것과의 이별을 하게 되죠. 간단히 말하면 나라는 존재가 사라지는 것을 죽음이라고 말합니다.

유교에서는 영혼의 불멸을 말하지 않습니다. 인간이 죽으면 혼비백산魂飛魄散한다고 합니다. 혼은 하늘로 날아가고, 백 육체는 땅으로 흩어진다는 것이죠. 그러나 불교의 윤회관에 의하면 영혼, 영식은 멸하지 않고 인연 따라 새 몸을 받게 된다고 합니다. 새 몸을 받기 전은 전생이고, 새 몸을 받게 되면 후생이 되죠. 그래서 사람이 죽으면 육신은 사라지고, 살았을 때 가졌던 영지는 법신에 합하게 된다고 말합니다.

자, 여기에서 이 의두는 이런 질문을 던지죠. 법신에 합하였는데 어찌하여 다시 개령으로 나누어지는가? 어찌하여, 어떻게 개령으로 나누어질까요? 이 물음은 죽으면 어떻게 다시 사람으로, 혹은 동물로 태어나게 되는가? 라는 물음입니다.

이 물음에는 생명의 신비, 윤회전생의 비밀이 숨겨져 있는데요. 저는 개인적으로 이 문제는 영원히 신비요, 비밀의 문으로 남아있는 것이 오히려 나을 수도 있다고 봅니다. 과학적으로 증명하고 밝힐 것이 아니라 그 일은 하느님, 부처님, 진리가 행하는 소임으로 맡기자는 거죠. 일원상의 진리는 공적영지의 광명을 따라 우주

만물이 생겨났다 없어졌다 하죠. 그 행위는 무위이화 자동적으로 진리가 행하는 일입니다.

하나의 생명이 태어나서 살아가다 죽고, 또 다시 새로운 인연을 따라 나타나게 되죠. 산다는 것은 개령의 활동이고, 죽는다는 것은 개령이 대령 법신에 합하는 것입니다. 또 다시 태어난다는 것은 개령의 발현입니다. 이러한 변화와 작용이 진리의 작용이고, 자연의 섭리라고 믿는 것이 필요하다는 것입니다.

매화에서 진공묘유를 보다

요즘 봄꽃이 참 좋습니다. 열흘 전쯤 창경궁 산책을 갔었는데요. 마침 매화가 꽃망울을 툭 터트렸는데, 꽃도 아름다웠지만 그 꽃을 보면서 오묘한 생명의 신비를 느꼈습니다.

교도님들! 그림을 한번 그려보시게요. 여기 활짝 핀 매화나무 한 그루가 있습니다. 자, 꽃이 피었나요? 이 꽃이 어디에서 왔습니까? 원래부터 이 꽃이 있었습니까? 없었죠. 텅 빈 자리에서 묘하게 생겨난 것입니다. 진공묘유의 조화입니다.

작년에도 이 나무에 꽃은 피었을 것입니다. 그렇다면 이 꽃과 작년의 꽃이 같습니까? 보이는 모습은 비슷해 보일지 모르지만 작년의 그 꽃은 아니죠. 그러면 작년의 꽃을 있게끔 하고, 지금의 꽃을 있게끔 하는 이 나무는 다릅니까, 같습니까?

자, 나무도 다르다고 치고, 하늘과 땅의 기운 그 한 기운은 생멸이 없이 그대로 있는 것 아닙니까? 꽃은 열매가 되고, 잎은 낙엽이 되죠. 그 나무도 언젠가는 고목이 되어 자연으로 돌아갑니다. 그 모습은 똑같은 모습으로 남아있지 않고 끊임없이 변화합니다. 이것이 꽃과 잎과 나무의 일생이라고 한다면 그 가운데 변함없는 기운, 진리가 있죠. 진공묘유의 조화는 무시광겁에 은현자재隱現自在하죠. 대령과 개령, 법신과 화신. 이 이치와 다를까요?

정산 종사께서는 이렇게 말씀하시죠.

> "우주만유가 영靈과 기氣와 질質로써 구성이 되어 있나니, 영은 만유의 본체로서 영원불멸한 성품이며, 기는 만유의 생기로서 그 개체를 생동케 하는 힘이며, 질은 만유의 바탕으로서 그 형체를 이름이니라."
>
> 〈정산종사법어. 원리편 13장〉

나라는 존재는 만유의 본체로서 영원불멸한 성품인 동시에 개체적인 영을 가지고 몸과 마음을 작용함으로써 업을 짓는 주체입니다. 몸과 입과 마음으로 짓는 업에 의해 새로운 나, 개령이 나타나게 됩니다.

자, 그 다음은 마음과 생각을 중심으로 이 의두를 풀어보겠습니다.
불교에서 수행자의 궁극적 목적은 열반을 성취하는데 있습니다. 불교의 근본교의, 가르침을 삼법인三法印이라고 말하는데, 삼법인은 제행무상諸行無常, 제법무아諸法無我, 열반적정涅槃寂靜입니다.

제행무상은 모든 것이 변한다는 것이고, 제법무아는 모든 변하는 것에 자아라는 실체가 없다는 것이고, 열반적정은 모든 괴로움이 없어져서 지극히 고요하고 편안한 상태를 말합니다. 열반적정은 무상과 무아의 진리를 깨쳤을 때 오는 결과입니다. 열반적정을 현대적으로 표현하면 '완전한 평화'라 말할 수 있습니다.

열반은 죽음을 통해서만 성취할 수 있는 것이 아니죠. 열반은 '니르바나', 고통이 사라진 상태입니다. 그 상태는 '적정'이라는 것인데, 적정은 맑은 고요, 맑은 평화의 상태를 말합니다. 그렇다면 우리가 어떻게 열반적정의 상태를 얻을 수 있을까요?

우리의 삶에서는 열반적정의 상태를 얻을 수 없나요? 법신의 자리, 대령의 자리에 합일하면 그것이 바로 열반적정의 상태가 됩니다. 법신, 대령의 자리는 다시 말하면 진공, 공적의 상태가 되죠. 참으로 텅 빈 자리가 진공이고, 텅 비어 고요한 자리가 공적이죠. 이 자리는 마음에 분별심이 없기 때문에 법신불과 내 마음이 하나가 된 상태입니다. 법신에 합하였다는 것은 대령에 합하였다는 것인데, 이 대령은 '우주만유의 본원'을 가리키고, 개령은 각자의 영혼을 가리킵니다.

한 학생이 정사 종사께 묻습니다.

> "대령과 개령과의 관계는 어떠하나이까." 답하시기를 "마음이 정靜한즉 대령에 합하고 동動한즉 개령이 나타나, 정즉합덕靜則

合德이요 동즉분업 動則分業이라, 사람이 죽어서만 대령에 합치는 것이 아니라 생사일여니라."

〈정산종사법어, 원리편 15장〉

열반을 얻어 분별이 없어지면 개령이 대령에 합하는 것이고, 분별을 한다는 것은 다시 육근이 작용을 하기 때문에 동할 때는 분업, 업을 행하는 것이 되죠. 우리가 업을 행하는 것은 작업作業이라고 하는데, 작업이 다른 것이 아니라 안·이·비·설·신·의 육근을 작용하는 것을 말하죠. 다시 말하면 육근의 작용, 분별의 작용은 개령이 행하는 일이라는 것입니다.

그런데 어떻습니까. 개령이 대령을 떠날 수 있습니까? 우리의 육근동작이 결국 마음의 작용이고, 그 마음이 자성을 떠나지 않듯이 개령은 대령에서 각자 지은 업에 의해 나타난 모습이라고 말할 수 있는 거죠.

전신 후신이라는 것도 마찬가지입니다. 『대종경』 천도품 10장 말씀에 "세상 말이 살아 있는 세상을 이승이라 하고 죽어 가는 세상을 저승이라 하여 이승과 저승을 다른 세계같이 생각하고 있으나, 다만 그 몸과 이치를 바꿀 따름이요 다른 세상이 따로 있는 것이 아니니라." 라고 했습니다.

몸에 따라 이생과 저승이 있듯이 우리들의 마음 또한 전념 후념이 있죠. 앞생각, 뒷생각. 한 생각이 계속되지 않습니다. 우리의 생각이라는 것이 수많은 생각을 일으켜 냅니다. 그 생각이 똑 같은 생각이 아니라 매번 다른 생각들이 연이어 나오게 되죠.

그런데 중요한 것은 그 변화무쌍한 생각들 가운데 변하지 않는 진리가 있다는 것입니다. 생각을 내게 하는 그 무엇. 그 무엇이 항상 그 자리에 있는 거죠. 한 생각 한 생각이 생각의 개령이라면, 그 생각을 일으키게 하는 바탕, 그것을 우리는 생각의 대령이라고 말할 수 있습니다. 이렇게 보면 생각과 분별이 끊어진 그 자리. 그 자리가 바로 대령, 법신이 된다는 것입니다.

한 생각이 사라져서 청정심이 되면 열반이 되고요. 한 생각이 일어나면 개령이 되지요. 또 전념이 전신이요, 후념은 후신이 됩니다. 우리가 죽은 뒤에 전신 후신으로 나누어지듯이, 우리의 생각도 전념 후념으로 수많은 생각과 분별작용이 일어남을 알 수 있습니다. 그 수많은 생각들 가운데 열반적정을 여의지 않는 수행심이 필요하다는 것입니다.

나는 어떤 생각을 하며 사는가

제가 하루 동안 어떤 생각들을 하고 사나 유심히 관찰해 보았습니다. 오만 가지 생각을 하면서 살아가더군요. 대체로 교당과 교화와 공부에 대한 생각들이 70%를 차지하는 것 같고요. 나머지 30%는 가족이나 개인에 관한 생각들이었습니다.

그런데 그 생각들의 면면들을 꼼꼼히 따져보니, 생각이 너무 번다

하고 굳이 생각하지 않아도 될 쓸데없는 생각을 하는데 많은 에너지를 소비하고 있다는 것을 새삼 알게 되었습니다.

우리가 생각을 안 하고 살아갈 수 없습니다. 중요한 것은 생각의 질입니다. 정의로운 생각을 하는가, 선한 생각을 하는가. 그 생각들이 텅 빈 고요 속에서 나오는가, 아니면 욕심에 물들고 성냄에 물들고 어리석음에 물들어 내는 생각들인가 많은 반성을 했습니다. 『정전』〈무시선의 강령〉에 이렇게 밝혀져 있죠. "일이 없을 때에는 잡념을 제거하고 일심을 양성하고, 일이 있을 때에는 불의를 제거하고 정의를 양성하라."

우리는 생각을 내는데, 크게 좋은 생각과 나쁜 생각이 있습니다. 좋은 생각에는 엔도르핀이 나오죠. 나쁜 생각, 예를 들어 화를 내거나 걱정이 있으면 아드레날린 노르아드레날린이라는 해로운 신경전달물질이 나온다는 거죠. 우리 몸이 나의 생각에 직접적인 반응을 하는 것입니다.

그래서 제가 내린 결론은 생각의 횟수를 최대한 줄이고, 단순화시키고, 가능한 생각의 잡스러움에서 벗어나 깊은 침묵에서 나오는 신령스러운 앎, 영지를 발현시켜야겠다는 다짐을 하게 되었습니다.

오늘의 설교를 정리하면서 그 실천을 다짐해 볼까 합니다.
오늘 우리가 함께 연마한 의두 제목이 뭐였죠?

"열반을 얻은 사람은 그 영지가 이미 법신에 합하였는데, 어찌하여 다시 개령으로 나누어지며, 전신 후신의 표준이 있게 되는가?"
우리 공부인의 최종 목표는 열반적정을 얻는 것입니다. 열반은 고통이 사라진 평화안락의 세계입니다. 우리의 공부는 고통을 없애는 것이 아닙니다. 열반에 이르는 최고의 길은 법신, 대령, 청정자성에 합일할 때 그것이 참 열반이고, 극락이고, 해탈이고, 자유입니다.

우리는 내 삶에 있어 죽고 태어나는 것에 자유를 얻어야 합니다. 죽는다는 것은 놓는다는 것입니다. 죽을 때에는 다 놓을 수밖에 없습니다. 재물도 명예도 인연도 다 놓아야 합니다. 오직 청정일념만을 챙겨야 합니다. 이생에 대한 모든 집착들. 애착, 탐착, 원착을 놓을 때 법신에 제대로 합할 수 있습니다.
깨끗하게 비우고 착 없이 놓았을 때, 그 고요하고 텅 빈 자리에서 신령스러운 영지가 솟아나고 새로운 생명으로 태어날 수 있습니다.
현실의 삶에 있어서도 분별을 놓고 집착을 놓아야 합니다. 모든 괴로움은 분별과 집착에서 옵니다. 분별과 집착을 놓았을 때 바른 생각을 일으킬 수 있고, 바른 행동을 할 수 있습니다. 이렇게 분별과 집착을 벗어나 평화안락하게 사는 것이 바로 열반적정의 삶입니다.
감사합니다.

100. 4. 12.

나에게 한 권의 경전이 있으니

나에게 한 권의 경전이 있으니 지묵으로 된 것이 아니라, 한 글자도 없으나 항상 광명을 나툰다 하였으니 그것이 무슨 뜻인가?

〈의두요목 20〉

반갑습니다.

정산 종사께서는 『정산종사법어』 무본편 52장에서 우리가 읽어야 하는 세 가지 경전이 있다고 말씀하십니다. 첫째는 지묵으로 기록된 경전이고, 둘째는 삼라만상으로 나열되어 있는 현실의 경전이고, 셋째는 우리 자성에 본래 구족한 무형의 경전입니다. 지묵의 경전보다 현실의 경전이 더욱 큰 경전이고, 현실의 경전보다 무형의 경전이 더욱 근본 되는 경전이라고 합니다. 저는 이 의두의 핵심이 되는 지묵경전과 자성경전에 대해 말씀드리고자 합니다.

첫 번째는 지묵으로 된 경전입니다.

지묵경전은 종이 위에 쓰인 성인의 말씀이죠. 우리가 경전 하면 가장 먼저 떠올리는 것이 있습니다. 유교의 사서삼경, 불교의 팔만대장경, 기독교의 신약 구약 성경 등이 있죠. 원불교의 가장 대표 경전은 무엇인지 아시죠? 네.『정전』과『대종경』입니다. 이러한 경전들 대부분이 지묵으로 된 경전입니다.

인류역사의 찬란한 기록문화, 활자문화 중에서 가장 대표되는 것이 종교의 경전이라고 말할 수 있을 것입니다. 경전은 인류의 정신문화를 이끈 가장 위대한 도구였습니다.

성인의 말씀이 처음에는 입으로 전송되다가 그 다음은 기록으로 남게 되죠. 이렇게 경전이 성립됩니다. 이 경전을 처음엔 필사하고, 그 다음엔 목판으로 인쇄하고, 또 그 다음엔 활자로 인쇄하였죠. 지금은 언제 어디서나 손쉽게 경전을 접할 수 있는 전자경전 시대를 맞이하고 있습니다. 스마트폰으로 경전을 볼 수 있고, 원하는 단어를 쉽고 빠르게 검색하여 찾을 수도 있습니다. 팔만대장경을 한 장의 CD에 담을 수 있는 세상입니다.

경전을 결집하고 경전을 번역하는 역경사업은 종교사에 있어서 매우 중요한 가치를 지니고 있습니다. 불교의 경우 부처님 열반 후 네 차례에 걸쳐 경전의 결집이 이루어졌는데, 2500년이 넘는 불교역사에서 가장 중요한 것이 경전 결집이었다고 봐도 지나치지 않을 것입니다.

인도의 불교가 중국을 거쳐 동아시아 전체에 퍼질 수 있었던 것도 바로 구마라집의 역경사업의 공덕입니다. 오늘날 미국과 유럽 등에서 불교가 널리 보급될 수 있었던 것도 불교서적의 출판이 큰 영향을 미쳤습니다.

소태산 대종사님은 불교의 『금강경』을 보시고 서가모니 부처님을 성인들 중의 성인이라 하셨고 불교를 무상대도無上大道라고 찬탄하시죠. 소태산 대종사께서는 경전의 중요함을 아시고 생전에 『불교정전』을 완정하셨고, 정산 종사께서는 소태산 대종사님 열반 후 가장 먼저 하신 일이 『대종경』 편찬 등 교재정비 사업이었습니다. 한마디로 말하면 경전은 개인의 영적 성장뿐만 아니라 교단의 발전을 도모하고 세상을 변화시키는 데 핵심 역할을 한다는 것입니다. 우리는 경전을 통해 쉽게 성인의 말씀, 성인의 참다운 가르침을 배울 수 있습니다.

『개미』라는 책의 저자인 프랑스의 작가 베르나르 베르베르는 이렇게 말합니다. "책이란 세상을 바꾸는 데 있어서 가장 강력한 도구로 사용될 수 있는 매체이며, 따라서 책은 훌륭한 안테나와 같다." 책은 생각을 전하는 안테나라는 것입니다.

일반적인 책에 비해 성현의 말씀, 진리의 말씀이 담긴 경전은 강한 영성 에너지를 갖고 있습니다. 책이 전하는 울림도 크지만, 그 중에서도 경전이 갖는 울림은 시간과 공간을 뛰어넘어 영원한 생명의 복음으로 자리합니다.

경전과 관련하여 저는 경전 공부에 대해 생각해 봅니다. 우리가 독경한다고 하지요. '독경'이란 "경을 읽다, 경을 외운다." 라는 뜻입니다. 그런데 우리는 경전을 단지 읽고 외우는 데에만 그쳐서는 안 됩니다. 경전을 공부하고 연마해야 합니다. 법문을 귀로만 듣는 데에 그쳐서는 안 되고 경전공부와 경전연마를 통해 교법을 제대로 이해하고 연습하고 실행해야 합니다.

우리 교당에서도 경전을 공부하는 모임이 있습니다. 수요공부방인데요. 매주 수요일 저녁 7시에 약 열 다섯 분의 교도님이 함께하고 있습니다. 지난해까지 2년에 걸쳐 『정전』을 마치고, 지금은 『대종경』을 공부하고 있습니다. 공부하는 교도님들 모두가 행복해 하십니다. 공부방에서 시작 전에 설명기도를 올리는데, 그 기도문 일부를 우리 교도님들께 소개하고자 합니다.

> "법신불 사은이시여! 우리 공부인들은 진리와 법과 회상과 스승에 바른 믿음을 갖고 온 정성 다해 대종사님께서 걸으셨던 성자의 길을 닮아가고자 하나이다. 삶의 어려운 경계를 당할 때에 그 해답을 길이요, 진리요, 생명인 경전에서 찾게 하옵소서. 몸과 입과 마음으로 심신을 작용할 때에도 오직 대종사님 법문에 대조하고 실생활에서 연습하려는 마음자세로 공부하게 하옵소서."

어떠세요? 『대종경』 공부를 통해 소태산 대종사님을 닮아가는 거죠. 소태산 대종사께서 걸으셨던 진리의 길을 우리도 따라 걸어가는 겁니다. 경전공부를 통해 내 인생의 길을 발견하고, 참다운 진리를 깨우치고, 경전과 내 삶을 하나로 일치시키는 겁니다.

소태산 대종사께서 『정전』 편찬을 마무리하시면서 이렇게 부촉하십니다.

> "나의 일생 포부와 경륜이 그 대요는 이 한 권에 거의 표현되어 있나니, 삼가 받아가져서 말로 배우고, 몸으로 실행하고, 마음으로 증득하여, 이 법이 후세 만대에 길이 전하게 하라. 앞으로 세계 사람들이 이 법을 알아보고 크게 감격하고 봉대 할 사람이 수가 없으리라."
>
> 〈대종경, 부촉품 3장〉

말로 배우고, 몸으로 실행하고, 마음으로 증득하면 경전과 내가 둘이 아니죠. 소태산 대종사님과 내가 둘이 아니게 됩니다. 이런 마음과 실행의 다짐으로 우리는 경전을 읽고 받들고 공부해야 하겠습니다.

두 번째는 자성경전입니다.

우리 교도님들께서는 이 의두에 대한 해답을 대강은, 아니 거의 알고 계시리라 생각해 봅니다.

"나에게 한 권의 경전이 있으니 지묵으로 된 것이 아니라 한 글자도 없으나 항상 광명을 나툰다 하였으니 그것이 무슨 뜻인가?"

자, 어떤 경전을 말하는 것입니까? 마음의 경전, 자성의 경전을 말하죠. 교도님들의 자성 경전에는 한 글자도 없습니까? 항상 광명을 나투고 계십니까? 그 경전이 인생의 길이 되고, 등불이 되고,

나침반이 되고 있습니까?

그 경전에는 한 글자도 쓰여 있지 않습니다. 그렇지만 군이 그 경전에 글자를 쓴다면 어떤 글자를 새길 수 있을까요? 눈 밝은, 지혜로운 자의 눈에 보이는 글씨는 어떤 글자일까요?

공空과 원圓과 정正 세 글자가 있습니다. 공은 텅 빔이고, 원은 밝음이고, 정은 바름입니다. 우리의 자성은 텅 비어 밝고 바른 모습을 띠고 있습니다. 이것을 일원상 진리 장에서는 '공적영지의 광명', "텅 비어 고요한 가운데 신령스럽게 아는 지혜의 광명" 이라고 말합니다. 이것이 자성이고, 이것이 참 나의 모습입니다.

중앙일보에 종교 전문기자인 백성호 기자가 있습니다. 저도 개인적으로 백 기자의 기사를 좋아하고 꼭 챙겨 읽곤 합니다. 지난 4월에 독일에서 수행 중인 미국인 현각 스님을 인터뷰 한 내용의 기사를 읽었습니다. 현각 스님 하면 모르는 분이 없죠. 하버드를 졸업한 수재이고, 숭산 스님의 법문을 듣고 출가해서 한때 국내에서 선풍적인 인기를 얻었던 분이죠.

인터뷰 말미에 기자가 현각 스님에게 묻습니다. "스님. 독자에게 추천할 만한 책 세 권을 꼽아 주십시오." 스님은 잠시 생각에 잠겼다가, "첫 번째 추천하는 책은 '나는 누구인가'라는 책입니다." 기자는 저자가 누구인지 출판사가 어디인지 물었습니다. 현각 스님은 빙긋이 웃더니 "마음속에 있는 책입니다."라고 답합니다. 두 번째 추천서는 '내가 태어났을 때 나는 어디에서 왔는가.' 마지막 세 번째 추천서는 '내가 죽을 때 어디로 가는가.' 그러면서 이들 물음 이야말로 우리 마음속에 있는 진짜 책이라고 말합니다.

교도님들! 대답해 보십시오. "나는 누구입니까. 나는 어디에서 왔습니까. 나는 어디로 갑니까?" 그 모습이고, 그 자리에서 왔고, 그 자리로 돌아가죠. 바로 청정 자성입니다.

우리 교당의 어떤 교도님은 어려운 경계가 올 때 판단의 기준을 참나, 자성에 비춰본다고 합니다. '이런 상황에서 참 나는 어떻게 할까?' 참 나에게 길을 묻는 거죠. 사량계교와 분별시비와 번뇌 망상이라는 욕심경계에서 답을 찾는 것이 아니라 참나, 자성에서 답을 찾는 현명한 교도님이시죠.

항상 밝게 빛나는 자성광명. 이 자성으로 생각하면 밝은 지혜가 나오고 이 자성으로 실행하면 은혜가 나오게 되죠. 이렇게 공부하면 자성이 바로 방향로를 알게 해주는 경전이 되는 거죠. 경은 진리요, 길이요, 생명이라고 했습니다. 가장 근본 되는 경전인 자성경전에 비춰보는 지혜입니다.

글로 된 경전은 유한합니다. 항상 함께 할 수 없습니다. 그 경전을 다 외운다 해도 경계를 당해서 항상 빛이 될 수는 없습니다. 오직 항상 광명을 나투는 자성경전만이 빛이 될 수 있습니다.

이제 세 번째 경전인 산 경전에 대해 말씀드리고자 합니다.
불교경전이 어디에서 나왔습니까? 부처님에게서 나왔죠. 부처님은 어떻게 부처가 되었습니까? 마음을 깨달아서 부처가 되었습니다. 그렇다면 경전은 바로 마음, 자성에서 나왔다는 것이 됩니다. 자성은 우주의 진리와 다르지 않습니다. "성인이 나시기 전에는 도가 천지에 있고 성인이 나신 후에는 도가 성인에게 있고 성인이 가신 후에는 도가 경전에 있다."고 했습니다.

소태산 대종사께서는 『대종경』 인과품 16장에서 "모든 사람에게 천만 가지 경전을 다 가르쳐 주고 천만 가지 선善을 다 장려하는 것이 급한 일이 아니라, 먼저 생멸 없는 진리와 인과보응의 진리를 믿고 깨닫게 하여 주는 것이 가장 급한 일이 되나니라."고 말씀하셨습니다.

생멸 없는 진리, 인과보응의 진리. 다시 말해서 일원상의 진리가 자성과 다른 것입니까? 아니죠. 우리의 자성이 바로 생멸이 없고, 그 가운데 소소 영령한 인과의 작용을 나투고 있죠. 우리의 근본 마음, 자성이 바로 일원상의 진리입니다.

이제 자성의 경전을 발견했으면, 그 다음엔 무엇을 해야 할까요? 우리의 육근동작이 바로 경전, 도가 될 수 있도록 해야 합니다. 우리의 생활이 바로 경전이 될 수 있도록 해야 합니다.

정산 종사께서는 근기 따라 읽는 경전으로 지묵경전, 현실경전, 자성경전을 말씀하셨죠. 지묵의 경전보다 현실의 경전이 더욱 큰 경전이고, 현실의 경전보다 무형의 경전이 더욱 근본 되는 경전이라고 했습니다.

그런데 저는 실행의 측면에서 보면 자성경전보다 현실경전이 더 소중하지 않나 싶습니다. 우리 원불교의 가르침으로 보더라도 견성보다 솔성이 더 중요하죠. 불교가 자성의 깨달음에 중심이 맞춰 있다면, 우리 원불교는 실생활에 활용하는 산 경전을 강조하기 때문입니다.

그래서 소태산 대종사께서는 이렇게 말씀하셨죠.

> "사람이 만일 참된 정신을 가지고 본다면 이 세상 모든 것이 하나도 경전 아님이 없나니, 눈을 뜨면 곧 경전을 볼 것이요, 귀를 기울이면 곧 경전을 들을 것이요, 말을 하면 곧 경전을 읽을 것이요, 동하면 곧 경전을 활용하여 언제 어디서나 조금도 끊임없이 경전이 전개되나니라."
>
> 〈대종경, 수행품 23〉

산 경전이라는 것은 현실 경전을 잘 읽으라는 뜻도 있지만 눈을 사용할 때, 귀를 사용할 때, 입을 사용할 때, 나의 육근동작이 바로 경전이 되어야 한다는 의미입니다. 내가 부처의 행을 하는 것, 진리의 행을 하는 것이야말로 가장 큰 경전이고, 산 경전입니다.

설교를 마무리하겠습니다.
오늘 의두요목 제목이 뭐였죠?
"나에게 한 권의 경전이 있으니 지묵으로 된 것이 아니라 한 글자도 없으나 항상 광명을 나툰다 하였으니 그것이 무슨 뜻인가?"

나에게 한 권의 경전이 있다고 했습니다. 나의 경전은 무엇입니까? 지묵으로 된 것이 아니라 한 글자도 없다고 했습니다. 언어도단의 입정처入定處이고, 언어명상이 돈공頓空합니다. 지금까지 말과 글에 의지했다면 이제는 본원으로 돌아가라는 것입니다.

불교 선종에 "사교입선捨敎入禪"이라는 말이 있습니다. 교를 놓고 선으로 들어가라는 뜻입니다. 경전을 놓고 자성으로 돌아가라는 말씀입니다. 참다운 지혜는 자성에서 발하는 지혜, 반야지입니다. 수많은 가르침을 담은 경전은 팔만 사천 법문으로 벌여져 있고, 그 양은 다섯 수레를 넘습니다. 도대체 어떤 경전이 바른 경전인지 알 수 없을 정도로 가르침이 넘쳐납니다. 그런데 어리석게도 많은 사람들이 경전의 문구에 집착하고 해석에만 집중하고 있습니다. 많이 읽고 많이 알고 있음만을 자랑합니다.

한 글자도 없다는 것은 글자 이전의 소식, 언어도단의 입정처 자리를 깨달아야 한다는 가르침입니다. 항상 광명을 나툰다는 것은 공적영지의 광명, 자성의 광명을 밝혀야 한다는 것입니다. 자성의 광명이 육근동작을 통해 빛을 발하고 생활과 경계 속에서 빛을 발하라는 것입니다. 공과 원과 정, 텅 빔과 밝음과 바름의 일원상 진리의 빛이 현실생활을 밝히라는 것입니다.

마지막으로 묻겠습니다.
지묵으로 된 경전이 아니라 항상 광명을 나투는 참다운 경전은 지금 어디 있습니까?
감사합니다.

100. 5. 24.